Barry St. Clair

Mitarbeiter mit Herz

Leiterkurs zur Schulung
von Jugendmitarbeitern

Barry St. Clair

Mitarbeiter mit Herz

Leiterkurs zur Schulung von Jugendmitarbeitern

Impressum

St. Clair, Barry
Mitarbeiter mit Herz
Leiterkurs zur Schulung
von Jugendmitarbeitern

ISBN 978-3-89436-611-7

Im amerikanischen Original ist dieser Kurs als Serie unter dem Titel »Building Leaders for Jesus« erschienen. Die Titel der Kurshefte sind:
A Personal Walk with Jesus
A Vision for Life and Ministry
Essential Tools for Leading Students
© 1991, 2001 Reach Out Ministries, Inc. and Barry St. Clair
All rights reserved

© 2008 der deutschen Ausgabe:
Christliche Verlagsgesellschaft mbH, Dillenburg
www.cv-dillenburg.de
Übersetzung: Anika Bardos, Berlin
Satz: CV Dillenburg
Umschlaggestaltung: KerkmannDesignBüro, Wuppertal
Druck: GGP Media GmbH, Pößneck

Printed in Germany

Inhalt

TEIL 1
MIT JESUS CHRISTUS LEBEN

TEIL 2
EINE VISION FÜR DAS LEBEN UND DEN DIENST

TEIL 3
WICHTIGE WERKZEUGE FÜR JUGENDLEITER

Einleitung

Dieser Kurs wurde entwickelt, um Jugendleitern zu helfen, auf drei Gebieten zu wachsen:

(1) in der persönlichen Beziehung: »**Mit Jesus Christus leben**« **(Teil 1)**

(2) in der Sicht für ihre Aufgabe: »**Eine Vision für das Leben und den Dienst**« **(Teil 2)**

(3) in der Fähigkeiten, mit Jugendlichen zu arbeiten: »**Wichtige Werkzeuge für Jugendleiter**« **(Teil 3)**

Jeder Teil des Kurses ist für einen Zeitraum von 12 Wochen konzipiert, mit elf Einheiten für Diskussionen und einer Gruppenerfahrung.

Teil 1: Mit Jesus Christus leben richtet das Hauptaugenmerk auf das geistliche Wachstum. Wir sprechen darüber, wie wir Vertrauen in unserer Beziehung mit Jesus Christus gewinnen, wie wir in unserem Charakter als geistlicher Leiter wachsen, wie wir täglich im Geist wandeln und Zeit allein mit Gott im Bibelstudium, Gebet und Bibelverslernen verbringen.

Teil 2: Eine Vision für das Leben und den Dienst legt den Grundstein für die Arbeit mit Jugendlichen. Wir lernen, eine Strategie für den Dienst zu entwickeln, die sich auf Jesus konzentriert, einen Leiterkurs aufbaut, Jugendliche durch Jüngerschaft zur Reife bringt, in die Alltagswelt der Jugendlichen eindringt und sie dazu ausrüstet, geistlichen Einfluss auf ihre Freunde auszuüben.

Teil 3: Wichtige Werkzeuge für Jugendleiter sorgt für ein praktisches Training der Fähigkeiten. Wir entwickeln Fähigkeiten für die Jugendarbeit – eine Vision für unser Leben und unseren Dienst, für unser Zeitmanagement, das Verstehen und Anwenden unserer geistlichen Gaben, dafür, Jugendliche zu Christus zu führen und ihnen zu helfen, in ihrem Glauben zu wachsen, eine Jüngerschaftsgruppe zu leiten, Jugendliche seelsorgerlich zu betreuen und mit Eltern und Gemeindeältesten zu sprechen.

Der Zweck des Leiterkurses:

Erwachsene Leiter für den Dienst an junge Menschen auszubilden, damit sie

(1) engagierter für Christus werden,

(2) engagierter füreinander werden, und

(3) engagierter für den Dienst an den Jugendlichen werden durch die Kraft des Heiligen Geistes und zur Ehre Gottes (siehe Johannes 17,20-26).

Während wir diesen Kurs durcharbeiten, werden wir entdecken, dass er sowohl ein individuelles Studium als auch Gruppengespräche beinhaltet. Der Einzelne wird Zeit damit verbringen, jede Einheit durchzuarbeiten und diese Einheit persönlich auf konkrete Bereiche seines Lebens und Dienstes anzuwenden. Dann trifft sich die Gruppe einmal in der Woche (das nennt sich Leiterkurs), um einander zu ermutigen, die Lektion zu besprechen und dann zusammen zu beten und einzuüben, was wir gelernt haben. Wow! Das wird uns ganz schön in Anspruch nehmen!

Wie können wir das meiste aus diesem Buch herausholen?

- Indem wir uns von Anfang an sicher sind, dass wir eine persönliche Beziehung mit Jesus Christus als unserem Heiland und Herrn haben (wenn es darüber irgendwelche Zweifel gibt, sprich zuerst mit deinem Jugendleiter, bevor ihr anfangt).

- Indem wir von ganzem Herzen an diesem Leiterkurs teilnehmen. Erwarte große Dinge von Gott für die Zeit, die wir darauf verwenden, dieses Buch durchzuarbeiten.

- Bitte Gott, uns eine klare Berufung und ein starkes Bedürfnis zu geben, effektiv mit Jugendlichen zu arbeiten, sowohl mit den gläubigen als auch den ungläubigen.

Unser gewissenhaftes Studium dieser Bücher wird in uns radikale Veränderungen des Lebens bewirken, uns eine Vision für unseren Dienst mit Jugendlichen geben und das Werkzeug, das wir brauchen, um Jugendliche dazu zu bringen, Christus nachzufolgen und im Glauben zu wachsen.

TEIL 1
MIT JESUS CHRISTUS LEBEN

 ## EINHEIT 1
Los geht's! (Gruppenprojekt)

Das Ziel dieser Einheit ist es, die anderen Leute des Leitekurses kennenzulernen. Jede Woche werden wir unsere Beziehungen vertiefen, indem wir unser Leben teilen. Diese Einheit wird diesen Prozess in Gang setzen. Wir werden versuchen, über ein »Hallo, wie geht's Dir?« hinauszukommen und auf eine Ebene des Gesprächs zu gelangen, auf der man sich offen und ehrlich mit den anderen Gruppenmitgliedern austauscht.

Nach einer ersten gemeinsamen Aktion, die sich der Leiter ausdenkt, wollen wir über die folgenden Fragen nachdenken:

- Bin ich dazu bereit, jede Woche die Zeit zu investieren, die nötig ist, um alle Aufgaben zu erledigen?

- Kann ich gewissenhaft jedes Gruppentreffen wahrnehmen?

- Werde ich während dieser Erfahrung die anderen Gruppenmitglieder durch Gebet und Ermutigung unterstützen?

- Werde ich mich ernsthaft bemühen, das anzuwenden, was ich lerne, sowohl in meinem persönlichen Leben als auch darin, Jugendliche zu Jüngern zu machen?

Nachdem wir diese Fragen im Gebet erwogen haben, müssen wir uns entscheiden, ob wir uns zum Leiterkurs verpflichten wollen oder nicht. Es ist besser, jetzt Nein zu sagen, als irgendwann nach der Hälfte des Kurses auszusteigen. Aber wenn du dich zu diesem Kurs verpflichtest, dann kannst du erwarten, dass Gott große Dinge an dir und durch dich tun wird. Du wirst erleben, dass du selbst, andere aus deinem Leiterkurs und Jugendliche zur Reife in Christus wachsen.

Meine persönlichen Gedanken über die Teilnahme an diesem Leiterkurs:

_____

_____

_____

_____

_____

_____

_____

_____

_____

_____

_____

_____

_____

_____

_____

_____

_____

_____

_____

EINHEIT 2
Was? Ich, ein Leiter?

Der verstorbene Douglas Hyde war ein ehemaliger Kommunist und Herausgeber des *London Daily Worker*, der sich zum Christentum bekehrt hat. In seinem Buch *Dedication and Leadership* erzählt er die Geschichte eines Mannes, den er, als er noch Kommunist war, nach einem Vortrag in einer Fabrik traf. Der Mann kam nach seinem Vortrag zu ihm und sagte mit etwas Mühe: »K-k-kann i-ich ein K-k-kommunist w-werden?« Douglas Hyde kannte den kommunistischen Grundsatz »Im Kommunismus ist jeder Mensch ein potenzieller Kommunist und jeder ein potenzieller Führer« sehr genau. Aber der Sprachfehler und das unattraktive Äußere des Arbeiters störten ihn. Er vertröstete den Mann und riet ihm, zum Treffen in der nächsten Woche wiederzukommen.

In der folgenden Woche wiesen Hydes Vorgesetzte ihn gnadenlos zurecht, weil er diese grundsätzliche Lehre des Kommunismus nicht beachtet hatte. Sie sagten ihm, dass dieser Mann tatsächlich ein Kommunist werden könne. Und sie hatten Recht. Er wurde einer. Dieser Mann, der anscheinend so wenig Potenzial hatte, leitete später sogar die weltweite Literaturverbreitung der kommunistischen Partei (*Dedication and Leadership*, University of Notre Dame Press, S. 62-69).

Wenn du dich jemals gefragt hast (mit einem gewissen Grad an Zweifel und Angst): *K-k-kann i-ich ein J-j-jugendleiter w-w-werden?* Dann ist die Antwort »Ja«. *Jeder Nachfolger von Jesus Christus ist ein potenzieller geistlicher Leiter!* Warum? Weil Christen die lebensverändernde Kraft von Jesus besitzen. Der Weg zu geistlicher Führerschaft ist parallel zu dem, der zur Reife führt. Während du dich dazu verpflichtest, diese Einheiten durchzuarbeiten, wirst du herausgefordert werden, in deiner Beziehung zu Jesus Christus zu reifen. Und während du reifst, wirst du beginnen, dein eigenes Potenzial als Leiter zu erkennen.

Was bringt es dir, das Leiten zu lernen?

Während du reifer wirst und anfängst, deine Fähigkeiten als Leiter zu verbessern, wirst du die zahlreichen Vorteile dieser Erfahrung erleben.

• Ermutigung in deiner persönlichen Beziehung mit dem Herrn Jesus Christus.

• Vertrauen in deine Fähigkeit, anderen zu dienen.

• Eine klarere Vision für das, was Gott mit deinem Leben möchte.

• Verbesserung deiner Fähigkeiten für den Dienst an jungen Leuten.

• Tiefere Freundschaften mit deinen Mitarbeitern.

Die Verpflichtung zum Leiterkurs

Bevor du den Gewinn des Leitens erfahren kannst, musst du dich mehreren Regeln verpflichten.

- Nimm dir mindestens eine Stunde Zeit, jede Einheit zu studieren. Es reicht nicht, das Material zu lesen. Du musst dem Gelesenen Zeit geben, sich zu setzen. Studiere das Material mehrere Tage vor eurem nächsten Gruppentreffen. Während des Studiums kannst du dir überlegen, wie du das, was du lernst, auf deine konkrete Situation anwenden kannst.

- Setze das Gelernte in deinem Alltag um. Du wirst neue Wege erkennen zu beten, die Bibel zu studieren, Verse auswendig zu lernen und deinen Glauben weiterzusagen. Suche nach Wegen, wie wie du das in deinem täglichen Leben umsetzen kannst.

- Entwickle eine Perspektive für den Dienst. Wenn du neue Fähigkeiten entwickelst und sie in dein tägliches Leben integrierst, wird die Herausforderung zu Leiten bald ein Privileg sein. Du wirst das Glück erleben, andere darin anzuleiten, eine Beziehung zu Jesus zu entwickeln und zu vertiefen.

- Weigere dich aufzugeben! Beschließe jetzt, nicht aufzugeben, bis du diesen Kurs beendet hast! Du wirst von den anderen aus dem Leiterkurs ermutigt und unterstützt werden.

Verbringe jetzt ein paar Minuten im Gebet. Denk über deinen Wunsch nach, ein besserer Leiter zu werden. Überdenke die Verpflichtungen, die du mit dem Herrn und dir selbst eingehst. Wenn du bereit bist, weiterzumachen, unterschreibe die persönliche Absichtserklärung.

_____

_____

_____

_____

_____

_____

_____

Meine persönliche Absichtserklärung

Durch die Kraft des Heiligen Geistes, der in mir wirkt, verpflichte ich, _____, mich zu Folgendem:

(1) Mich täglich Christus zu unterwerfen und alles zu lernen, was er mich lehren will – über seine Person und darüber, wie ich als Christ wachsen kann.

(2) Jede Woche alle Aufgaben der Einheit zu bearbeiten.

(3) Mich in meine örtliche Gemeinde einzubringen, zu helfen, wo ich kann, indem ich den jungen Leuten meiner Gemeinde diene und auch finanziell gebe, so wie Gott es mir gibt.

(4) Bei allen Gruppentreffen des Leiterkurses anwesend zu sein, es sei denn, Krankheit oder ernste Gründe halten mich davon ab.

Ich mache diese Zusage vor Jesus, meinem Herrn, vor mir selbst und vor den anderen Kursteilnehmern. Ich werde, mit Gottes Hilfe, mein Bestes tun, jede dieser Pflichten vollkommen zu erfüllen.

Datum _____

Unterschrift _____

 **Action Point**

1. Richte dich nach dem »Zeitplan« auf Seite 17, und schreibe alles auf, was du diese Woche tust. Sei ganz konkret. Der Sinn dieser Übung ist es, deinen Zeitplan auszuwerten, im Hinblick auf deine Verpflichtung, deine Fähigkeiten als Leiter zu entwickeln. Werte am Ende der Woche den ausgefüllten Plan aus. Finde für dich die beste Zeit, um an deinen Aufgaben zu arbeiten. Reserviere außerdem jeden Morgen 20 Minuten, in denen du Zeit allein mit Gott verbringst.

2. Nachdem du deinen Zeitplan für die Woche ausgefüllt hast, ordne deine Routine-Aktivitäten zu, indem du sie in eine der Spalten schreibst.

3. Finde mögliche Zeiten, um Beziehungen mit jungen Leuten aufzubauen und sie zu Jüngern zu machen.

Aktivitäten, die ich jede Woche machen muss	Aktivitäten, die ich jede Woche machen möchte	Aktivitäten, die ich nicht jede Woche machen muss

ZEITPLAN

Zeit	Sonntag	Montag	Dienstag	Mittwoch	Donnerstag	Freitag	Samstag
6:00							
7:00							
8:00							
9:00							
10:00							
11:00							
12:00							
13:00							
14:00							
15:00							
16:00							
17:00							
18:00							
19:00							
20:00							
21:00							
22:00							
23:00							

EINHEIT 3
Die Leitungskrise

Vor mehreren Jahren begann ein Jugendleiter zu einigen Erwachsenen aus seiner Gemeinde Beziehungen aufzubauen. Dann traf er sich jede Woche mit vier jungen Männern. Sein Ziel war es, ihnen zu helfen, ihre Beziehung zu Jesus Christus zu stärken und sie zu ermutigen, geistliche Leiter zu werden. Diese Männer trafen sich regelmäßig mit dem Jugendleiter und alle vier fingen an, sich in verschiedenen Bereichen der Jugendarbeit der Gemeinde einzubringen.

Einer von diesen vier Männern wurde Pastor, ein anderer Anwalt, der Jugendarbeit in seiner Gemeinde machte, und einer, Matt Brinkley, startete die *Gemeinschaft christlicher Studenten* (*Fellowship of Christian Students*, FCS). Diese Gruppe verpflichtete sich, Studenten dabei zu helfen, durch die örtliche Gemeinde in ihrer Beziehung zu Christus zu wachsen und diese Studenten dann zu mobilisieren, ihre Freunde für Jesus Christus zu erreichen. Diese Gruppe, war an sechs Universitäten vertreten. Sie war das Ergebnis einer Vision, die Gott Matt gab, die örtliche Gemeinde darin einzubeziehen, Jugendliche zu erreichen.

Matt glaubt, dass er davon profitiert hat, den Leiterkurs gemacht zu haben. In dieser Gruppe gab Gott ihm die Vision für die FCS. Jedes Mal, wenn er im Leiterkurs ein neues Konzept für den Dienst lernte, war er ermutigt, es in seiner Gemeinde in die Praxis umzusetzen. Matt hat zusammengefasst, wie der Leiterkurs ihn zu dieser Aufgabe ermutigt hat: »Die Leitungsgrundsätze, die ich gelernt habe, haben zwei sichtbare Ergebnisse für meine Gemeinde gebracht: 1. erwachsene Leiter, die eine reife Beziehung zu Jesus Christus haben und der Jugendarbeit eine Führung gaben, und 2. geistliche Tiefe und Reife für die Jugendlichen in der Jugendarbeit durch die Erwachsenen, die sie auf den Weg der Nachfolge geführt hatten ... Meine Teilnahme an einem Leiterkurs hat in Jesus Christus eine solide Grundlage für mein Leben und meinen Dienst gelegt«, sagt Matt. Er ist jetzt Jugendpastor in einer der größten Gemeinden Amerikas und bildet Jugendleiter im ganzen Land aus.

Prüfe dein Fundament

Haben dein Leben und dein Dienst das gleiche solide Fundament in Jesus Christus? Indem er ein Gleichnis verwendete, lehrte Jesus eine wichtige Lektion über das Legen von Fundamenten. Zwei Bauleute wollten ein Haus bauen. Jeder hatte seinen Grundriss. Jeder arbeitete hart, um die Arbeit fertig zu bekommen. Aber es gab einen Unterschied: Der eine baute sein Haus auf einen Felsen und der andere baute seines auf Sand.

Betrachte Jesu Vergleich dieser beiden Leute. Der eine war ein »*kluge(r) Mann (...), der sein Haus auf den Felsen baute; und der Platzregen fiel herab, und die Ströme kamen, und die Winde wehten und stürmten gegen jenes*

Haus; und es fiel nicht, denn es war auf den Felsen gegründet« (Matthäus 7,24-25). Kannst du sehen, wie dieser Mann langsam und methodisch den Zement mischt, der notwendig ist, um sein neues Haus in diesem Fels zu verankern? Wie er das Fundament gießt, wartet, dass es trocknet, und sicher geht, dass sein Werk Bestand hat?

Aber der andere war ein *»törichte(r) Mann (...), der sein Haus auf den Sand baute; und der Platzregen fiel herab, und die Ströme kamen, und die Winde wehten und stießen an jenes Haus; und es fiel, und sein Fall war groß«* (Matthäus 7,26-27). Stell dir vor, wie er denkt: »Der Winter kommt, also muss ich dieses Haus so schnell wie möglich fertig bekommen.« Also begnügte er sich damit, die Mauern des Hauses ein paar Zentimeter in den Sand hineinzusenken.

Eine Weile saß der zweite Mann vielleicht auf seiner Veranda, den Bau vollendet, und betrachtete zufrieden, wie die Wellen auf die Küste zu- und wieder wegrollten. Vielleicht sah er, wie der andere Mann noch an seinem Haus auf dem Felsen baute, weil es länger dauerte.

Als beide Häuser fertig waren, war jedes äußerlich perfekt und in jedem Detail hervorragend. Aber auf einmal wehte ein Wintersturm vom Meer her. Stell dir die völlige Verzweiflung des zweiten Mannes vor, als die Wände seines neuen Hauses in den Sand fielen. Seine Investition an Zeit und Geld war in einem Augenblick ausgelöscht – total verschwendet.

Häufig gehen christliche Führer auf die gleiche törichte Weise vor, wenn sie ihr Leben und ihren Dienst aufbauen. Sie leben in so einer schnelllebigen Welt, dass sie sich nicht ausreichend Zeit nehmen, ihr Fundament auf Jesus Christus zu gründen. Sie sehen die überwältigenden Bedürfnisse der Menschen um sich herum und flicken schnell ein Programm aus Sport, Aktivitäten, Unterhaltung und Projekten zusammen. Aber all diese gut gemeinten Aktionen sind nur die Außenseite eines Gerüsts. Viele Menschen, und geistliche Leiter, machen von außen betrachtet einen guten Eindruck, aber sie fallen zusammen, wenn sich Schwierigkeiten auftun. Leider sind viele Jugendgruppen wie das Haus, das auf Sand gebaut wurde – sie bleiben nicht besonders lange stehen. Dein Leben und dein Dienst müssen auf dem soliden Fundament von Jesus Christus gebaut sein, wenn du und dein Dienst Bestand haben sollen.

Was ist wichtig?

Eine Möglichkeit, ein starkes Fundament in Jesus Christus zu legen, ist, bei einem Leiterkurs mitzumachen. Während die Prinzipien und die Praxis dieses Buches auf einer individuellen Ebene funktionieren, schafft ein Leiterkurs in einer Kleingruppe intensive geistliche Entwicklungsmöglichkeiten von erwachsenen Jugendleitern durch eine Jüngerschaftsbeziehung. Wenn erwachsene Jugendleiter sich treffen und verpflichten, zur Reife in Jesus Christus zu gelangen, wird ein solides Fundament für ihr individuelles Leben und für die Jugendarbeit der Gemeinde entstehen.

Der größte Unterschied zwischen den beiden Hausbauern in Jesu Gleichnis war nicht ihre Vision für ihre Arbeit, ihre Fähigkeit, sie auszuführen oder ihre Motivation, die Arbeit durchzuführen. *Der größte Unterschied war ihre Einschätzung dessen, was wichtig war*. Der eine fühlte sich von den unmittelbaren Bedürfnissen unter Druck gesetzt. Seine Einschätzung war: »Ich muss dieses Haus so schnell wie möglich fertig bekommen.« Der andere baute für etwas von Bestand. Er wollte, dass seine Investition durch jeden Sturm hindurch fest stünde.

Welche Art von Hausbauer bist du?

 **Action Point**

1. Alan Redpath sagte: »Es dauert nur einen Augenblick, jemanden zu bekehren, aber es dauert ein ganzes Leben, einen Heiligen zu machen« (*The Making of a Man of God*, Revell, S. 68). Welche Veränderungen würdest du gerne in deinem Leben als Ergebnis deiner Teilnahme an diesem Leiterkurs sehen?

_____

_____

2. Welche Probleme könnten dich davon abhalten, ein solides Fundament in deinem Leben und deinem Dienst zu legen?

_____

_____

3. Bete jetzt gleich dafür. Bitte Gott, dir Geduld und Weisheit zu geben, dein Leben und deinen Dienst auf das solide Fundament Jesus Christus zu bauen.

4. Verbringe jetzt einige Zeit damit, im Gebet über Bereiche nachzudenken, in denen du persönlich in deiner Beziehung zu Christus und deinen Fähigkeiten als Leiter wachsen musst. Sei konkret. Sei ehrlich. Lass Gott dein Verlangen nach ihm wissen, damit er in und durch dich arbeiten kann.

 ## EINHEIT 4
Vertrauen in Christus

Wenn dich jemand fragen würde: »Bist du verheiratet?«, würde dir die Antwort nicht schwer fallen. Entweder du bist es, oder du bist es nicht. Das Gleiche sollte für die Frage gelten: »Bist du ein Nachfolger Christi?« Die Antwort ist entweder ja oder nein.

Dennoch hast du vielleicht Zweifel bezüglich deiner Beziehung zu Jesus. Bevor wir also weitermachen, sollten wir sicher gehen, dass wir alle an dem gleichen Punkt anfangen. Bist du ein Nachfolger Christi? Kennst du ihn persönlich?

Wenn du die Entscheidung getroffen hast, eine Beziehung mit ihm anzufangen, dann ...

- hast du dir eingestanden, dass du Jesus brauchst, damit er deine Sünde und Selbstsucht wegnimmt, die dich einst von Gott getrennt hat (Jesaja 53,6; Römer 3,23).
- hast du dich von deinen Sünden abgewandt (Markus 1,15).
- bist du ein Kind Gottes geworden, indem du ihn gebeten hast, Kontrolle über dein Leben zu nehmen (Johannes 1,12).
- glaubst du, dass Jesus dir ewiges Leben gegeben hat, wie er es verheißen hat (Johannes 3,16; Offenbarung 3,20).
- hast du angefangen, ihm gehorsam zu folgen (Johannes 14,15).

Kannst du mit Überzeugung sagen, dass jede dieser Aussagen auf dein Leben zutrifft? Wenn nicht, warum beseitigst du nicht jeden Zweifel, indem du dich jetzt von deiner Sünde und Selbstsucht ab- und Jesus zuwendest. Das folgende Gebet wird dir helfen, deinen Wunsch auszudrücken, Jesus zu folgen.

»Herr Jesus, ich gestehe, dass ich sündige und selbstsüchtig bin. Jetzt, in diesem Augenblick, wende ich mich von meiner Sünde ab. Ich bitte dich, in mein Leben zu kommen und Kontrolle über mein Leben zu übernehmen. Ich möchte dir gehorchen in allem, was ich tue. Ich danke dir, dass du jetzt in meinem Leben bist. In Jesu Namen, Amen.«

Wenn du glaubst, dass die folgenden Aussagen auf dich zutreffen, unterschreibe mit deinem Namen und dem heutigen Datum.

> Ich bin gewiss, dass ich ein Nachfolger Jesu bin. Jesus Christus lebt in mir. Mein Leben gehört ihm und ich folge ihm jetzt im Gehorsam (Markus 1,17; Lukas 17,21; Johannes 1,12-13; Johannes 14,21).
>
> Datum _____ Unterschrift _____

Glaube, Tatsachen, Gefühle

Du kannst dich auf die Versprechen Gottes verlassen. Der Apostel Paulus sagt zum Beispiel »*... dass, wenn du mit deinem Mund Jesus als Herrn bekennen und in deinem Herzen glauben wirst, dass Gott ihn aus den Toten auferweckt hat, **du errettet werden wirst**«* (Römer 10,9; Hervorhebung durch den Autor). Deine Entscheidung, Jesus in dein Leben zu bitten, basiert also nicht darauf, wie du dich fühlst, sondern auf Gottes Versprechen (seine Tatsachen). Einige Menschen machen eine emotionale Erfahrung, wenn sie sich dazu entscheiden, Jesus nachzufolgen, andere fühlen gar nichts.

Wenn wir zwischen den folgenden drei Elementen unterscheiden, können wir Verwirrung vermeiden und ein klares Bild davon geben, worauf du als Nachfolger Christi dein Vertrauen setzt.

Tatsachen. Die Bibel ist Gottes Wort. Sie sagt dir, wer Jesus ist. Sie erzählt dir von seinem Leben, seinem Tod und seiner Auferstehung. Die *Tatsachen* darüber, wer er ist, sind Grundlage für unseren Glauben und unsere Gefühle.

Glaube. Wenn wir die Tatsachen (Gottes Wort) als absolute Wahrheit akzeptieren, können wir darauf vertrauen, dass das, was Gott sagt, wahr ist. Wir können an diese Tatsachen glauben.

Gefühle. Unseren Gefühlen können wir nicht immer vertrauen. Sie sind abhängig von den Umständen und unserem Befinden, und - so wichtig sie auch sind - unsere Gefühle spiegeln nicht unbedingt die Tatsachen wider.

Betrachte die folgende Zeichnung: Wenn dein Glaube auf Grund von Tatsachen ausgeübt wird, werden deine Gefühle immer nachfolgen.

Gefühle –
Vertrauen und Sicherheit sind das Ergebnis, weil meine Handlung, mich auf den Stuhl zu setzen, im Glauben an die Tatsachen geschehen ist.

Tatsache –
Der Stuhl kann das Gewicht eines Menschen tragen.

Glaube –
Der Stuhl kann mein Gewicht tragen.

Eine Beziehung aufbauen

Nachdem wir eine Beziehung mit Christus eingegangen sind, müssen wir natürlich eine dauerhafte Beziehung mit ihm entwickeln. Lass uns die Fakten bezüglich unserer Beziehung mit Jesus einmal untersuchen, die unser tägliches Leben mit ihm beeinflussen.

Gott hat uns erschaffen. Er hat uns sogar zweimal erschaffen! Das erste Mal hat er uns körperlich erschaffen. Lies Psalm 139, 13-16. Beachte die Sorgfalt, die Gott auf unsere Erschaffung verwandte.

Gott hat uns auch *geistlich* erschaffen. *»Denn wir sind sein Gebilde, **in Christus Jesus geschaffen** zu guten Werken, die Gott vorher bereitet hat, damit wir in ihnen wandeln sollen«* (Epheser 2,10, Hervorhebung durch den Autor). Und uns ist verheißen, dass *»wenn jemand **in Christus** ist, so ist er eine neue Schöpfung; das Alte ist vergangen, siehe, Neues ist geworden«* (2. Korinther 5,17, Hervorhebung durch den Autor). In Römer 5,12-19 und 1. Korinther 15,21-22 werden einige dieser Veränderungen beschrieben. Wenn wir eine neue Schöpfung in Christus sind, beginnt unser Leben, sich zu verändern. Diese Verse sagen uns, dass einige Dinge »weg« sind: geistlicher Tod, Verurteilung für Sünde, das Gesetz usw. Sie sagen uns auch, dass einige Dinge als Ergebnis unserer Beziehung mit Jesus »dazu« kommen: Gottes Gnade, Rechtschaffenheit, Auferstehung usw. Nimm dir Zeit, diese Abschnitte sorgfältig zu lesen und fertige eine vollständige Liste dessen an, was als Ergebnis deiner Beziehung zu Jesus »weg« ist, und dessen, was »dazu« gekommen ist.

Gott sorgt für uns. Es gibt eine Geschichte über einen Richter, dessen Sohn im Gericht vor ihn kam. Der Richter fragte seinen Sohn: »Worauf plädierst du?« Der Sohn antwortete: »Ich bin schuldig.« Weil der Richter nur ein Mensch war, musste er seinen Sohn zu einem schweren Bußgeld verurteilen oder aber ins Gefängnis stecken. Als der Sohn das Bußgeld nicht zahlen konnte, trat der Richter als liebender Vater von seinem Stuhl herab, zahlte die hohe Strafe selbst und ermöglichte es seinem Sohn so freizukommen.

Wir können die Strafe für unsere Sünde nicht zahlen. Wir sind schuldig vor Gott. Aber der Vater hat überwältigend durch das Opfer seines Sohnes gezeigt, dass er uns liebt und für uns sorgt. Beachte, wenn du Johannes 3, 16-18; Römer 5,8 und 1. Johannes 4,9-10 liest, wie sehr Gott für uns sorgt.

Gott verändert uns. Wenn Gott uns vom Tod zum Leben bringt, verändern wir uns. Die Anwesenheit Jesu Christi im Leben von Petrus und Paulus hat in diesen beiden Männern enorme Veränderungen bewirkt. Wie sahen diese Veränderungen aus?

Petrus vorher (Johannes 18,15-27)

Petrus nachher (Apostelgeschichte 4,13-20)

Paulus vorher (Apostelgeschichte 26,1-18; Galater 1,13-14)

Paulus nachher (1. Korinther 2,1-5; Philipper 3,8-12)

Als Jesus Christus ihr Leben änderte, haben sie große Entschlossenheit und Kraft gewonnen. Das Gleiche gilt für uns! Um herauszufinden, wie deine eigene Beziehung mit Christus dich bereits verändert hat, mach eine Liste von Worten oder Ausdrücken, die dein Leben beschreiben, bevor und seitdem du eine Beziehung mit Christus begonnen hast. Die folgenden Verse können helfen.

Bevor ich Christus folgte, war ich:	**Seitdem ich begonnen habe, Christus nachzufolgen, bin ich:**
Johannes 3,19	Römer 8,5-6
Römer, 10-18	2. Korinther 2,12-16
Römer 5,6	Galater 4,4-7
1. Korinther 2,14	Epheser 1,3-6
Galater 4,8	Epheser 4,24
Epheser 5,6	Epheser 5,28
Kolosser 1,21	Kolosser 1,12-13.22
1. Timotheus 1,15	1. Petrus 1,15-23
1. Petrus 1,14	

Christus kennenzulernen, macht uns für ihn zu einem besonderen Menschen. Obwohl wir uns nicht immer besonders fühlen, können wir unseren Glauben ausüben, die Fakten glauben und wissen, dass es wahr ist.

 **Action Point**

1. Beschreibe dein »Vertrauen in Christus«. Beschreibe, wie du eine persönliche Beziehung mit Jesus Christus angefangen hast. Verwende die folgende Übersicht, wenn es dir hilft. Sei konkret.

Bevor ich Christus begegnet bin:

_____

_____

_____

Wie ich Christus begegnet bin:

_____

_____

_____

Wie ich mich verändert habe, seit ich Christus kenne:

_____

_____

_____

2. Der erste Brief des Johannes bietet mehrere Antworten zu der Frage: Woher weiß ich, dass ich ganz sicher ein Kind Gottes geworden bin? Schreib die Beweise auf und freue dich:

1. Johannes 2,3-6

_____

_____

1. Johannes 3,14.23

_____

_____

1. Johannes 3,24; 4,13

_____

_____

1. Johannes 5,1

_____

_____

3. Entdecke, was Gott in deinem Leben getan hat, indem du alle Passagen in dem Abschnitt »Eine Beziehung aufbauen« liest und aufschreibst, wie die Veränderungen auf dein Leben zutreffen.

 ## EINHEIT 5
Gottes Liebe empfangen

Gott ist der Schöpfer und die Quelle der Liebe (1. Johannes 4,7). Er sorgt für einen nie endenden Vorrat davon (Jeremia 31,3). Aber manche Menschen finden es dennoch schwierig, Gottes Liebe anzunehmen, oft wegen ihrer negativen Erfahrungen mit menschlicher Liebe. Vielleicht haben wir oder einige unserer Jugendlichen Schwierigkeiten, die Liebe Gottes zu verstehen und zu empfangen. Wir wollen uns ansehen, wie Gottes Liebe die menschliche Liebe bei Weitem übersteigt.

Die menschliche Liebe stellt Bedingungen. Liebe wird nicht umsonst gegeben. »Bedingungen« werden normalerweise gestellt. »Ich liebe dich, wenn du für mich sorgen wirst«, oder: »Ich liebe dich, weil du das Richtige tust, richtig aussiehst oder riechst.« Eine Bedingung muss erfüllt werden, damit Liebe empfangen werden kann.

Gottes Liebe stellt keine Bedingungen. Gottes Liebe erstreckt sich weit über die »Bedingungen« hinaus, die wir an die Liebe stellen. Das bedeutet, dass er uns immer lieben wird, egal was wir tun. Wir müssen seine Liebe nicht verdienen. Gott liebt uns trotz unserer Unzulänglichkeiten und unseres Versagens. Nichts, was wir tun, kann Gott je dazu bringen, uns mehr oder weniger zu lieben. *»Gott aber erweist seine Liebe zu uns darin, dass Christus, als wir noch Sünder waren, für uns gestorben ist«* (Römer 5,8).

Die Liebe der Menschen ist geizig. Wir halten uns mit der Liebe normalerweise zurück. »Ich liebe dich, aber erwarte nicht meine ganze Liebe.« Auf eine geizige Liebe kann man sich nicht verlassen, wenn es hart auf hart kommt. Wenn es überhaupt Liebe ist, dann ist sie jedenfalls nicht besonders tief.

Gottes Liebe bringt Opfer. Wenn du Johannes 3,16 liest, stell dir das Kreuz vor. Was für ein Opfer! Gott liebt uns so sehr, dass er uns freiwillig seinen kostbarsten Besitz gab – seinen Sohn –, um uns zu ihm zurückzuziehen.

Die Liebe des Menschen ist selbstsüchtig. Sie funktioniert nach dem Grundsatz: »Wenn du mir den Rücken kratzt, kratze ich dir deinen.« Ihr Motiv ist Nehmen, nicht Geben (obwohl sie manchmal freiwillig mehr gibt, um noch mehr zu bekommen).

Gottes Liebe dient. Gottes Liebe erwartet keine Gegenleistung. Diese Liebe drückt sich durch die niedrigsten aller Arbeiten aus. Jesus zeigte diese dienende Liebe, als er seinen Jüngern die Füße wusch (Johannes 13,1-17). Er tat es, um ihnen zu zeigen, dass er sie liebte. Jesus hat sich dazu entschieden, uns zu dienen, obwohl er der Herr ist. Er ist immer bereit, uns zu helfen, und er ist nie zu beschäftigt, seine Liebe zu uns zu zeigen.

Die Liebe des Menschen ist nachtragend. Diese heuchlerische Liebe zeigt sich in Aussagen wie: »Ich könnte XY nie vergeben.« Eine Person, die durch jemanden verletzt wurde, der ihr nahe stand, kann bitter werden.

Gottes Liebe ist absolut. Manche Menschen denken, dass sie Dinge getan haben, die so schlimm sind, dass Gott ihnen niemals vergeben könnte. Das ist nicht wahr. (Siehe Kolosser 2,13- 14.) Erinnere dich an sein Versprechen: *»Wenn wir unsere Sünden bekennen, ist er treu und gerecht, dass er uns die Sünden vergibt, und uns reinigt von jeder Ungerechtigkeit«* (1. Johannes 1,9). Gottes Liebe ist so vollkommen, dass er uns vergibt und uns von all unserer Sünde und Schuld befreit.

Die Liebe der Menschen ist begrenzt. Wenn jemand sagt: »Ich werde diesen Menschen lieben, und wenn es das Letzte ist, das ich tue«, dann ist das normalerweise das Letzte, was er tut. Wir sind beschränkt in unserer Fähigkeit, andere Menschen zu lieben.

Gottes Liebe ist kreativ. Wenn wir Gottes Liebe erlauben, in unser Leben zu treten, dann wird sie durch uns anfangen, auf andere überzufließen. Allein können wir vielleicht hier und da einen Tropfen Liebe ausschütten. Aber Gottes Liebe, die durch uns fließt, wird in das Leben der anderen überlaufen. Nach 2. Korinther 5,16-17 kann Gottes Liebe unser Leben so radikal verändern, dass wir die Fähigkeit haben, alle zu lieben (Familie, Freunde, und sogar Feinde), in jeder Situation.

Gottes Liebe ist bedingungslos, aufopfernd, dienend, absolut und kreativ. Wir müssen seine Liebe in unser Leben eindringen lassen. Wenn wir das tun, wird unsere Liebe auf andere überfließen – auf Familie, Freunde und die Jugendlichen, die sich verzweifelt wünschen, dass jemand sie liebt.

 **Action Point**

1. Nenne eine negative Erfahrung, die du mit jemandem hattest, der dir sagte, dass er dich liebt. Inwiefern hat diese Erfahrung deine Sicht gegenüber Gottes Liebe beeinflusst? Sei konkret.

2. Lies 1. Korinther 13. Mach eine Liste aller positiven Eigenschaften von Liebe, und schreibe deine eigenen Gedanken dazu auf.

Was Liebe ist	Wie es auf mich zutrifft

Jetzt mach eine Liste davon, was Liebe nicht ist. Schreibe daneben deine eigenen Gedanken, was das für dich bedeutet.

Was Liebe nicht ist	Wie das auf mich zutrifft

3. In dieser Einheit hast du vielleicht entdeckt, dass Gottes Liebe oft genau das Gegenteil davon ist, wie manche Menschen versucht haben, dir gegenüber ihre Liebe auszudrücken. Welche positiven Qualitäten von Gottes Liebe widersprechen den negativen Erfahrungen, die du gemacht hast?

Negative Erfahrung	Gottes positive Eigenschaften

4. Wie kann dir die Erfahrung der tiefen Liebe Gottes helfen bei deiner Reaktion auf:

Ein bestimmtes Familienmitglied?

_____

_____

_____

Einen bestimmten Freund?

_____

_____

_____

Einen Menschen, den zu lieben dir schwerfällt?

_____

_____

_____

Einen Jugendlichen, der Liebe braucht?

_____

_____

_____

5. Konzentriere dich diese Woche auf zwei radikale Gedanken:

• Gottes absolute Liebe zu dir – bedingungslos, aufopfernd, dienend, vergebend und kreativ.

• Gottes Liebe, die von dir auf andere Menschen fließt: Familie, Freunde, Feinde und Jugendliche.

Halte fest, was dir zu diesen beiden radikalen Gedanken einfällt.

EINHEIT 6
Ein nützliches Werkzeug

Die vielleicht größte Angst, die Menschen davor haben, Leiter zu werden, ist, dass sie sich als unzulänglich herausstellen könnten. Hast du je gedacht, dass du als Leiter unzulänglich bist? Wie hat sich das angefühlt? Unzulänglichkeit kommt oft von zwei Ursachen: (1) mangelnde Vorbereitung oder (2) das Gefühl, dass die Leute, die du leitest, dir nicht folgen.

Mindestens eine Person im Neuen Testament scheint mit dem Gefühl gekämpft zu haben, unzulänglich zu sein. Timotheus war jung und unerfahren zu einer Zeit, als Weisheit und Alter geehrt wurden. Schüchternheit und Angst charakterisieren ihn. Er war der letzte Mensch, von dem man erwartet hätte, dass er Ältester einer Gemeinde werden würde.

Aber der Apostel Paulus, Timotheus' »Glaubensvater«, schrieb ihm einen ermutigenden und belehrenden Brief, in dem er ihm sagte, wie er die Aufgabe angehen könnte, eine Gemeinde zu leiten: »*Das Endziel der Weisung aber ist Liebe aus reinem Herzen und gutem Gewissen und ungeheucheltem Glauben*« (1. Timotheus 1,5).

Paulus schien zu sagen: »Timotheus, wenn du andere leitest, dann leite sie, indem du sie liebst. Und du kannst sie wirklich lieben, wenn du ein reines Herz hast, ein gutes Gewissen und einen ehrlichen Glauben.«

Das größte Ziel

Als wachsende Jünger und Leiter für Jesus Christus ist unser größtes Ziel für den Dienst die Liebe. Die Art von Liebe, die Paulus in 1. Timotheus 1,5 beschreibt, ist *Agape*-Liebe. Diese Art Liebe stammt von Gott. Sie kommt auf uns wie Wasser aus einem Duschkopf. Sie ist so erfrischend und anregend, dass sie eine Reaktion in uns hervorruft: Gehorsam (Johannes 14,21). Dieser Gehorsam führt uns zu einem weiteren Aspekt von Gottes *Agape*-Liebe: Gottes Liebe soll von meinem Leben auf das Leben von anderen überfließen. Was brauchen junge Leute mehr, als jemanden, der sie so liebt? Wie entwickelt sich so eine Liebe in uns?

Die *Agape*-Liebe wird in uns entstehen, wenn wir *ein reines Herz* entwickeln, das bedeutet, ein Herz mit ungemischten Beweggründen. Wie jeder andere sind wir empfänglich für die Fallen des Materialismus, des Erfolges und des Vergnügens. Aber als geistliche Leiter können wir mit dem Psalmisten sagen: »*Gott, mein Gott bist du; nach dir suche ich. Es dürstet nach dir meine Seele, nach dir schmachtet mein Fleisch in einem dürren und erschöpften Land ohne Wasser*« (Psalm 63,2).

Graf Nikolaus Ludwig von Zinzendorf lebte im 18. Jahrhundert und war Gründer der Herrnhuter Brüdergemeine. Er hat tiefgründig zusammengefasst, was ein reines Herz ist: »Ich habe nur eine Leidenschaft. Er, Er allein.«

Mit dieser reinen Leidenschaft begann von Zinzendorf ein 24-stündiges Gebetstreffen, das 100 Jahre dauerte. Hunderte von Missionaren wurden unter seiner Führung ausgesandt. So hatten die Herrnhuter ab einem bestimmten Zeitpunkt mehr Missionare im Ausland als zu Hause.

Die Agape-Liebe wird aus uns strömen, wenn wir *ein gutes Gewissen* haben. Ein gutes Gewissen konzentriert sich auf den Wunsch, alle Beziehungen richtig zu führen. Das war dem Apostel Paulus sehr wichtig. Betrachte Paulus' Worte an Felix, den Statthalter: *»Darum übe ich mich auch, allezeit ein Gewissen ohne Anstoß zu haben vor Gott und den Menschen«* (Apostelgeschichte 24,16). Ein gutes Gewissen ist das Ergebnis, wenn wir z.B. eine zerbrochene Beziehung, die zwischen uns und unserem Ehepartner, unserer Familie, den Mitgliedern unserer Gemeinde, den Arbeitskollegen oder jedem anderen, den wir kennen, wieder reparieren.

Mit meiner jüngeren Schwester hatte ich Probleme, als ich in der High School war. Eines Nachmittags, als ich versuchte, meine Hausarbeit im Rahmen eines Schulprojekts auf der Terrasse fertig zu bekommen, bat ich sie, mir etwas zu Trinken zu bringen. Sie tat es. Ich bat sie, es zu halten. Sie tat es. Und sie hielt es weiter, während ich an meiner Aufgabe arbeitete. Schließlich hatte sie die Nase voll und goss das Wasser über mein Projekt. Meine Reaktion darauf war, dass ich sie schlug. Sie rannte ins Haus. Ich wollte sie wieder schlagen. Von diesem Augenblick an trieb unsere Beziehung auseinander. Es schien, als könne ich nichts mehr richtig machen. Jahre später sagte sie zu unserer Mutter, was für ein schlechter großer Bruder ich für sie gewesen sei. Ihre Anschuldigung tat weh, und Gott begann, in mir zu arbeiten. Kurz danach setzte ich mich mit meiner Schwester zusammen und sagte ihr, wie sehr ich sie wirklich liebte. Ich zählte alles Unrecht auf, was ich ihr angetan hatte, und bat sie, mir zu vergeben. Sie um Vergebung zu bitten, war eine demütigende Erfahrung, aber Gott benutzte das, um unsere zerbrochene Beziehung zu heilen. Die Mauern, die wir zwischen uns aufgebaut hatten, fielen ein, und das Ergebnis dieser Erfahrung in meinem Leben war ein frischer Nachschub an Liebe und geistlicher Kraft, der mich durchfloss.

Agape-Liebe wird zu einer Realität in unserem Leben, wenn wir einen *ehrlichen Glauben* haben. Einfach gesagt, ist ein ehrlicher Glauben das Ergebnis des Gehorsams gegenüber Gott. Jemand hat gesagt: »Du musst täglich anwenden, was du glaubst. Alles andere ist nur religiöses Gerede.«

Ich persönlich bin in Situationen geraten, wo ich die Wahl hatte, den einfachen Weg zu gehen oder das zu tun, was in Gottes Augen richtig ist, auch wenn die Kosten hoch waren. Einmal musste ich mich entscheiden, entweder 2.500 Dollar aus meinem bereits schmalen Budget zu zahlen oder ein Versprechen zu brechen, das ich jemandem gegeben hatte. Ich entschied mich, die 2.500 Dollar zu zahlen, weil ich wusste, dass der Preis kleiner war als der Preis, den ich geistlich zu zahlen hätte, wenn ich mit dem Ungehorsam leben müsste.

Das Gefühl der Unzulänglichkeit los werden

Als Leiter sind wir für junge Leute ein Vorbild für das Leben in Christus. Wir sind anderen darin ein Beispiel, ob wir Jesus nachfolgen oder nicht. Junge Leute müssen in uns Menschen sehen, deren Charakter konsequent ein reines Herz, ein gutes Gewissen und einen ehrlichen Glauben widerspiegelt. Wenn sich jeder dieser Bereiche in unserem Leben weiterentwickelt, werden wir die Freiheit erleben, andere zu lieben, wie wir es noch nie zuvor gekannt haben. Wenn die *Agape*-Liebe fließt, richtet sich das Augenmerk weg von uns auf das, was Gott durch uns tut. An diesem Punkt wird unser Gefühl, als Leiter unzulänglich zu sein, abnehmen.

Der Apostel Paulus wusste: Wenn sich diese drei Charaktereigenschaften im Leben des Timotheus entwickelten, dann würde seine Jugend, seine Unerfahrenheit und Schüchternheit nach und nach verschwinden. Solange Timotheus ein reines Herz hatte, ein gutes Gewissen und einen ungeheuchelten Glauben, aus denen die *Agape*-Liebe resultierte, dann hatte Gott ein nützliches Werkzeug in seiner Hand – ein Leben, durch das seine Liebe sich auf andere übertragen konnte.

Jetzt ist es an uns, ein nützliches Werkzeug in Gottes Hand zu werden.

 **Action Point**

1. Analysiere, in welchem Ausmaß jede der drei Qualitäten aus 1. Timotheus 1,5 in deinem Leben wirkt: ein reines Herz, ein gutes Gewissen und ein ungeheuchelter Glaube. Bedenke jede der sieben Fragen im Gebet und bitte den Herrn, dir die Bereiche zu zeigen, die Aufmerksamkeit und Aktivität brauchen.

Reines Herz

• Hast du unreine Gedanken gegenüber dem anderen Geschlecht?
(2. Timotheus 2,22)

_____

_____

• Nörgelst du, beschwerst dich oder hast eine kritische Einstellung?
(Philipper 2,14-15)

_____

_____

Gutes Gewissen

• Respektierst und ehrst du deine Eltern und Familie? (Epheser 6,1-4)

_____

_____

• Halten Bitterkeit und Groll dich davon ab, jemandem zu vergeben? (Matthäus 6,14-15)

_____

_____

• Hast du jemand anderen falsch behandelt? (Matthäus 5,23-24)

_____

_____

Ungeheuchelter Glaube

• Lügst, stiehlst oder betrügst du? (Kolosser 3,9)

_____

_____

• Ist Jesus in jedem Bereich deines Lebens die Nummer eins? (Matthäus 6,33)

_____

_____

2. Schreibe etwas auf, was du als Konsequenz aus diesen sieben Fragen tun willst.

3. Da ein »reines Herz, ein gutes Gewissen und einen ungeheuchelten Glauben« zu haben ein andauernder Prozess zwischen dir und Gott ist, stelle dir jeden Tag eine dieser Fragen.

> »Der effektive Lehrer schöpft immer aus dem Überfluss eines vollen Lebens. Wenn du heute aufhörst zu wachsen, hörst du morgen auf zu lehren.«
> Howard Hendricks

EINHEIT 7
Ein erfülltes Leben

Sich mit Frustration zu beschäftigen, kann frustrieren. Einige Frustrationen im Leben werden hervorgerufen durch Umstände, die außerhalb unserer Kontrolle liegen – Druck von Abgabeterminen, ungewöhnliche Familienumstände oder körperliches und finanzielles Unglück. Andere Frustration kommt jedoch daher, dass man die falschen Entscheidungen trifft.

Der Apostel Paulus kannte Frustration. Er sagte: »*Denn was ich vollbringe, erkenne ich nicht; denn nicht, was ich will, das tue ich, sondern was ich hasse, das übe ich aus*« (Römer 7,15). Aber er entdeckte auch den Schlüssel dazu, wie er seine Frustration verringern konnte: »*Wir wissen aber, dass denen, die Gott lieben, alle Dinge zum Guten mitwirken, denen, die nach seinem Vorsatz berufen sind*« (Römer 8,28).

Das Geheimnis, Frustration zu überwinden, liegt nicht darin, dass wir versuchen, das Bestmögliche für Gott zu tun; sondern darin, dass wir für Gott absolut verfügbar sind, so dass er sein Werk in uns tun kann. Darin sind wir »*nach seinem Vorsatz berufen*«. Wie können wir also ein Verlangen danach entwickeln, Gott zu erlauben, in uns zu wirken?

Das Verlangen gewinnen

Bevor wir Christen wurden, waren wir selbst für unser Leben verantwortlich – Entscheidungen treffen, auf Situationen reagieren und das ganze Gewicht tragen, das die Verantwortung mit sich brachte. Wir mussten das tun, denn schließlich waren wir selbst alles, worauf wir zählen konnten. Aber jetzt, wo wir zu Christus gehören, hat sich das geändert.

Eine der Grundwahrheiten unseres Glaubens an Jesus Christus ist, dass er jetzt die Verantwortung für uns übernommen hat. Sein Tod am Kreuz hat uns den Weg bereitet, eine Beziehung der »*Sohnschaft*« mit Gott zu haben (Römer 8,15). Diese Art von Beziehung ist eine gesunde Abhängigkeit. *Wir brauchen Gott, damit er unser Leben führt!*

»*Vertraue auf den Herrn mit deinem ganzen Herzen und stütze dich nicht auf deinen Verstand. Auf all deinen Wegen erkenne nur ihn, dann ebnet er selbst deine Pfade*« (Sprüche 3,5-6). Das ist ein Befehl, von Gott abhängig zu sein. Wir werden anfangen, Gott mehr und mehr zu vertrauen, wenn wir mehr von dem verstehen, was Jesus für uns am Kreuz getan hat. Je tiefer unser Verständnis ist von dem, was Jesus für uns am Kreuz getan hat, desto größer wird unsere Abhängigkeit sein.

Zusätzlich zu einem gesunden Vertrauen darauf, was Jesus am Kreuz getan hat, sind wir auch abhängig vom Vertrauen auf Jesu Auferstehung. Wir sind schwach und haben keine Kraft. Aber wenn wir schwach sind, ist er stark in uns. Wir haben eine innere Kraftquelle, den Heiligen Geist, der uns Energie gibt, so wie Jesus zu leben, und der uns dabei hilft, die richtigen Entscheidungen zu treffen und angemessen auf Situationen zu reagieren. Wir müssen lernen, unsere Kraftquelle anzuzapfen!

Kraft gewinnen

Um die Kraft des Heiligen Geistes anzuzapfen, benötigt es einen klaren Kanal der Kommunikation zwischen Gott und uns. Gott kommuniziert immer mit uns. Er will, dass wir mit ihm kommunizieren, indem wir (1) ihm unsere Sünden bekennen (1. Johannes 1,9) und (2) uns darauf konzentrieren, Christus zu erlauben unser Leben zu kontrollieren (Epheser 5,18). Diese Art von Kommunikation muss täglich passieren.

Ein gutes Bild für die Kommunikation mit Gott ist der physische Prozess des Atmens. Hoffentlich hat jeder von uns geatmet, seit Beginn dieser Einheit! Aber Atmen ist nicht etwas, über das wir viel nachdenken. Es passiert automatisch. Wir atmen schädliches CO_2 aus unserer Lunge aus, dann atmen wir den lebensnotwendigen Sauerstoff ein. Meist sind wir uns dessen nicht einmal bewusst!

Geistliches »Atmen« dient bei unserer Begegnung mit Gott einem ähnlichen Zweck. Wenn wir *ausatmen* (Gott unsere Sünden bekennen), werden wir sauber und rein. Wenn wir *einatmen* (uns darauf konzentrieren, Christus unser Leben kontrollieren zu lassen), wird uns Kraft gegeben, die Kraft des Heiligen Geistes, das Leben zu leben, zu dem Gott uns berufen hat.

Epheser 5,18 erklärt das einfach: *»Und berauscht euch nicht mit Wein ... sondern werdet voller Geist.«* Bitte den Herrn Jesus jetzt, dass sein Heiliger Geist dein Leben kontrolliert. Du kannst dein Gebet etwa so ausdrücken: »Herr Jesus, ich bekenne dir meine Sünden. (Nenne konkrete Sünden.) Ich bitte dich, dass der Heilige Geist jetzt die Kontrolle in meinem Leben übernimmt.« Wiederhole dieses Gebet täglich als Übung für das geistliche Atmen.

Das griechische Wort, das für »voll werden« benutzt wird, bedeutet »ganz in Besitz nehmen«. Voll Geist zu werden bedeutet, vollkommen unter Gottes Einfluss zu stehen. Mit dem Heiligen Geist gefüllt zu sein, bedeutet, dass wir vom Heiligen Geist kontrolliert werden.

Was passiert, wenn wir ganz unter der Leitung des Heiligen Geistes stehen? Wie kann die Kraft Gottes in uns umgewandelt werden in äußere Zeichen, die von Gottes Gegenwart in unserem täglichen Leben zeugen? Der Apostel Paulus schrieb: *»Wandelt im Geist, und ihr werdet die Begierde des Fleisches nicht erfüllen«* (Galater 5,16).

Die Kraft freilassen

Beachte: *»Wandelt im Geist«* ist ein Befehl. Es folgt daraus, dass die Kontrolle des Heiligen Geistes über unser Leben nicht automatisch geschieht. Wir müssen uns täglich dafür entscheiden, unter dem Einfluss des Geistes zu leben.

Wenn wir »*im Geist wandeln*«, gefallen wir dem Heiligen Geist. Wenn nicht, dann betrüben wir entweder den Geist oder löschen ihn aus. Beides sollten wir vermeiden.

(1) *Betrübt nicht den Heiligen Geist* (Epheser 4,30). Wir betrüben den Heiligen Geist, indem wir einer Sache nachgeben, die ihm entgegensteht. Wenn Lust, Leidenschaft oder böses Verlangen uns kontrollieren, können wir nicht vom Geist kontrolliert sein. Jeder Christ, der bewusst sündigt, betrübt den Geist.

(2) *Den Geist löscht nicht aus* (1. Thessalonicher 5,19). Der Heilige Geist in uns schürt das Feuer – treibt uns an, gibt uns Ideen, gibt uns Gedanken und macht Vorschläge (Johannes 14,26). Jedes Mal, wenn wir uns weigern, das zu tun, was er uns zu tun eingibt, dann »löschen« wir seine Kraft in uns aus.

Außerdem müssen wir erkennen, dass der Heilige Geist in uns lebt. Wir sind ein Tempel des Heiligen Geistes (1. Korinther 6,19). Wenn wir uns ihm ergeben und seine Gemeinschaft suchen, dann wird er uns leiten. Je mehr wir bewusst in seiner Gegenwart leben, auf ihn warten, seine Hilfe erwarten und auf ihn hören, desto mehr wird er sich uns offenbaren.

> Bedenke: »*Die aber dem Christus Jesus angehören, haben das Fleisch samt den Leidenschaften und Begierden gekreuzigt. Wenn wir durch den Geist leben, so lasst uns durch den Geist wandeln*«
> (Galater 5,24-25).

 **Action Point**

1. Welche Frustrationen hast du

bei deiner Arbeit?

_____

mit deiner Familie?

_____

mit deinen Freunden?

_____

mit dir selbst?

_____

Wenn du auf diese Liste zurückschaust, wie viele dieser Frustrationen hast du durch deine eigenen falschen Einstellungen oder Taten verursacht oder verschlimmert? Musst du diese bekennen?

_____

2. Hast du den Heiligen Geist gebeten, dich zu erfüllen?

_____

3. Wenn nicht, warum tust du das nicht jetzt? Sag so etwas wie: »Herr, ich bin schwach, aber du bist stark. Leite mich durch deinen Geist und mach mich stark in dir.«

_____

4. Schreibe auf: Wie planst du, jeden Tag das geistliche Atmen zu üben?

_____

_____

5. Schreibe unter den beiden nachfolgenden Punkten auf, wie du es vermeiden kannst, den Geist zu betrüben und den Heiligen Geist auszulöschen.

Den Geist betrüben

_____

_____

Den Geist auslöschen

_____

_____

 **EINHEIT 8**
Nahrungsaufnahme

Stell dir vor, du bist in einem Restaurant mit All-you-can-eat-Buffet – eines, das jedes vorstellbare Essen hat. Du hast Hunger, und alles sieht gut aus, also gehst du umher und analysierst das Essen. Die Tomaten sind reich an Kalium. Das Steak hat viele Proteine. In Makkaroni stecken eine Menge Kohlehydrate. Die Orangen können deinen täglichen Bedarf an Vitamin C decken. Brot und Müsli haben viele Ballaststoffe. Du schaust es dir an, aber du isst nicht.

Das Essen anzusehen wird deinen Hunger nicht stillen. Du kannst es untersuchen, Berichte darüber schreiben, sogar Seminare und Diskussionen darüber halten. Aber wenn das *alles* ist, was du tust, dann wirst du *verhungern*.

Vielleicht ist das Bild von dem Restaurant ein wenig weit hergeholt, aber genau das passiert vielen Leuten in der Gemeinde. Nicht, dass sie das gemeinsame Essen nach dem Gottesdienst verpassen! Aber geistlich wissen sie nicht, wie sie sich ernähren sollen. Das geistliche Essen, das sie brauchen, ist ausreichend vorhanden. Aber sie diskutieren nur darüber und analysieren es. Sie verhungern geistlich. Sie wissen weder, wie sie sich selbst ernähren können, noch wissen sie, wie sie andere ernähren sollen. Wie kann jemand, der immerzu Hunger hat, selbst daran denken, jemand anderen zu ernähren?

Kolosser 2,6-10 beschreibt, wie wir geistlich erfüllt sein können. (Beachte den Ausdruck in Vers 10: »ihr seid in ihm zur Fülle gebracht«.) »Wie ihr nun den Christus Jesus, den Herrn, empfangen habt, so wandelt in ihm, gewurzelt und auferbaut in ihm und gefestigt im Glauben, wie ihr gelehrt worden seid, indem ihr überreich seid in Danksagung! Seht zu, dass niemand euch einfange durch die Philosophie und leeren Betrug nach der Überlieferung der Menschen, nach den Elementen der Welt und nicht Christus gemäß! Denn in ihm wohnt die ganze Fülle der Gottheit leibhaftig; und ihr seid in ihm zur Fülle gebracht. Er ist das Haupt jeder Gewalt und jeder Macht.« Können wir die »Fülle« in Christus erleben? Um den Ausdruck zu verstehen, musst du dir eine Festtafel vorstellen, reich gefüllt mit allen möglichen Arten von köstlichem Essen. Das Essen steht für die Fülle, die Christus anzubieten hat. Aber bevor wir etwas von dem Essen nehmen können, müssen wir ein paar praktische Schritte unternehmen, um das Essen zu bekommen.

Schritt 1: *Geh zu dem Tisch.* Paulus sagte der Gemeinde von Kolossä: »*Wie ihr nun den Christus Jesus, den Herrn, empfangen habt, so wandelt in ihm*« (Kolosser 2,6). Einige Übersetzer verwenden das Wort »leben« anstelle von »wandeln«. Die Bedeutung ist ähnlich, aber »wandeln« bezeichnet eine bestimmte Handlung, die man tut.

Wenn wir auf jemanden zugehen, dann wollen wir diese Person treffen. Während wir gehen, fangen wir an, eine Beziehung zu entwickeln und sie aufzubauen. Jesus Christus wünscht, dass wir seine Fülle erleben. Um das zu tun, müssen wir mit ihm gehen. Er wird uns zu seinem Tisch führen.

Schritt 2: *Setz dich an den Tisch.* Paulus schreibt, wir werden »*gewurzelt und auferbaut in ihm und gefestigt im Glauben, wie ihr gelehrt worden seid, indem ihr überreich seid in Danksagung*« (Kolosser 2,7). Wenn jemand hungrig ist und es ihm deswegen »todernst« um das Essen ist, geht er nicht nur zu dem Tisch, sondern er versichert sich auch, dass er einen guten Platz in nächster Nähe zum Essen bekommt. Betrachte die Worte, die Paulus für »einen guten Platz« bekommen benutzt. Er benutzt das Bild eines Baumes:

Gewurzelt – Warum reichen die Wurzeln eines Baumes tief in den Boden? Wegen der *Nahrung.*

Auferbaut – Bei kontinuierlicher Nahrungsaufnahme wächst ein Baum und wird *stark.*

Gefestigt – Je mehr Kraft ein Baum bekommt, umso unwahrscheinlicher ist es, dass ein Sturm kommt und ihn umweht.

Wenn wir als Gläubige an Gottes Tafel fest verwurzelt sind, dann haben wir Nahrung und Stärke und werden von den Stürmen des Lebens nicht umgeweht.

George Müller, ein Pastor aus dem 19. Jahrhundert, der für seine Arbeit mit Waisenkindern in England bekannt war, sagte einmal: »Ich erkenne immer deutlicher, dass die wichtigste Sache, um die ich mich jeden Tag kümmern muss, nicht ist, wie viel ich dem Herrn dienen kann ... sondern wie ich meine Seele in einen glücklichen Zustand bringe und wie das innere Leben genährt werden kann.«

Wenn wir an Gottes Tafel sitzen, bereit, seine Fülle zu empfangen, werden uns Werkzeuge gegeben, die uns helfen, die Nahrung aufzunehmen. Wir können zwar auch ohne sie auskommen, doch Essen ist eine viel angenehmere Erfahrung, wenn wir Besteck verwenden. Gott gibt uns vier Werkzeuge:

• Gebet (Epheser 3,16-19)
  »... er gebe euch nach dem Reichtum seiner Herrlichkeit, mit Kraft gestärkt zu werden durch seinen Geist an dem inneren Menschen; dass der Christus durch den Glauben in euren Herzen wohne und ihr in Liebe gewurzelt und gegründet seid, damit ihr imstande seid, mit allen Heiligen völlig zu erfassen, was die Breite und Länge und Höhe und Tiefe ist, und zu erkennen die Erkenntnis übersteigende Liebe des Christus, damit ihr erfüllt werdet zur ganzen Fülle Gottes.«

- Die Bibel (Kolosser 3,16)
  »Das Wort des Christus wohne reichlich in euch; in aller Weisheit lehrt und ermahnt euch gegenseitig! Mit Psalmen, Lobliedern und geistlichen Liedern singt Gott in euren Herzen in Gnade!«

- Gemeinschaft (Hebräer 10,25)
  »... indem wir unser Zusammenkommen nicht versäumen, wie es bei einigen Sitte ist, sondern einander ermuntern, und das um so mehr, je mehr ihr den Tag herannahen seht!«

- Zeugnis (Apostelgeschichte 1,8)
  »Aber ihr werdet Kraft empfangen, wenn der Heilige Geist auf Euch gekommen ist; und ihr werdet meine Zeugen sein, sowohl in Jerusalem als auch in ganz Judäa und Samaria und bis an das Ende der Erde.«

Jedes Besteck, das richtig angewendet wird, wird uns dabei helfen, das »Festessen« zu genießen, das Jesus Christus uns auftischt.

Schritt 3: Wähle dein Essen sorgfältig aus. Der Apostel Paulus sagt weiter: *»Seht zu, dass niemand euch einfange durch die Philosophie und leeren Betrug nach der Überlieferung der Menschen, nach den Elementen der Welt und nicht Christus gemäß!«* (Kolosser 2,8). Eine Umschreibung dieses Verses ist vielleicht diese: »Pass auf, dass das, was du essen willst, nicht dich aufisst!« Wenn wir das Falsche essen, wird eine von diesen beiden Sachen geschehen.

1. Wir erhalten nicht die richtige Nahrung.

2. Unser Magen wird verstimmt.

Verdauungsbeschwerden sind kein Spaß. Aber häufig bekommen wir sie, weil wir das Falsche essen.

Paulus weist auf vier Speisen hin, welche die Gemeinde in Kolossä zu sich nimmt, die ihr aber geistliche Verdauungsbeschwerden machen, anstatt sie geistlich zu ernähren.

- *Intellektuelle, weltliche Philosophie* – zu Paulus' Zeiten versuchte eine Gruppe von Leuten das Evangelium so zu präsentieren, dass nur »Intellektuelle« es verstehen konnten. In einem Brief an Timotheus gibt Paulus später seinem jugendlichen Jünger einen Rat, damit er nicht in den Einfluss solcher schädlichen Philosophien kommt. Er sagt zu Timotheus: *»Strebe danach, dich Gott bewährt zur Verfügung zu stellen als einen*

Arbeiter, der sich nicht zu schämen hat, der das Wort der Wahrheit in gerader Richtung schneidet« (2. Timotheus 2,15).

- *Leerer Betrug* – In unserer Welt verstellt sich Leere und Sinnlosigkeit als »gutes Leben«. Die Leute streben nach Wohlstand, Vergnügen, Bequemlichkeit, Glück, Macht, Prestige und anderen »leeren« Dingen, die nicht wirklich zufrieden stellen. Jahre bevor das Neue Testament geschrieben wurde, sprach ein Mann namens Jesaja darüber, dass so eine Nahrung keine Zufriedenheit gibt, aber wenn wir das Gute essen, dann *»(labe sich) eure Seele (...) am Fetten!«* (Jesaja 55,1-2).

- *Traditionen* – Jemand hat sehr treffend gesagt, dass die letzten sieben Worte einer sterbenden Gemeinde sein werden: »Das haben wir aber immer so gemacht.« Gesunde Traditionen sind gut, aber für manche Leute ist die Gemeinde nichts anderes als Gewohnheit. Es ist, als würden sie verschimmeltes Brot essen. *Wir vermeiden ungesunde Traditionen, indem wir Gott jeden Tag um frisches Brot bitten!* Wir können sicher sein, dass genau so, wie Gott die Kinder Israel in der Wüste versorgt hat, er auch uns jeden Tag mit frischem »Manna« versorgen wird.

- *Gesetzmäßige Gebote und Verbote* – Viele Menschen sehen Christsein als ein Einhalten von Regeln. Das ist Gesetzlichkeit. Sie schafft eine Abhängigkeit von den »Grundprinzipien dieser Welt«. Mit Christus zu wandeln, bringt uns in den Bereich der Gnade. Wenn wir versuchen, nach Regeln und Gesetzen zu leben, hält uns das davon ab, die echte Nahrung zu genießen, die Gott uns geben möchte.

Jetzt, wo wir zum Tisch gegangen sind, uns gesetzt und entdeckt haben, welches Besteck wir benutzen und wissen, was wir nicht essen sollten, können wir uns an Jesus Christus laben! Er bringt uns zu der *Fülle* des Lebens in ihm!

 **Action Point**

1. Arbeite dich durch die folgende »Umfrage für wachsende Jünger«. Versuche, auf einer Skala von 1 (definitives Ja) bis 5 (definitives Nein) einzuschätzen, wie erfüllt du von dem Herrn bist.

Umfrage für wachsende Jünger

	JA				NEIN
	1	2	3	4	5
Ich bin absolut sicher, dass ich eine Beziehung zu Jesus Christus habe. (1. Johannes 5,11-13)					
Ich erlebe häufig Gottes absolute Liebe und Vergebung. (Epheser 1,7)					
Ich weiß, was es bedeutet, vom dem Heiligen Geist erfüllt zu sein, und ich kann konsequent im Geist wandeln. (Epheser 5,18)					
Mein Gebetsleben ist regelmäßig und spontan und es besteht aus Anbetung, Bekenntnis, Danksagung, Bitte und Fürbitte. Ich sehe, dass Gott mein Gebet häufig beantwortet. (Epheser 6,18)					
Ich wachse in meinem Verständnis, wer Gott als mein Vater ist, Jesus als der Sohn und der Heilige Geist, der in mir lebt. Ich weiß, was diese drei Personen der Gottheit mit meinem Leben zu tun haben. (Epheser 1,17)					
Ich höre regelmäßig biblische Unterweisung und Predigten. (Römer 10,14)					
Ich lese täglich in Gottes Wort und habe einen genauen Plan, nach dem ich die Bibel lese. (1. Timotheus 4,13)					
Ich weiß, wie ich Gottes Wort studieren kann. (2. Timotheus 2,15)					
Ich habe eine Methode, wie ich regelmäßig und konsequent Bibelverse auswendig lerne. (Kolosser 3,16)					
Es macht mir Spaß, über Bibelverse nachzudenken. Ich entdecke, wie sich meine Gedanken verändern und das Wort Gottes für mich realer wird. (Epheser 4,22-24)					
Wenn ich Teile von Gottes Wort auswendig lerne, gewinne ich Überzeugungen, die meinen Glauben und meine Taten beeinflussen. (2. Timotheus 4,2)					

2. Jetzt, wo du diese Einheit darüber, wie du dich ernähren kannst, beendet und die Umfrage für wachsende Jünger ausgefüllt hast, benenne den Bereich, in dem du wachsen musst. Was solltest du in diesem Bereich unternehmen, um an den Tisch zu kommen und die Fülle Jesu Christi zu erleben?

_____

_____

_____

_____

_____

_____

_____

3. Überarbeite noch einmal die Bereiche, in denen du wachsen musst, indem du den Action Point der Einheit 3 noch einmal durchliest. Wie passt das zu dem, was du bei Frage 2 geschrieben hast?

_____

_____

_____

_____

_____

_____

_____

_____

EINHEIT 9
Zeit allein mit Gott

Erinnere dich an dein erstes Date. Verlief das ungefähr so?

Ein Junge mit schweißnassen Händen hat endlich den Mut zusammen, die Nummer zu wählen. Er ist so nervös, dass er sich drei Mal verwählt. Schließlich treffen seine nervösen Finger die richtige Tastenkombination. Er will das Mädchen schon seit drei Wochen fragen, ob sie mit ihm ausgeht. Am anderen Ende der Leitung wird sie fast ohnmächtig, als sie seine Stimme hört. Sie hat seit Monaten darauf gewartet, dass er sie fragt. Schließlich bricht es aus ihm heraus: »Hallo Mary, hier ist Kino. Willst du mit mir ins John gehen?« Ups! Schließlich bekommt er es richtig heraus, sie sagt ja, und sie vereinbaren die Details.

Wohin gehen wir? Wie viel Uhr? Wie kommen wir dahin? Auch wenn dies wichtige Fragen sind, keine ist so wichtig wie: Werden wir uns wirklich mögen? Alles dreht sich um diese grundsätzliche Frage.

Wenn menschliche Beziehungen anfangen, entwickeln sie sich normalerweise langsam und folgen einem Muster:

- gegenseitige Anziehung

- Zeit, die man damit verbringt, sich kennenzulernen

- das Entwickeln einer liebevollen, aufmerksamen Beziehung

Wir gehen von einem Punkt zum nächsten, indem wir Zeit mit der Person verbringen. Genauso ist es in deiner Beziehung zu Gott. Ein Geheimnis von wachsenden, dynamischen Christen ist, dass sie regelmäßig Zeit allein mit Gott verbringen.

Erinnerst du dich an alle Details von deinem ersten Date? Wenn wir die gleiche Planung auf unsere stille Zeit mit Gott verwenden, hilft das, dass unsere Beziehung zu ihm schnell wächst. Hier folgen ein paar Bereiche, die man bedenken sollte.

- *Wähle eine geeignete Zeit.* Plane einen regelmäßigen Zeitpunkt, an dem du dich jeden Tag mit dem Herrn triffst. Der beste Zeitpunkt, dich mit ihm zu treffen, ist gleich früh am Morgen. Hast du jemals ein Orchester dabei beobachtet, dass es sich *nach* dem Konzert einspielt oder ein Team, das *nach* dem Spiel eine Taktik aufstellt? Früh am Tag Zeit für Gott zu haben, wird uns dabei helfen, dem Tag entgegenzusehen. Jesus hat seinen Vater häufig am Morgen getroffen (Markus 1,35). Sein Beispiel sollte reichen, um uns zu überzeugen.

- *Wähle einen Ort.* Wähle einen Ort, der ruhig ist. Am besten einen Ort, wo es niemanden stört, wenn du laut mit Gott sprichst. Geh weg von deiner normalen Umgebung. Versuche, einen Platz zu finden, wo es keine Ablenkung und Unterbrechungen gibt. Abraham sprach mit Gott in der Wüste. Daniel traf ihn in der Stille seines Zimmers. Wo auch immer wir Gott treffen, es wird zu einem besonderen Ort werden.

• *Bereite dich vor.* Unsere geistige Einstellung ist wichtig, wenn wir uns mit Gott treffen. Bereite dich darauf vor, Gott leise und ehrfurchtsvoll zu begegnen, aber auch ausgeruht und aufmerksam. Psalm 46,11 gibt uns einen guten Rat: *»Lasst ab und erkennt, dass ich Gott bin.«*

Hier sind noch andere Wege, wie du dich auf deine Zeit mit Gott vorbereiten kannst.

• *Blicke auf Jesus.* Anstatt dich um die Details des Tages zu sorgen oder die schlimmen Dinge, die passieren könnten, konzentriere dich auf Jesus.

• *Führe ein Tagebuch über deine Stille Zeit mit Gott.* Wenn wir unsere Gedanken, Gebete, Bitten, Gebetserhörungen, Notizen zum Bibelstudium und die Einsichten, die Gott uns jeden Tag gibt, aufschreiben, werden wir schnell eine Quelle ermutigender Gedanken haben. Später werden wir zurückschauen und erkennen, wie viele Dinge Gott getan hat, und unglaublich erstaunt sein.

• *Gib nicht auf.* Die Zeit mit Gott am Morgen einmal zu verpassen, ist kein Weltuntergang. Mach dir darüber keine Sorgen, aber nutze die Möglichkeit am nächsten Tag.

• *Sei ehrlich.* Wir langweilen uns schnell. Wenn du das Gefühl hast, dass deine Zeit mit Gott leer und wertlos ist, sag es ihm. Aber gib nicht auf. Bitte Gott, dein Verlangen nach einer Begegnung mit ihm größer zu machen.

• *Sei konsequent.* Manchmal wird unsere Zeit mit Gott voll wunderbarer Einsichten sein. Manchmal sehr routiniert. Der Erfolg ist nicht an unseren Gefühlen messbar. Jedes Mal, wenn du Zeit allein mit Gott verbringst, wird das deine Beziehung zu ihm stärken, auch wenn du die Ergebnisse nicht sofort wahrnimmst.

Unser ultimatives Ziel, wenn wir Zeit mit Gott allein verbringen, ist es, ihn besser kennenzulernen – nicht ein Genie im Bibelstudium zu sein, einen Rekord im Verse lernen aufzustellen oder Gebetsstunden einzutragen. Bibelstudium, Verse lernen und Beten sind wichtig, aber sie sind nur Schritte auf dem Weg zu unserem Hauptziel: eine tiefe Liebesbeziehung mit dem Herrn zu entwickeln. Wenn wir unseren Blick auf Jesus richten, wird der geistliche Gewinn von selbst folgen!

 **Action Point**

1. »Eine Beziehung aufbauen« bedeutet investieren. Lies die folgenden Verse und schreibe auf, welche Investitionen du tätigen musst, um eine Beziehung zu Gott aufzubauen.

Matthäus 6,33

_____

Philipper 3,10

_____

Matthäus 22,36-38

_____

2. Lies die folgenden Verse, um einige Ziele zu erkennen, die Gott für dein Leben hat:

1. Korinther 10,31

_____

Jeremia 33,3

_____

Philipper 4,6-7

_____

Wie kann dir die tägliche Zeit allein mit Gott helfen, dass diese Ziele in deinem Leben Realität werden?

3. Wähle jetzt eine Zeit, zu der du jeden Tag 20 Minuten allein mit Gott bist, die Bibel liest und mit ihm im Gebet sprichst. Höre darauf, was Gott dir in diesen Zeiten sagen will. Auch wenn du dich zunächst ein wenig unbeholfen fühlst, wird dies bald zu einer besonderen Zeit für dich werden. Schreib hier die Zeit und den Ort auf, für die du dich entscheidest.

Zeit _____ Ort _____

4. Fang ein Stille-Zeit-mit-Gott-Tagebuch an, wenn du das noch nicht getan hast.

EINHEIT 10
Tiefer in Gottes Wort eindringen

Stell dir vor (oder denk daran zurück), du gehst zu einem Klassentreffen. Von allem, was du erlebst, wird die größte Überraschung sein zu sehen, wie sich die Leute *verändert* haben. (Breite Hüften und ein zurückweichender Haaransatz sind schnell zu erkennen.)

Stell dir vor, einer deiner Freunde, den du seit der Schule nicht gesehen hast, kommt auf dich zu und erzählt dir von seinem tollen Job, seiner geliebten Familie und seinem großen Haus. Dann fragt er dich: »Denkst du, dass du erfolgreich bist?« Was würdest du ihm antworten? Warum?

Gottes Plan für unseren Erfolg ist in Psalm 1,1-3 beschrieben: »*Glücklich der Mann, der nicht folgt dem Rat der Gottlosen, den Weg der Sünder nicht betritt und nicht im Kreis der Spötter sitzt, sondern seine Lust hat am Gesetz des Herrn und über sein Gesetz sinnt Tag und Nacht! Er ist wie ein Baum, gepflanzt an Wasserbächen, der seine Frucht bringt zu seiner Zeit, und dessen Laub nicht verwelkt; alles was er tut, gelingt ihm.*« Ein wichtiges Element für »Erfolg« aus Gottes Sicht ist »Lust haben am Gesetz des Herrn«. Mit anderen Worten, ein erfolgreicher Mensch freut sich darüber, Zeit mit Gottes Wort zu verbringen.

Warum sollten wir Zeit mit Gottes Wort verbringen? Und wie kann Zeit allein mit Gott uns erfolgreich machen? Betrachte die folgenden Gründe.

Wir werden uns selbst besser kennenlernen. Wenn wir Zeit mit Gottes Wort verbringen, werden wir anfangen zu bemerken, wie es in unser Leben eindringt. Wie ein guter Chirurg, der sein Skalpell vorsichtig dazu benutzt, bedrohliche Krebsgeschwüre zu entfernen, so benutzt Gott sein Wort, um die Dinge zu entfernen, die uns davon abhalten, das zu werden, was er möchte. Gott gibt uns sein Wort als Werkzeug, damit wir uns besser kennenlernen. »*Denn das Wort Gottes ist lebendig und wirksam und schärfer als jedes zweischneidige Schwert und durchdringend bis zur Scheidung von Seele und Geist, sowohl der Gelenke als auch des Markes, und ein Richter der Gedanken und Gesinnungen des Herzens*« (Hebräer 4,12).

Wir lernen Jesus besser kennen. Je mehr wir die Bibel lesen, desto besser werden wir Jesus verstehen – sein Leben, seinen Tod, seine Auferstehung. Wir wissen, dass es wahr ist, denn Jesus selbst sagte: »*Ihr erforscht die Schriften (...) und sie sind es, die von mir zeugen*« (Johannes 5,39).

Wir werden als Christen wachsen. Im Gebet für seine Jünger sagte Jesus: »*Heilige sie durch die Wahrheit! Dein Wort ist Wahrheit*« (Johannes 17,17). *Heiligen* bedeutet »wachsen, um so zu werden, wie Gott es möchte.« Dies geht über das Wissen hinaus, dass Gottes Wort die Wahrheit ist. Das wird uns nicht automatisch dabei helfen, als Christen zu wachsen. Petrus sagt uns, dass es uns hilft, die gute, geistliche Milch zu verlangen (1. Petrus 2,2). So wie Babys Milch brauchen, damit sie gesund aufwachsen, brauchen wir Gottes Wort, um geistlich zu reifen.

Wir werden ein erfolgreiches Leben haben. Wenn jemand täglich über Gottes Wort nachdenkt, ist der Erfolg garantiert. Dieser Mensch wird »gepflanzt« sein – wie ein Baum. Laut Psalm 1,3 werden drei Dinge passieren: 1. Er wird Frucht bringen, 2. sein Laub wird nicht verwelken, 3. alles, was er tut, gelingt ihm. Was für eine großartige Sache das ist! Garantierter Erfolg!

Du wirst mit Versuchung umgehen können. Das Studium der Bibel wird uns die Munition geben, jede Situation so zu meistern, wie Jesus das tun würde. Wenn wir Zeit mit Gottes Wort verbringen, wird er uns helfen, Passagen wie 1. Korinther 10,13 zu entdecken und darüber nachzudenken: »*Keine Versuchung hat euch ergriffen als nur eine menschliche; Gott aber ist treu, der nicht zulassen wird, dass ihr über euer Vermögen versucht werdet, sondern mit der Versuchung auch den Ausgang schaffen wird, so dass ihr sie ertragen könnt.*« Was für eine unglaubliche Entdeckung, herauszufinden, dass es Gott ist, der so treu ist. Er ist derjenige, der einen Ausweg gibt. Er ist derjenige, der uns hilft, der Versuchung zu widerstehen. Nur das Studium seines Wortes wird uns zu dieser Einsicht und der Kraft dahinter führen. Durch sein Wort und seine Kraft können wir Versuchungen widerstehen.

Die folgenden Hinweise helfen dir bei deinem Bibelstudium:

- Bleib bei der Zeit, die du für das Treffen mit Gott gewählt hast.
- Studiere die Bibel, um ihre persönliche Bedeutung für dich zu erkennen, und nicht, um zu sehen, wie sie auf andere anzuwenden ist.
- Sei bereit, dich vom Heiligen Geist verändern zu lassen.
- Schreibe jeden Tag deine Einsichten aus der Bibel auf.

Bedenke, dass die Bibel nicht nur Literatur ist, die studiert werden soll, oder Fakten, die gelernt werden müssen. Sie ist Wahrheit, die auf unser Leben anzuwenden ist.

 **Action Point**

1. Wie schätzt du den Stand deines Bibelverständnisses ein?

☐ Gut entwickelt. Ich habe Freude an der Bibel und wende ihre Lehren auf mein Leben an.

☐ Ich komme langsam dahin. Vieles ist noch neu für mich, aber ich studiere Gottes Wort mehrmals in der Woche und ich habe angefangen, es in verschiedenen Situationen anzuwenden.

☐ Kaum vorhanden. Ich kann mich nicht dazu motivieren oder habe keine Zeit, die Bibel zu studieren.

2. Verwende das Bibel-Arbeitsblatt, um ein Bibelstudium über Psalm 1,1-3 zu machen. Um ein Beispiel für die Anwendung eines Bibel-Arbeitsblattes zu sehen, beziehe dich auf das ausgefüllte Arbeitsblatt über Johannes 1,1-5. Für den täglichen Gebrauch kopiere die Vorlage auf Seite 87 dieses Buches.

3. Fahre fort, jeden Tag Stille Zeit mit Gott zu verbringen, indem du 15 Minuten mit Bibelstudium verbringst und 5 Minuten im Gebet. Studiere das Markus-Evangelium. Lies die Verse und arbeite dich dann durch das Bibel-Arbeitsblatt. Wenn du deine Einsichten aufschreibst, wird es dir dabei helfen, dich an das Gelesene zu erinnern und es auf dein Leben anzuwenden. Siehe auch die Lesevorschläge für die erste Woche. Das ganze Buch Markus ist in Abschnitte für das tägliche Lesen im Anhang (S. 230) unterteilt.

Tag 1: Markus 1,1-20

Tag 2: Markus 1,21-44

Tag 3: Markus 2,1-17

Tag 4: Markus 2,18-28

Tag 5: Markus 3,1-19

Tag 6: Markus 3,20-35

Tag 7: Markus 4,1-20

EIN LEITERKURS FÜR DIE ZURÜSTUNG VON JUGENDMITARBEITERN

Bibel-Arbeitsblatt

Datum   **10. Mai**

Abschnitt   **Johannes 1,1-5**

Titel   **Jesus bringt Licht und Leben**

Schlüsselvers   **Vers 4**

Zusammenfassung   **Das Wort (Jesus)**

(1) war im Anfang

(2) war bei Gott

(3) war Gott

(4) hat alles geschaffen

(5) war das Leben

(6) war das Licht

Persönliche Anwendung

Ich muss Jesus denjenigen sein lassen, der er für mich sein will. Ich kann sein Leben und Licht erleben, indem ich für den Rest dieses Leiterkurses jeden Morgen 15 Minuten allein mit ihm verbringe.

87

 ## EINHEIT 11
Die Bibel kennen

Verschiedene Leute haben mir von einem ähnlichen Traum erzählt, den sie immer wieder hatten. Er läuft etwa so ab: Ich gehe am Abend vor einer großen Prüfung schlafen. Der Wecker ist gestellt, aber er klingelt nicht. Ich verschlafe. Als ich schließlich aufwache, hat die Prüfung gerade angefangen. Ich gerate in Panik. Mein Körper bricht in kalten Schweiß aus. Aus einem tiefen Schlaf heraus bekomme ich einen Adrenalinstoß. Ich werfe mich in meine Kleider und renne los, um an dem Test teilzunehmen. Als ich mich hinsetze, um die Aufgaben zu lösen, ist mein Gehirn völlig leer gefegt. Ich kann mich an nichts von dem erinnern, was ich gelernt habe. Dann wache ich auf. Es war nur ein Traum. Obwohl ich erleichtert bin, ist mein Körper noch nass von kaltem Schweiß. Was für ein Alptraum!

So etwas ist tatsächlich dem Freund meines Sohnes in seinem ersten Jahr im College passiert. Es war kein Traum. Nur, dass er in der Eile, noch rechtzeitig zum Test zu kommen, vergaß, seine Hose anzuziehen! Er rannte in seiner Unterhose vom Schülerwohnheim über den Schulhof! Und er bekam eine 6 in dem Test. Was für ein furchtbares Erlebnis! Es sagt uns etwas darüber, was es heißt, nicht vorbereitet zu sein.

Wenn es an die Bibel geht, sind die meisten Gläubigen nicht vorbereitet für den Test. Wir geraten mit jemandem in ein Gespräch über die Bibel und wir erinnern uns an ein paar Dinge, die wir gehört haben. Aber wir haben nicht die geringste Ahnung, was genau in der Bibel steht, geschweige denn wo.

Die einzige Möglichkeit, die Bibel parat zu haben, ist, Teile aus ihr auswendig zu lernen. Ich kann es schon hören: »Was? Ich, auswendig lernen? Ich kann nichts auswendig lernen.« Ich gebe zu, dass es für manche schwieriger ist als für andere. Aber wir alle können auswendig lernen. Wie heißt du zum Beispiel? Deine Adresse? Deine Telefonnummer? Der Name deines Ehepartners? Die Namen deiner Kinder? Deine Arbeitsadresse? Der Name deiner Gemeinde? Du weißt schon, was ich meine. Wir können auswendig lernen. Also lass uns anfangen.

Wenn fromme Juden beten, tragen sie Gebetsriemen, sogenannte Tefillin. Das sind Lederriemen an denen Lederkästchen befestigt sind, die Verse aus der Heiligen Schrift enthalten. Diese Kästchen sind an ihren linken Arm und zwischen ihren Augenbrauen befestigt. Diese Männer haben Gottes Wort im wahrsten Sinne jederzeit vor Augen!

Und wenn wir Gottes Wort - oder Teile daraus - auswendig lernen, haben wir es immer bei uns. Die Bibel unterweist uns: *»Binde sie (Gottes Weisung) stets auf dein Herz, winde sie um deinen Hals! Bei deinem Gehen leite sie dich, bei deinem Liegen behüte sie dich, und wachst du auf, so rede sie dich an!«* (Sprüche 6,21-22). Darum geht es beim dem Lernen der Schrift!

Vorzüge des Auswendiglernens von Bibelversen

Die Schrift auswendig zu lernen, bereichert unser Leben auf vielerlei Weise. *Die Bibel wird für uns lebendig werden.* Psalm 19,8-12 zeigt uns, wie wertvoll Gottes Wort für uns ist. Gottes Wort

- erquickt die Seele (V. 8)
- ist zuverlässig (V. 8)
- macht den Einfältigen weise (V. 8)
- ist richtig (V. 9)
- erfreut das Herz (V. 9)
- macht die Augen hell (V. 9)
- ist lauter (V. 9)
- besteht in Ewigkeit (V. 10)
- ist immer gerecht (V. 10)
- ist köstlicher als Gold (V. 11)
- in ihm liegt großer Lohn (V. 12)
- gibt Warnungen (V. 12)

Indem wir Bibelverse auswendig lernen, sammeln wir Kraft, um in den täglichen Situationen zu bestehen. Es ist klar, dass die meisten Menschen nicht den ganzen Tag die Bibel studieren können. Aber wenn wir ihre Lehren in unserem Denken und unserem Herzen tragen, können wir uns an sie erinnern, wenn wir sie wirklich brauchen. Gottes Wort wird auch das *»Schwert des Geistes«* (Epheser 6,17) genannt. Es ist unsere Waffe, um den täglichen Kampf zu kämpfen. Die Kenntnis der Heiligen Schrift erlaubt uns, jederzeit unsere Waffe bei uns zu tragen.

Wir werden geistlich wachsen. In der letzten Einheit haben wir gesehen, dass ein Mensch, der Lust hat am *»Gesetz des Herrn«*, so ist wie ein *»Baum, gepflanzt an Wasserbächen, der seine Frucht bringt zu seiner Zeit und dessen Laub nicht verwelkt«* (Psalm 1,2-3). Bibelverse auswendig zu lernen, wird uns helfen, in unserem täglichen Weg mit Jesus Christus tief verwurzelt zu sein, weil wir Gottes Gedanken denken werden.

Wir werden Kraft haben, die Versuchung zu überwinden. Betrachte die Worte aus Psalm 119,9-11 genau. *»Wodurch hält ein Jüngling seinen Pfad rein? Indem er sich bewahrt nach deinem Wort. Mit meinem ganzen Herzen habe ich dich gesucht. Lass mich nicht abirren von deinen Geboten! In meinem Herzen habe ich dein Wort verwahrt, damit ich nicht gegen dich sündige.«* Wenn wir Gottes Wort in unserem Herzen verwahren, haben wir die Fähigkeit, Versuchungen zu widerstehen.

Wir werden für Jesus Christus Zeugen sein. Wenn Gottes Wort in unserem Denken und Herzen ist, werden wir immer bereit sein, wenn Gott uns eine Gelegenheit gibt, für ihn zu sprechen. Wie David können wir »erzähl(en) *alle Bestimmungen deines Mundes*« (Psalm 119,13). Viele Leute haben das Gefühl, sie wissen nicht, was sie sagen sollen, wenn sie für Christus Zeugnis geben. Aber wenn wir Bibelverse auswendig lernen, haben wir immer etwas zu sagen.

Wir werden anfangen, die Dinge aus Gottes Sicht zu sehen. Wenn Gottes Wort ein fester Bestandteil unseres Leben wird, werden wir anfangen zu denken, wie Gott denkt. Das ist es, was Paulus meinte, als er sagte: »*Werdet verwandelt durch die Erneuerung des Sinnes*« (Römer 12,2). Wenn wir so denken wie Gott, kennen wir seine Sichtweise in jeder Situation.

Wenn wir zum Auswendiglernen der Bibelverse eine Einstellung des *Vertrauens* einnehmen, wird dies unser *Verlangen* beeinflussen, und das wird uns helfen, die Verse besser auswendig zu lernen. Wenn wir erkennen, wie wertvoll es ist, Gottes Wort auswendig zu kennen, wird dies unser Vertrauen wachsen lassen. David hat diese Einstellung zusammengefasst, als er sagte: »*Darum liebe ich deine Gebote mehr als Gold und Feingold. Darum wandle ich aufrichtig nach allen deinen Vorschriften. Jeden Lügenpfad hasse ich. Wunderbar sind deine Zeugnisse, darum bewahrt sie meine Seele*« (Psalm 119,127-129). Wenn wir eine größere Liebe zu Gottes Wort entwickeln und danach verlangen, es in unserem Herzen zu bewahren, werden wir aus der Übung des Bibelverslernens großen Nutzen ziehen.

 **Action Point**

1. Was ist für dich das größte Hindernis beim Auswendiglernen?

_____

_____

_____

2. Mach eine Liste der positiven Gründe, warum du Bibelverse auswendig lernst.

_____

_____

_____

_____

3. Lerne 2. Timotheus 3,16 auswendig. Bevor du anfängst, sieh dir den Abschnitt »Wie lerne ich Bibelverse auswendig?« in deinem Stille-Zeit-mit-Gott-Tagebuch an. Wenn du einen Vers auswendig kannst, wiederhole ihn dreißig Tage lang jeden Tag. _Der Schlüssel zum Auswendiglernen ist Wiederholung._

_____

_____

4. Fahre fort, jeden Tag in dieser Woche Zeit allein mit Gott zu verbringen. Verbringe 15 Minuten mit dem Bibelstudium von Markus und 5 Minuten im Gebet.

_____

_____

 ## EINHEIT 12
Mit Gott sprechen

Es ist sechs Uhr morgens. Der Wecker klingelt und dein erster Impuls ist, noch eine Stunde zu schlafen, bevor du den Tag beginnst. Aber du hast Gott versprochen, dass dies der Tag ist, an dem du anfängst, früher aufzustehen, um mehr Zeit mit ihm zu verbringen. Deine Gedanken wandern: »Es wäre so viel besser, Zeit in der Kathedrale des inneren Frühlings zu verbringen, unter dem warmen Schutz von Hochwürden Bettlaken.« Aber du vermutest, dass Schnarchen nicht das ist, was der Psalmist mit »Lobgesang« meinte.

Wie also überzeugst du dich selbst davon, aufzustehen und deine Verabredung mit Gott einzuhalten? Der Schlüssel ist das *richtige Verständnis von Gebet*. Einige Leute sehen das Gebet als eine Pflicht an, wie das Raustragen des Mülls. Es ist etwas, das ihnen nicht wirklich Spaß macht, aber sie tun es trotzdem, damit die Luft sauber bleibt. Aber Beten ist wie das Wählen einer Kombination, die den Safe öffnet. Es öffnet unsere Beziehung zu Gott. Wir entdecken den Reichtum dessen, was in dem Sicherheitsfach eingeschlossen war. Gebet öffnet die Tür zu Gottes Reichtum. Wenn wir den Sinn des Gebets nicht verstehen und folglich nicht beten, bleibt diese Tür zu.

Der Sinn des Gebets

Durch das Gebet lernen wir, mit Gott auf einer persönlichen Ebene zu kommunizieren. Das Gebet zeigt uns, wer Gott ist, was wir tun sollen und wie wir es tun sollen. Wir fangen an, seine Pläne und sein Ziel für uns zu verstehen. Wir entdecken bald, dass wir die Kraft haben – seine Kraft – zu tun, was immer er von uns verlangt. Tatsächlich hat Jesus versprochen: »*Wenn ihr mich etwas bitten werdet in meinem Namen, so werde ich es tun*« (Johannes 14,14). Gebet öffnet uns Gottes Welt.

Douglas Thornton bemerkte die positive Wirkung, die das Gebet auf einige seiner Klassenkameraden hatte. Er war entschlossen, jeden Tag mit Gebet zu beginnen, hatte aber jeden Morgen große Mühe aufzustehen. In seiner Verzweiflung baute er aus einer Angel, vier Angelhaken und einem Wecker ein Gerät. Wenn sein Wecker morgens klingelte, zog die Angel an den vier Haken, die an den Zipfeln der Decke befestigt waren. Wenn die Decke erst einmal weggezogen war, fiel es ihm nicht mehr so schwer aufzustehen!

Diese Methode mag etwas extrem erscheinen. Das heißt, sie mag extrem erscheinen, bis man die Frage bedenkt: »Wie sehr wollte Douglas Thornton Gott kennenlernen?« Sein Wunsch, Gott kennenzulernen, war so stark, dass er bereit war, alles zu tun, damit er jeden Tag Zeit im Gebet verbringen konnte.

Vielleicht hast du dich dazu verpflichtet, öfter zu beten, hältst dich aber nicht daran. Vielleicht hast du sogar jetzt kein wirkliches Bedürfnis danach, zu beten. Du empfindest es als Pflicht, Verantwortung, aber nicht als Freude. Aber Gott möchte in dir den Wunsch danach wecken, ihn kennenzulernen. Es ist wie mit dem Huhn und dem Ei. Was war zuerst? In diesem Fall wird dein Verlangen wachsen, wenn du dem Gebet nachgehst und es anwendest.

Gottes Antwort auf Gebet

Manchmal beten die Menschen deswegen nicht, weil sie Gott und die Art, wie er Gebete erhört, nicht verstehen. Sie beten für etwas, scheinen keine Antwort zu bekommen, sind entmutigt und geben auf. Aber Gott erhört unsere Gebete immer. Er beantwortet unsere Gebete auf viele verschiedene Arten.

Wenn wir um etwas bitten, was nach Gottes Willen ist, wird seine Antwort immer Ja sein. Erinnere dich an das Versprechen aus Johannes 14,14: *»Wenn ihr mich etwas bitten werdet in meinem Namen, so werde ich es tun.«*

Jakobus schreibt über diejenigen, die zweifeln, wenn sie aus den falschen Gründen beten: *»Denn jener Mensch denke nicht, dass er etwas von dem Herrn empfangen werde, ist er doch ein wankelmütiger Mann, unbeständig in allen seinen Wegen«* (Jakobus 1,7-8). Wenn wir mit geteiltem Herzen beten, wird die Antwort immer Nein sein. Wir können nicht um etwas beten, das gegen Gottes Willen ist und seine Zustimmung erwarten.

Gottes Antwort auf unsere Gebete hängt auch von seinem perfekten Timing ab. Manchmal sagt Gott »Warte«, bevor er »Ja« sagt. Er weiß alles. Er wird antworten, wenn die Zeit reif ist. In der Zwischenzeit stärkt er unseren Glauben und unser Beharren, während wir fortfahren, Gott zu bitten.

Wenn wir ein konsequentes Gebetsleben entwickeln, lehrt Gott uns, seinen Willen zu erkennen. Während wir das tun, schärfen wir unsere Fähigkeit, nach seinem Willen zu beten.

Verschiedene Arten zu beten

Beten ist mehr, als Gott nur um etwas zu bitten. Es ist viel reicher und tiefer als das. Gott hat uns mindestens fünf verschiedene Arten gegeben, zu ihm zu beten. Jede ist ein Teil unserer Kommunikation mit Gott, der uns hilft, ihn immer besser kennenzulernen.

- *Anbetung* ist wahrscheinlich die wichtigste Zutat zum Gebet. Sie drückt offen und frei unsere Liebe zu Gott aus. Anbetung ist rückhaltlose Verehrung. Durch Anbetung spiegeln wir die Eigenschaften Gottes wider. Wir bewundern ihn für das, was er ist. Anbetung hilft uns, mit Angst umzugehen. Wenn wir in einer beängstigenden und schwierigen Situation Gott anbeten, erkennen wir seine Fähigkeit an, mit jedem Problem umzugehen. Und wenn wir anfangen, unser Problem im Licht der Größe Gottes zu sehen, wird es nicht so bedrohlich erscheinen.

- *Danksagung* zeigt unsere Dankbarkeit. Sie zeigt die Wahrnehmung dessen, was Gott getan hat, drückt Dankbarkeit für seine Werke aus und würdigt seine Taten und Gaben. Wenn wir wissen, dass Gott immer unser Bestes im Sinn hat, können wir ihm für jeden Umstand danken – gut oder schlecht, schwierig oder einfach, aufregend oder banal.

- *Bekennen* entfernt alle Hindernisse, welche die Sünde zwischen Gott und uns gestellt haben könnte. Unser Bekennen zeigt: wir stimmen Gott zu, dass wir gesündigt haben, und wir nehmen die Vergebung an, die Jesus für uns durch seinen Tod am Kreuz geschenkt hat.

- Mit *Bitten* bitten wir Gott um das, was wir brauchen. Er möchte uns seine guten Gaben geben. Er ist sogar die Ursache jeder guten Gabe (Jakobus 1,17). Bitten sind der Schlüssel zum Himmel, der mit Gottes Segnungen gefüllt ist.

- *Fürbitte* setzt die Kraft von Gottes Geist in dieser Welt frei. Wir vertreten Gott als seine »Gesandte« (2. Korinther 5,20). Eine Art, das zu tun, ist, für bestimmte Menschen und Umstände zu beten. Wir legen Gott konkrete Bedürfnisse vor und im Gegenzug wirkt er durch seinen Heiligen Geist nach seinem Willen.

Jede dieser Arten zu beten, ist ein wichtiges Verbindungsglied in unserer Beziehung zu Gott. Jede ist ein Weg, der uns dahin führt, ihn auf einer tieferen Ebene kennenzulernen. Je mehr wir beten, desto besser werden wir Gott kennen und lieben. Je mehr wir diesem Weg folgen, desto mehr werden wir ihn in unserem Leben wirken sehen, wie er unsere Gebete erhört.

 **Action Point**

1. Lies Matthäus 18,18-20 und Johannes 14,12-14. Fertige aus diesen Passagen eine Liste deiner Erkenntnisse über das Gebet an.

_____

_____

_____

2. Erinnere dich an ein Gebetsanliegen aus der Vergangenheit, zu dem Gott »Ja« sagte, eins, zu dem er »Nein« sagte, und eins, zu dem er »Warte« sagte. Sei konkret. Wenn du zurückblickst, kannst du dann sagen, warum er diese Gebete so beantwortete, wie er es tat?

_____

_____

_____

3. Gottes Wort gibt Hunderte von Verheißungen, die das Gebet betreffen. Aber seine Verheißungen bedeuten nicht viel, wenn wir sie nicht auf bestimmte Situationen anwenden. Schlage die folgenden Verheißungen nach. Bitte Gott, dir zu zeigen, wie du sie persönlich anwenden kannst. Dann fang an, sie in deiner Stillen Zeit mit Gott in Anspruch zu nehmen.

Matthäus 7,7-8

_____

Philipper 4,6-7

_____

Philipper 4,19

_____

Jakobus 1,5

_____

4. Verbringe ein paar Minuten damit, deine Stille Zeit mit Gott zu bewerten. Wie kannst du mehr aus dieser Zeit herausbekommen? Wie muss sich deine Gebetszeit entwickeln?

_____

_____

_____

_____

5. Lerne diese Woche Johannes 15,7 auswendig!

6. Fülle jeden Tag während deiner Stillen Zeit allein mit Gott einen Gebetsplan aus. Eine Kopiervorlage ist auf Seite 59. Studiere die Bibelstellen, die du für jeden Aspekt des Gebetsplans auf Seite 59 verwenden kannst (Anbetung, Bekenntnis, Danksagung, Bitte und Fürbitte). Verwende diese Passagen jeden Tag in deiner Gebetszeit. Für Anbetung zum Beispiel kannst du am ersten Tag des Monats Psalm 8 lesen. Ein Beispiel für einen ausgefüllten Gebetsplan ist auf Seite 60.

Fülle ab jetzt jeden Tag in deiner Stillen Zeit mit Gott ein Bibel-Arbeitsblatt und einen Gebetsplan aus. Verbringe 12 Minuten mit dem Bibelstudium (fahre mit Markus fort) und 8 Minuten im Gebet.

Wichtige Erinnerung: Versichere dich, dass du alle Aufgaben dieses ersten Kursteils _»Persönlich mit Jesus Christus wandeln«_ **ausgefüllt hast (Tägliche Zeiten allein mit Gott, Lernverse und wöchentliche Studien und Projekte), bevor du mit Teil 2** _»Eine Vision für das Leben und den Dienst«_ **weitermachst.**

Gebetsplan

Datum _____

Anbetung: Nenne einen Grund, warum du den Herrn heute loben willst.

_____

_____

Dank: Schreibe auf, für was du heute am dankbarsten bist.

_____

_____

Bekenntnis: Schreibe jede Sünde auf, die du bekennen musst.

_____

_____

Bitte: Schreibe deine wichtigsten Anliegen von heute auf.

_____

_____

Fürbitte: Schreibe die Namen der Menschen auf, für die du heute beten wirst, und ein Wort, das dein Gebet für jeden ausdrückt.

Name _____ Gebet _____

_____ _____

_____ _____

_____ _____

_____ _____

Gebetsplan

Datum   **10. Mai**

Anbetung: Nenne einen Grund, warum du den Herrn heute loben willst.

Herr, ich preise dich, weil du der bist,

der mir Kraft gibt.

Dank: Schreibe auf, für was du heute am dankbarsten bist.

Herr, ich danke dir, weil du mich beschützen wirst,

wenn ich meinem wütenden Freund begegne.

Bekenntnis: Schreibe jede Sünde auf, die du bekennen musst.

Gott, bitte vergib mir, dass ich mit meiner

Familie gestritten habe.

Bitte: Schreibe deine wichtigsten Anliegen von heute auf.

Jesus, alles, was ich heute brauche, ist,

dass du den ganzen Tag bei mir bist.

Fürbitte: Schreibe die Namen der Menschen auf, für die du heute beten wirst, und ein Wort, das dein Gebet für jeden ausdrückt.

Name	Gebet
Nikki	**Führung**
Mama	**Stärke**
Alex	**Stabilität**
Koby	**Deine Liebe**
Ich	**alles von dem oben genannten**

Anweisungen für den Leiter

Erfolgreiche Leitung

Durch die Erfahrungen, die ihr während des Leiterkurses macht, werden sowohl du als auch deine Gruppe in der Beziehung zu Christus wachsen. Ihr werdet eine neue Vision für den Dienst an den Jugendlichen bekommen und Fähigkeiten entwickeln, sie zu erreichen und ihnen beim Wachsen zu helfen. Wachstum bedeutet Veränderung! Wenn Veränderungen im Leben stattfinden, lass sie zu. Es wird Flexibilität nötig sein, wenn deine Gruppenmitglieder ihren persönlichen Bedürfnisse gegenüberstehen und dem Bedürfnis, den jungen Leuten zu dienen. Lass dich vom Heiligen Geist leiten, während du diesen Kurs betreust.

Behalte die Herausforderung für die Gruppe im Auge, ausgerüstet zu werden. Ausgerüstet zu sein, ist das Herz des Leiterkurses. Einige werden schneller darauf ansprechen als andere. Wenn du einzelnen Gruppenmitgliedern Aufgaben und Dienste gibst, sei dir bewusst, dass einige schneller bereit sind als andere. Gib ihnen die Verantwortung, die im Verhältnis zu ihrer Bereitschaft steht.

Verpflichtung wird in der Gruppe Erfolg schaffen. Nimm in die Gruppe nur die Erwachsenen auf, die sich dazu verpflichten, dieses Buch und die Bibel selbständig zu studieren, und die zuverlässig an den Treffen und Projekten teilnehmen. In dieser Gruppe werden Leiter ausgebildet.

Die Person, die diese Gruppe leitet, ist Hauptverantwortlicher für die Jugendarbeit der Gemeinde. Diese Person ist dafür verantwortlich, die Zustimmung der Gemeindeältesten zu bekommen, die Gruppe zu leiten.

Diese Aufgabe wird mehr Vorbereitungszeit und mehr persönliche Hingabe erfordern als die Vorbereitung der Bibelstunden und Sonntagsschulklassen. Als Mitglied und Leiter der Gruppe musst du ein Beispiel geben, indem du an allen Verpflichtungen, Aktivitäten und Aufgaben des Leiterkurses teilnimmst.

Folge diesen Anweisungen, um mit der Gruppe optimal zu starten.

Geh das Material dieses Buches durch. Mach dich mit dem Zweck des Kurses vertraut: in einer persönlichen Beziehung zu Jesus Christus zu wachsen. Geh in der ersten Einheit auf dieses Thema ein und sprich darüber. Stell der Gruppe Teil zwei und drei vor, damit sie mit dem kompletten Kurs vertraut ist. Sieh dir das Inhaltsverzeichnis an, um einen Überblick darüber zu bekommen, was die Gruppe diskutieren will. Dann betrachte mehrere einzelne Einheiten genauer, um ein Gefühl für die Gründlichkeit des Materials und das Maß der Hingabe zu bekommen, die benötigt wird.

Entscheide dich für einen Ort und eine Zeit für die Treffen. Vermutlich werdet ihr euch während dieser Studien jede Woche als Gruppe treffen. Die andere Möglichkeit ist, sich alle zwei Wochen doppelt so lange zu treffen und zwei Einheiten zu bearbeiten. Aber das ist nicht die beste Lösung. Beim ersten Treffen muss der Termin für die regelmäßigen Gruppentreffen festgelegt werden. Wenn möglich, dann trefft euch bei dir zu Hause oder bei einem der Gruppenmitglieder. Sich in der lockeren Atmosphäre eines Wohnzimmers zu treffen oder um einen Esstisch, hilft den Leuten zu entspannen, sich zu öffnen und an den Gesprächen teilzunehmen.

Bestelle die Kursbücher vor dem ersten Treffen. Jeder Teilnehmer des Leiterkurses, einschließlich dir selbst, braucht eine Bibel, eine Ausgabe dieses Buches und einen Ordner für die Blätter des Stille-Zeit-mit-Gott-Tagebuchs (die Blätter werden ab der 9. Woche genutzt).

Bestimme die Länge jedes Treffens. Ein bis zwei Stunden sind die Richtlinie für die Länge des Treffens. Eineinhalb Stunden pro Woche sind optimal und erlauben 15 Minuten für einen Rückblick oder vertrauliche Gespräche, eine Stunde für das Studium und 15 Minuten Gebet für persönliche Anliegen und den Dienst. Je nach dem Bedürfnis der Gruppe kannst du dies variieren.

Beziehungen aufbauen

Deine Rolle im Leiterkurs ist die des Leiters, nicht des Lehrers. Indem du erklärst, dass auch du im Prozess bist, ein reiferer Jünger Christi zu werden, wirst du dich eher als ein Mitglied der Gruppe etablieren und nicht als ihr »Lehrer«. Aber du bist der Leiter, also geh davon aus, dass die Gruppe in Sachen Organisation und Führung auf dich als Beispiel blickt. Wenn sie sehen, dass du Gott ehrlich liebst und sie als Individuen magst, werden sie anfangen zu wachsen. Sie werden eine feste, liebende Beziehung zu Gott, zu dir und zu den anderen entwickeln. Hier sind einige Vorschläge, wie man stärkere Beziehungen aufbauen kann.

1. *Triff dich mit jedem Gruppenmitglied.* Mach in den ersten Wochen ein persönliches Treffen mit jedem Teilnehmer deines Leiterkurses aus. Lerne ihre Bedürfnisse kennen, die Interessen, Sorgen und Ziele jedes Einzelnen. Erzähle ihnen diese Dinge auch von dir. Das wird euch helfen, einander als einzigartige wichtige Individuen mit Gefühlen und Ideen wahrzunehmen. Es wird auch gehaltvollere Gespräche während der Gruppentreffen zur Folge haben.

2. *Führe während des ganzen Kurses ein Tagebuch.* Schreibe deine Beobachtungen über die Mitglieder deines Leiterkurses auf. Bete regelmäßig für jeden von ihnen mit Namen. Behalte ihre persönlichen Bedürfnisse vor Augen. Wenn jemand ein Treffen versäumt, kontaktiere ihn persön-

lich. Hilf ihnen, wenn sie ein Problem haben, etwas aus der Bibel zu verstehen. Sprich mit ihnen, wenn sie ihre Verpflichtungen nicht einhalten. Frage sie während der Treffen nach ihrer Meinung. Ermutige jedes Mitglied, so dass sich jede Person vom Rest der Gruppe wertgeschätzt und akzeptiert fühlt.

3. *Informiere die Ältesten und deine Gemeinde.* Während du die Beziehungen in deinem Leiterkurs aufbaust, stärke auch die Beziehungen zu deiner Gemeinde. Informiere deine Ältesten darüber, was in der Gruppe passiert. Ermutige die Mitglieder deiner Gruppe, sich in der Gemeinde einzubringen, vor allem in der Jugendarbeit.

4. *Schränke die Teilnehmerzahl der Gruppe ein.* Weil dein Leiterkurs untereinander Vertrauen aufbaut, das auf miteinander geteilten Erfahrungen beruht, ist es nicht weise, neue Mitglieder aufzunehmen, wenn die Gruppe erst einmal gefestigt ist. Wenn neue Leute sich für einen Kurs interessieren, dann fange einen neuen Leiterkurs an, sobald ein weiterer Leiter des laufenden Kurses bereit ist, die Verantwortung für eine Gruppe zu übernehmen. Suche von Anfang an nach einer weiteren Person, die einen Leiterkurs führen kann. Bitte diese Person dir zu helfen, diese Gruppe zu leiten. Diese Erfahrung wird ihn/sie darauf vorbereiten, in Zukunft einen Leiterkurs zu leiten.

Leiter für die Einheiten festlegen

Eine Wachstumserfahrung wird die Gruppe dadurch machen, dass jeder die Gelegenheit bekommt, die Treffen des Leiterkurses zu führen. Ein Wochenplan der Treffen ist auf Seite 65. Fülle die leeren Einheiten aus. Du leitest alle Einheiten, in denen »Gruppenleiter« steht. Verteile während der ersten paar Wochen die Aufgaben.

Bitte den Leiter der nächsten Woche, das Material unter »Vorbereitung auf das Leiten« am Tag nach dem vorigen Gruppentreffen zu lesen.

Vorbereitung für den Leiter

1. *Bereite dich frühzeitig vor.* Fang mindestens fünf Tage vor dem Gruppentreffen mit den Vorbereitungen an. Studiere das Material aus diesem Buch und beantworte die Fragen für dich als Teilnehmer, nicht als Leiter. Lies den Gesprächsführer, um zu sehen, ob du etwas frühzeitig vorbereiten musst. Wenn du das Material für die Einheit durchgesehen und die Ideen für das Gespräch studiert hast, schließe deine Vorbereitungen einen oder zwei Tage vor dem Treffen ab.

2. *Beginne pünktlich.* Auch wenn zur vereinbarten Zeit nur wenige Leute da sind, beginne das Treffen pünktlich. Wenn du auf Leute wartest, die zu spät sind, wirst du jede Woche später und später mit dem Gruppentreffen anfangen.

3. *Halte die Gespräche im Rahmen.* Ermutige die Leute zu sprechen. Um die Zeit der Gruppe zu optimieren, folge diesen Richtlinien:

- Stelle deine Fragen klar und knapp. Wenn du eine Frage gestellt hast, gib der Gruppe Zeit, nachzudenken und zu antworten. Keine Angst vor kurzen Momenten der Stille. Vermeide es, deine eigenen Antworten und Meinungen zu sagen, vor allem zu Anfang. Gib ihnen die Möglichkeit, sich auszudrücken. Gib keinen Beitrag zum Gespräch, den jemand anders aus der Gruppe machen kann.

- Respektiere jeden Beitrag. Ermutige die Teilnehmer zu sagen, was sie denken, anstatt zu sagen, was sie meinen, sagen zu müssen. Ehrlichkeit und Offenheit werden für Tiefgang in euren Gesprächen sorgen und die Beteiligung fördern. Stelle als Leiter zusätzliche Fragen, um ihnen zu helfen, ihre Gedanken zu klären. Suche nach Möglichkeiten, ihre Gedanken vom Abstrakten zum Konkreten zu bringen. Fordere sie heraus, das persönlich anzuwenden, was sie sagen.

- Bleib nah an der Heiligen Schrift. Die Bibel ist die Autorität für dieses Studium und die Gruppendiskussionen. Ermutige die Gruppenmitglieder, ihre Gedanken auf biblischen Grundsätzen aufzubauen. Benutze die Bibel als »Lot« für ihre Gedanken. Lass dies die Autorität für »Glauben und Handeln« sein.

- Frage bei abgedroschenen oder oberflächlichen Antworten nach. Lass die Gruppenmitglieder nicht damit davonkommen, einfach ein Klischee, einen Bibelvers oder eine einfache Antwort herunterzurasseln. Bitte sie,

GRUPPENLEITER-EINTEILUNG

Einheit	Teil 1
1	Gruppen-Leiter
2	Gruppen-Leiter
3	Gruppen-Leiter
4	Gruppen-Leiter
5	Gruppen-Leiter
6	Gruppen-Leiter
7	
8	
9	
10	
11	
12	
Einheit	**Teil 2**
1	Gruppen-Leiter
2	Gruppen-Leiter
3	
4	
5	
6	
7	
8	
9	
10	
11	
12	
Einheit	**Teil 3**
1	Gruppen-Leiter
2	Gruppen-Leiter
3	Gruppen-Leiter
4	
5	
6	Gruppen-Leiter
7	
8	
9	
10	
11	
12	

ein persönliches Beispiel zu geben und zu erklären, was sie meinen. Fordere sie heraus!

- Stelle Fragen zur Überprüfung. Nutze die Zeit der Überprüfung, damit die Leute darüber nachdenken, was sie gelernt haben. Greif vorher angesprochene Themen wieder auf, mit denen sie immer noch Probleme haben. Lass sie erzählen, wie sie erlebt haben, dass ihre Gespräche ihrem Leben neue Impulse geben.

- Vergewissere dich, dass jeder am Gespräch teilnimmt. Wenn einige Mitglieder der Gruppe zögern, an den Gesprächen teilzunehmen, stell ihnen direkte Fragen, die sich auf ihre persönlichen Meinungen und Erfahrungen beziehen. Lass sie wissen, dass sie und ihre Meinung dir wichtig sind. Wenn einige Teilnehmer versuchen, alle Fragen zu beantworten, beginne damit, die anderen mit Namen anzusprechen und ihnen Fragen zu stellen, so dass jeder eine Möglichkeit hat, zu antworten. Wenn eine Person dominiert, bitte ihn oder sie nach dem Treffen freundlich, ob er dir helfen kann, jeden zu ermutigen, die Gesprächszeit zu nutzen und etwas zu sagen.

4. Werte jede Einheit aus. Werte die Einheit möglichst innerhalb von 24 Stunden nach jedem Treffen aus. Schreibe die Probleme oder Bedürfnisse auf, die dir in der Gruppe aufgefallen sind. Überleg dir, wie du diese ansprichst. Triff dich mit der Person, die die Einheit geleitet hat. Bitte die Person, ihre Führungskompetenz während der Einheit einzuschätzen. Welche Stärken und welche Schwächen gab es bei der Leitung des Treffens?

Gesprächsführer

Da verschiedene Leute die Gruppe leiten werden, kannst du ihnen als Leiter helfen, indem du sie auf den richtigen Gesprächsführer für die jeweilige Woche hinweist. Die Fragen und Vorschläge werden ihnen helfen, ins Herz der Einheit vorzudringen. Diese Fragen erschöpfen bei Weitem nicht das Material oder die Möglichkeiten des Gesprächs. Du kannst deine eigenen Fragen, Ideen und Anwendungen hinzufügen, solange das Thema und das Material der Einheit im Zentrum bleiben.

EINHEIT 1 (GRUPPENPROJEKT)

1. Konzentriere dich während der ersten Einheit darauf, das Ziel der Gruppe zu diskutieren und festzulegen, Beziehungen aufzubauen und deine Gruppe zu organisieren. Halte das Treffen zwanglos und unterhaltsam. Sei kreativ und plane ein Picknick, eine Radtour oder ein gemeinsames Essen bei jemandem, um diesen Punkt zu betonen.

2. Bitte jeden Einzelnen, seine Geschichte zu erzählen. Gib jedem fünf Minuten. Ernenne einen »Zeitwächter«. Nehmt euch dafür 30 Minuten Zeit. Gib denjenigen, die nicht dazu kommen, ihre Geschichte zu erzählen, in der nächsten Woche die Gelegenheit dazu. Erkläre den Zweck der Gruppe: in einer persönlichen Beziehung mit Jesus Christus zu wachsen.

3. Frage im Zuge dieser Aussage jeden, was er bekommen und beitragen möchte, wenn er an der Gruppe teilnimmt.

4. Frage die Teilnehmer, wie sie ihrer Meinung nach die Jugendarbeit aufbauen, wenn sie in der Beziehung mit Jesus wachsen.

5. Konzentriere dich auf das Formular der persönlichen Absichtserklärung von Seite 15. Sprecht darüber, was es bedeutet. Frage sie, ob sie die Verpflichtung, die sie eingehen, verstehen. Sprich mit ihnen darüber, was es bedeutet, in einer verantwortlichen, verbindlichen Beziehung zu sein. Sag ihnen, dass jeder in der nächsten Woche gebeten wird, die »Persönliche Absichtserklärung« zu unterschreiben. Bitte sie, über diese Verpflichtungen zu beten.

6. Nenne eine Zeit und ein Datum für das nächste Treffen. Mach dies zu dem regelmäßigen Termin für das wöchentliche Gruppentreffen.

EINHEIT 2

1. Wenn noch nicht jeder aus der Gruppe Zeit gehabt hat, seine Geschichte zu erzählen, beginne damit und führe es zu Ende. Gib jedem wieder fünf Minuten. Ernenne einen »Zeitwächter«. Tu dies jede Woche, bis alle mitgemacht haben.

2. Betrachtet die Geschichte über den Führer der kommunistischen Partei. Stelle die Behauptung in den Raum: Jeder Nachfolger Christi ist ein potenzieller Leiter. Stell die Frage: *Siehst du dich selbst als möglichen Leiter? Warum?* Lass jeden Einzelnen antworten.

3. Stell die Frage: Welcher Gewinn, ein Leiter zu sein, ist der wichtigste für dich?

4. Bitte jemanden aus der Gruppe, das Material unter der Überschrift »Die Verpflichtung zum Leiterkurs« vorzulesen. Stell die Frage: Was glaubst du, bedeutet es, eine Verpflichtung gegenüber der Gruppe einzugehen? Jedes Mitglied der Gruppe soll seine »Persönliche Verpflichtung« unterschreiben. Verteile die Bücher und lass jeden jedes Buch unterschreiben. Betone, dass dies den Ernst der Verpflichtung unterstreicht, die jedes Gruppenmitglied füreinander hat.

5. Lass jeden eine kurze Beschreibung seines Terminplans geben. Überprüfe, ob jemand mit Problemen rechnet, jede Woche an den Gruppentreffen teilzunehmen. (Wenn ja, sprich nach dem Treffen mit ihm. Vielleicht kannst du einen Babysitter für die Zeit des Treffens arrangieren oder das Treffen auf einen anderen Tag verlegen etc.)

6. Betet als Gruppe für die Verpflichtung, die jeder dem Leiterkurs gegenüber eingegangen ist.

7. Bestimme jetzt ein Datum für den halben Tag des Gebets (Siehe Einheit 13).

EINHEIT 3

1. Beginne das Treffen damit, dass jeder sein »liebstes Hobby« sagt.

2. Frag: *Wie ist deine Reaktion auf die Geschichte von Matt Brinkley? Glaubst du, dass Gott in deinem persönlichen Leben und Dienst jemals ähnliche Ergebnisse hervorbringen könnte?*

3. Teile die Gruppe in Paare. Lass alle das Gleichnis aus Matthäus 7,24-27 lesen und sprecht darüber, welche Wahrheiten Jesus uns durch das Gleichnis sagen möchte. Erfindet als Gruppe ein modernes Gleichnis, das die gleiche Aussage hat.

4. Lest das Zitat von Alan Redpath auf Seite 20 (Siehe Action Point Frage 1.) Frage: *Was bedeutet dieses Zitat dieser Gruppe von potenziellen Leitern?*

5. Stell die Frage: *Was hast du auf Frage 4 geantwortet, wo du persönlich als Leiter in deiner Beziehung zu Christus und in deinen Fähigkeiten als Leiter wachsen musst?* (Mache Notizen, um deine Gruppenmitglieder später zu ermutigen.)

EINHEIT 4

1. Lass jeden erzählen, warum er »Vertrauen in Christus« hat.

2. Bitte sie, Situationen zu beschreiben, wo sie sich eher auf Gefühle als auf Tatsachen verlassen, vor allem, was ihr Leben mit Jesus betrifft.

3. Lass jemanden Psalm 139,13-16 und Epheser 2,10 lesen. Frag: *Warum, denkst du, hat Gott dich erschaffen?*

4. Bitte jemanden, 1. Johannes 4,9-10 zu lesen. Indem du diese Passage verwendest, sage: *Beschreibe in einem Satz, wie sehr dich Gott liebt. Jeder soll eine konkrete Art und Weise nennen, wie Gott ihn liebt.*

5. Jeder soll sein Leben vergleichen mit »bevor« und »nachdem« er eine persönliche Beziehung mit Jesus begonnen hat.

6. Schlagt von den in der Einheit erwähnten Bibelstellen so viele nach, wie es die Zeit erlaubt, und fasst alle zusammen. Gib jedem eine Stelle zum zusammenfassen.

7. Ausgehend von der Frage: »Woher weiß ich, dass ich wirklich ein Kind Gottes bin?«, frage sie: *Welcher andere Beweis außer dem, der in 1. Johannes beschrieben ist, führt dich zu der Schlussfolgerung, dass du ein Kind Gottes bist?*

EINHEIT 5

1. Sprecht über die herkömmlichen falschen Vorstellungen von Liebe. Schreib sie auf eine Tafel.

2. Frage: *Was ist deine schönste Erinnerung an eine Liebeserfahrung?*

3. Frage: *Von den vier Arten, in denen sich die Liebe Gottes und die des Menschen unterscheiden, welche hat dich am meisten betroffen? Warum?*

4. Bitte jedes Mitglied, eine negative Erfahrung mit Liebe zu erzählen, die ihn daran gehindert hat, Gottes Liebe zu erfahren oder zu empfangen.

5. Lass jedes Gruppenmitglied aus 1. Korinther 13 die Qualität der Liebe heraussuchen, die für ihn am wichtigsten ist. Warum?

6. Frage: *Wie verändert Gottes Liebe zu dir deine Beziehung zu den drei Menschen, die du in Action Point 4 aufgezählt hast?*

7. Betet zusammen darum, dass Gottes Liebe durch das Leben jedes Einzelnen fließt, jeden von seiner vergangenen negativen Erfahrung reinigt und jedem hilft, andere vollkommener zu lieben.

EINHEIT 6

1. Bitte die Gruppenmitglieder, von einer Situation in ihrem Leben zu erzählen, in der sie sich als Versager gefühlt haben.

2. Teile die Gruppe in Paare. Jede Gruppe soll Psalm 51 lesen und dann folgende Fragen beantworten: *Warum fühlte David sich unzulänglich? (Seine Sünde mit Batseba; siehe 2. Samuel 11.) Wie reagierte David nach seiner Sünde auf Gott?* Schreibe die Ergebnisse der Gruppen auf.

3. Lest 1. Timotheus 1,5. Frag: *Wenn ihr über Paulus' Worte an Timotheus nachdenkt, was habt ihr erkannt, was ihr tun müsst, um ein reines Herz, gutes Gewissen und echten Glauben zu haben?* Ermutige jeden, konkret zu sein.

4. Fasse zusammen: *Lasst uns beten und Gott um Mut bitten, diesen Schritt so schnell wie möglich umzusetzen, möglichst schon nächste Woche.*

EINHEIT 7

1. Überarbeite die letzte Einheit, indem du jeden bittest, von einer Tat zu berichten, zu der er/sie sich als Ergebnis seines Studiums von 1. Timotheus 1,5 entschlossen hat. Wenn ein Mitglied der Gruppe nichts getan hat, frag nach, wie die Gruppe für ihn beten kann.

2. Teile die Gruppe in Paare auf und lass sie Römer 8 lesen und darüber sprechen. Lass jedes Paar die Eigenschaften eines echten Gläubigen aus diesem Kapitel auflisten. Dann bitte jedes Paar, eine Eigenschaft zu nennen.

3. Frag die Gruppe: *Was glaubt ihr, bedeutet »im Geist wandeln«?* Sprecht in der Gruppe darüber.

4. Erzähle ein Beispiel aus deinem persönlichen Leben, wo du frustriert warst von den Umständen oder deiner Unfähigkeit, das zu tun, was richtig ist. Beschreibe, wie das Wandeln im Geist diese Umstände hätte ändern können oder geändert hat.

5. Ermutige jeden zu beten, dass er täglich im Heiligen Geist wandelt. Leite sie dazu im Gebet an.

6. Betet in Zweiergruppen. Betet durch Römer 8 zu Gott und bittet ihn, dass diese Worte eine tägliche Wahrheit werden.

EINHEIT 8

1. Frage: Was ist dein Lieblingsessen und warum?

2. Lest zusammen Kolosser 2,6-10 und diskutiert darüber. Frag: *Wie hast du Jesus Christus empfangen?* (durch Glauben*) Wie kannst du in ihm wandeln?* (auch durch Glauben) *Wie kannst du im Glauben gewurzelt und auferbaut werden, gestärkt und erfüllt mit Dankbarkeit?* (Diskutiert über diese Fragen.) *Welches sind einige der »Philosophien und leerer Betrug« und »Überlieferung der Menschen«, die uns davon abhalten, die Fülle des Lebens in Christus zu erleben?* (Gesetzlichkeit, Traditionen, etc.) *Wie betreffen uns diese Dinge persönlich?* (Frag nach ihrer Meinung.) *Was meint Paulus deiner Meinung nach mit der »Fülle des Lebens in Christus«?* (Diskutiert diese Frage!)

3. Fordere die Mitglieder der Gruppe heraus, ihre »Werkzeuge« regelmäßig zu nutzen (Gebet, Gottes Wort, Gemeinschaft und Zeugnis geben). Wenn einige Mitglieder nicht gewohnheitsmäßig jeden Tag Zeit allein mit Gott verbringen, ermutige sie, diese Woche damit anzufangen. Du solltest Blätter des Stille-Zeit-mit-Gott-Tagebuchs bereit haben. Wende so viel Zeit wie nötig auf, der Gruppe die Blätter zu erklären. Lege besonders viel Wert auf die Abschnitte »Wie ich Zeit allein mit Gott verbringe« und »Wie man einen Abschnitt der Bibel studiert«. Weise darauf hin, dass die nächste Einheit noch konkretere Hinweise darauf geben wird, wie man täglich Stille Zeit mit Gott verbringt.

4. Übt als Gruppe, wie man einen »Gebetsplan« und ein »Bibel-Arbeitsblatt« durchgeht. (Ihr werdet das nächste Woche wieder tun. Macht euch diese Woche mit dem Gedanken vertraut.)

5. Erinnere die Gruppenmitglieder an den halben Tag des Gebets und fang an, das Material dafür zu sammeln, das du brauchen wirst.

EINHEIT 9

1. Bitte jeden, sein erstes Date zu beschreiben.

2. Betone, dass gute Beziehungen aufrecht erhalten werden, indem man Zeit miteinander verbringt. Lest Markus 1,35 als Gruppe. Besprecht, warum Jesus Zeit allein mit seinem Vater brauchte.

3. Frage: *Was war die bedeutungsvollste Erfahrung, die du mit Gott allein hattest?*

4. Frage: *Wie, glaubst du, wird dir die Zeit allein mit Gott dabei helfen, das Ziel dieses Studiums zu erreichen?*

5. Beantworte jede Frage, die sie zur täglichen Stillen Zeit mit Gott haben.

6. Bitte die Gruppe, dass jeder sich als Ziel setzt, sieben Tage nacheinander Zeit allein mit Gott zu verbringen. Wenn eine oder mehrere Personen während dieser Zeit einen Tag auslassen, kommt darüber überein, noch einmal anzufangen. Diese Übung wird die Einheit der Gruppe stärken und eine Ermutigung sein, Zeit allein mit Gott zu verbringen. Lege Wert auf Ehrlichkeit. Es wird der Gruppe nicht schaden, einmal oder mehrmals neu anzufangen. Um Ermutigung und Zuverlässigkeit zu fördern, teile sie in Paare auf und lass sie sich abends gegenseitig anrufen, um sich zu erinnern.

EINHEIT 10

1. Frage: *Was hat sich seit dem Schulabschluss so an deinem Äußeren verändert, dass die Leute es bei einem Klassentreffen kommentieren werden?*

2. Macht ein Brainstorming über die Merkmale, die in der Welt als Erfolg angesehen werden. Dann teilt euch in Dreiergruppen und lass jede Gruppe ihre Definition von Erfolg nach Psalm 1,1-3 aufschreiben. Versammelt euch wieder und erzählt euch diese Definitionen und sprecht darüber, wie sie mit den Vorstellungen der Welt kontrastieren.

3. Prüfe, wie die Gruppe ihre sieben Tage Stille Zeit mit Gott verbracht hat. Wenn jemand seine Stille Zeit mit Gott vergessen oder vernachlässigt hat (auch wenn es nur ein Tag war), erkläre den Tag nach eurem Treffen zu »Tag 1« und beginnt euer Sieben-Tage-Ziel noch einmal. (Dies soll keine Gesetzlichkeit sein, sondern zu Beständigkeit ermutigen und eine Gewohnheit aufbauen.) Wenn jeder seine Stille Zeit mit Gott durchhält, ermutige sie, ihre guten Gewohnheiten aufrecht zu erhalten, indem sie während dieses Kurses jeden Tag Zeit allein mit Gott verbringen. Bitte die Gruppenmitglieder, ihr Stille-Zeit-mit-Gott-Tagebuch zur nächsten Einheit mitzubringen.

4. Jedes Gruppenmitglied soll eine Erkenntnis seiner Stillen Zeit mit Gott aus der letzten Woche mitteilen.

5. Besprecht Probleme, die aufgetreten sind.

6. Bearbeitet als Gruppe jeden Schritt des Bibel-Arbeitsblattes zu Hebräer 4,12. Lass danach jeden Einzelnen ein Bibel-Arbeitsblatt zu 2. Timotheus 3,14-17 bearbeiten. Wenn alle fertig sind, besprecht, was jeder zu jedem Abschnitt geschrieben hat. (Dieser Abschnitt ist eher dazu gedacht, den Leuten dabei zu helfen, die Methode des Bibelstudiums zu verstehen, als Einsichten aus der Schrift zu sammeln. Kläre alle Probleme, die sie beim Ausfüllen des Bibel-Arbeitsblattes haben. Die Einsichten werden ihnen zukünftig in ihrer Stillen Zeit mit Gott von selbst kommen.)

7. Feiert, wenn die Gruppe ihr Sieben-Tage-Ziel erreicht hat, indem ihr ausgeht und Eis esst. Du lädst ein!

EINHEIT 11

1. Lass jeden aus der Gruppe beschreiben, worin er den größten Vorteil des Auswendiglernens von Bibelversen sieht, oder die Hindernisse benennen, die ihn davon abgehalten haben, die Schrift zu lernen.

2. Frage: *Was sind deine negativen Erfahrungen, wenn du versucht hast, etwas auswendig zu lernen?*

3. Bitte die Gruppe, 2. Timotheus 3,16 aufzusagen. (Die Gruppenmitglieder sollten den Vers während dieser Woche lernen.) Wiederholt ihn immer wieder, bis jeder ihn perfekt kann.

4. Geh die Schritte »Wie man die Bibelverse auswendig lernt« aus dem Stille-Zeit-mit-Gott-Tagebuch durch.

5. Lernt Hebräer 4,12 zusammen auswendig. Wiederholt den Vers, bis jeder ihn perfekt kann.

6. Gib jedem der Gruppe einen der folgenden Verse zum Auswendiglernen, indem er die Schritte zum Lernen der Verse anwendet. Trefft euch nach ein paar Minuten wieder und lass jeden seinen Vers aufsagen. Achte auf diejenigen, die Probleme haben, und nimm dir vor, sie anzurufen, sie zu ermutigen und mit ihnen zu arbeiten, um ihnen zu helfen, die Verse zu lernen. (Lernverse: 1. Johannes 5,11; Philipper 1,6; 1. Johannes 3,23; Johannes 15,5; Psalm 119,9; Johannes 16,24; Matthäus 4,19; Sprüche 3,5-6 und Matthäus 6,33.)

7. Lest und sprecht über Johannes 14,26 und 2. Petrus 1,3. Frage: Was haben diese Verse mit dem Auswendiglernen von Bibelversen zu tun?

8. Lass die Teilnehmer etwas von ihrer persönlichen Stillen Zeit mit Gott mitteilen. (Überprüfe noch mal, wie das Sieben-Tages-Ziel klappt.)

9. Betet in konkreten persönlichen Probleme und für positive Einsichten aus dieser Zeit mit Gott. Verabredet den halben Tag des Gebets fest. (Siehe Einheit 13)

EINHEIT 12

1. Frage: *Hältst du dich für einen »Frühaufsteher« oder für eine »Nachteule«?* Teile die »Frühaufsteher« in eine Gruppe und die »Nachteulen« in eine andere. Bitte sie, eine Top Ten Liste der Gründe zu machen, warum sie so sind. Jede Gruppe muss im Plenum berichten.

2. Bitte sie, Einsichten aus ihrer täglichen Zeit allein mit Gott zu erzählen. (Feiert, wenn die Gruppe die Herausforderung der sieben Tage geschafft hat.)

3. Bestimmt Verheißungen bezüglich des Gebets, wie ihr sie in Johannes 14,12-14 und Matthäus 18,18-20 findet.

4. Lass jeden eine kürzlich erlebte, konkrete Gebetserhörung beschreiben (denk dran: Ja, Nein und Warte.)

5. Teilt euch in fünf Gruppen auf. Teile jeder Gruppe einen Aspekt des Gebets zu (Anbetung, Bekenntnis, Dank, Bitte, Fürbitte). Lass die Gruppen erklären, warum dieser Aspekt des Gebets so wichtig für die Beziehung zu Gott ist. Kommt wieder zusammen und berichtet darüber.

6. Geht zusammen das Beispiel für den Gebetsplan durch. Vergewissere dich, dass jeder versteht, wie er dieses Blatt in seiner Stillen Zeit einsetzen soll.

7. Betet als Gruppe durch den »Gebetsplan«, einen Abschnitt nach dem anderen. (Gib für jeden Abschnitt fünf Minuten.)

8. Vergewissere dich, dass jeder genau weiß, was er für seinen halben Tag des Gebets in der nächsten Einheit tun muss. Sammle individuelle Gebetsanliegen und drucke sie zur nächsten Woche aus.

Stille Zeit mit Gott

Diese Seiten machen Vorschläge, wie man eine Zeit allein mit Gott verbringen kann und geben eine tägliche Übersicht zum Weitermachen. Kopiere die Seiten und lege sie in einen Hefter. Für einen Vorrat für 10 Wochen brauchst du

1	Kopie der Seiten (76-84)
5	oder mehr Kopien der Seite (85)
5	oder mehr Kopien der Seite (86)
10	oder mehr Kopien der Seite (87-88)

Der Inhalt dieser Einlagen ist aus »Zeit mit Gott verbringen«

Wie man Zeit allein mit Gott verbringen kann

Wenn du dieses Buch beendet hast, wird deine tägliche Zeit mit Gott Bibelstudium, Anbetung, Dank, Bekenntnis und Fürbitte beinhalten. Hier ist eine Übersicht, die dir erlauben wird, alle Aspekte des Bibellesens und Gebets in zwanzig Minuten zusammenzubringen. Erweitere den Zeitraum dieser Gewohnheit nach und nach, bis du jeden Tag eine Stunde mit Gott verbringst.

Wie man einen Abschnitt der Bibel studiert

Beobachtung
(Für Überschrift und Schlüsselvers deines Bibel-Arbeitsblattes)
Bete zuerst um die Leitung

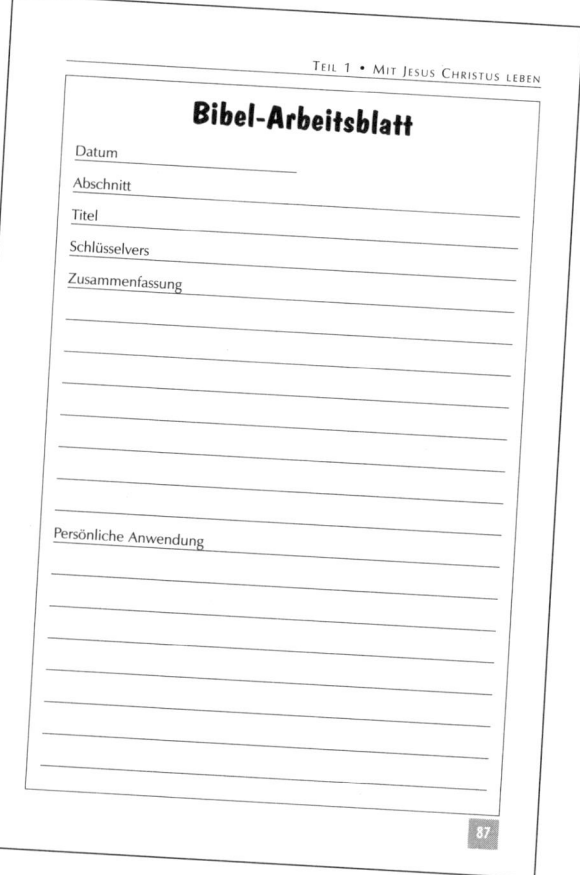

Bibel-Arbeitsblatt

Datum

Abschnitt

Titel

Schlüsselvers

Zusammenfassung

Persönliche Anwendung

87

des Heiligen Geistes, dann lies den Abschnitt genau. Lies mit offenem Herzen, bereit, das zu erhalten und dem zu gehorchen, was Gott dich lehren will.

Interpretation
(Für die Zusammenfassung deines Bibel-Arbeitsblattes)
Erster Schritt – Lies den Vers, der dem Abschnitt vorhergeht, und den, der ihm folgt, um den Kontext richtig zu verstehen.
Zweiter Schritt – Stell dir diese Fragen zu dem Abschnitt: Wer? Was? Wann? Wo? Wie? Schreibe in Stichworten deine Erkenntnisse auf, dann alle unbeantworteten Fragen.
Dritter Schritt – Schlag unbekannte Ausdrücke in einem Lexikon oder Bibelwörterbuch nach.

MITARBEITER MIT HERZ

Gebetsplan

Datum _____

Anbetung: Nenne einen Grund, warum du den Herrn heute loben willst.
_____

Dank: Schreibe auf, für was du heute am dankbarsten bist.
_____

Bekenntnis: Schreib jede Sünde auf, die du bekennen musst.
_____

Bitte: Schreib deine wichtigsten Anliegen von heute auf.
_____

Fürbitte: Schreib die Namen der Menschen auf, für die du heute beten wirst, und ein Wort, das dein Gebet für jeden ausdrückt.

Name   Gebet
_____   _____
_____   _____
_____   _____
_____   _____

88

Anwendung
(Für die persönliche Anwendung auf deinem Bibel-Arbeitsblatt)
Erster Schritt – Suche nach: Verheißungen, die du in Anspruch nehmen kannst; Einstellungen, die du ändern musst; Herausforderungen, die du annehmen musst; Sünden, die du bekennen musst; Befehlen, denen du gehorchen musst; Taten, die du tun musst; Beispielen, denen du folgen musst; Fähigkeiten, die du lernen musst.
Zweiter Schritt – Beschreibe, wie der Abschnitt zu deinem Leben passt, indem du dir diese Fragen stellst: »Wie kann ich diesen Abschnitt auf mich persönlich anwenden?« - »Wie kann ich ihn praktisch umsetzen?« Sei konkret.

Auswendig lernen
Finde einen Vers, der dich persönlich anspricht und lerne ihn auswendig.

Wie man Bibelverse auswendig lernt

Lies den Vers mehrere Male.
Lies zunächst leise, dann lies laut.

Versteh den Vers.
Lies den Vers im Zusammenhang des ganzen Abschnitts.
Lies einen Kommentar zu diesem Vers (z.B. »Was die Bibel lehrt« oder den »Kommentar zum NT« von William MacDonald)
Schreib in ein paar Worten auf, worum es in dem Vers geht.

Stell dir den Vers vor.
Verwende deine Vorstellungskraft, um dir den Vers vorzustellen. Matthäus 5,1-2 ist zum Beispiel Teil der »Bergpredigt«. Stell dich auf diesem Berg mit Jesus zusammen vor. Dann setze jede dieser »Seligpreisungen« übereinander auf die eine Seite des Berges. Später wird dieses Bild dir einfallen und dir helfen, dich an diese Verse zu erinnern.

Teile den Vers in natürliche Abschnitte.
Lern den ersten Teil des Verses: dann füge den zweiten hinzu. Füge immer weitere Teile hinzu, bis du den gesamten Vers auswendig gelernt hast.

Lern die Stellenangabe als Teil des Verses.
Sag die Stellenangabe, dann den Vers, und dann wiederhole die Stellenangabe noch mal am Schluss. Dieser Schritt hilft dir, den Ort des Verses in deinem Kopf zu fixieren und erlaubt dir, dich sofort an ihn zu erinnern, wenn du ihn brauchst.

Lern ihn Wort für Wort.
Wenn du dir den Vers wieder und wieder aufsagst, korrigiere ihn so lange, bis du ihn genau so gelernt hast, wie er geschrieben steht. Wenn du dir schon Zeit nimmst, ihn zu lernen, warum nicht gleich richtig? Wenn du ihn jetzt so lernst, wird dir das später Sicherheit geben, den Vers zu zitieren und zu verwenden.

Denk über den Vers nach.
Wenn du über diesen Abschnitt nachdenkst und betest, bitte Gott, zu dir zu sprechen. Wenn der Vers für dich Bedeutung bekommt, wird es für dich viel einfacher sein, dich an ihn zu erinnern.

Wiederhole den Vers.
Wiederhole jeden Tag die Bibelverse, die du schon kannst. Wenn du 30 Tage lang jeden Tag einen Vers wiederholst, wird er dir für immer gehören!

Dreißig Tage der Anbetung

Tag 1: Psalm 8	Tag 16: Psalm 104,1-23
Tag 2: Psalm 23	Tag 17: Psalm 104,24-35
Tag 3: Psalm 34,1-3; 50,1-6	Tag 18: Psalm 111
Tag 4: Psalm 63,1-4; 66,1-7	Tag 19: Psalm 112
Tag 5: Psalm 67	Tag 20: Psalm 113
Tag 6: Psalm 84	Tag 21: Psalm 134
Tag 7: Psalm 86	Tag 22: Psalm 135,1-7
Tag 8: Psalm 90	Tag 23: Psalm 138
Tag 9: Psalm 91	Tag 24: Psalm 139
Tag 10: Psalm 92	Tag 25: Psalm 145
Tag 11: Psalm 93	Tag 26: Psalm 146
Tag 12: Psalm 95,1-7	Tag 27: Psalm 147
Tag 13: Psalm 96	Tag 28: Psalm 148
Tag 14: Psalm 100	Tag 29: Psalm 149
Tag 15: Psalm 103	Tag 30: Psalm 150

Sieben Tage des Dankes

Konzentriere deinen Dank an den Herrn jeden Tag auf zwei Gebiete: 1. Bibelabschnitte, die seine Verheißungen und seine Gaben an dich beschreiben, und 2. deinen persönlichen Dank an Gott, wie er in deinem täglichen Leben wirkt.

Tag 1: Bete durch 2. Petrus 1,4, um deinen Dank an Gott auszudrücken.
»Herr, ich danke dir für deine großen und kostbaren Versprechen, die du mir gegeben hast und dass ich ein Teil deines göttlichen Wesens sein kann.
Ich danke dir auch für deine unglaubliche Liebe, dass du mich in deine Familie aufnimmst, dass du mir echtes Leben schenkst, das in Jesus am großartigsten ist.«

Tag 2: Bete durch 1. Johannes 1,7 und Kolosser 1,14, um deinen Dank an Gott auszudrücken.
»Vater, ich danke dir für das Blut deines Sohnes Jesus Christus, das mich von aller Sünde reinigt und von Satans Macht befreit.
Ich danke dir auch für: deine Geduld, deinen Trost, deine Nähe zu mir, deine Zucht an mir und deine Liebe in mir.«

Tag 3: Bete durch 1. Petrus 2,24, um deinen Dank an Gott auszudrücken.
»Herr Jesus, ich danke dir, dass du meine Sünden mit deinem Leib ans Kreuz getragen hast, so dass ich der Sünde gestorben bin und gerechtfertigt leben kann, und dass ich durch deine Wunden geheilt sein kann.
Ich danke dir auch für: den Leib Christi (andere Christen), das Privileg des Gebetes, mein Zuhause und meine Eltern.«

Tag 4: Bete durch Epheser 2,8-10, um deinen Dank an Gott auszudrücken.
»Herr, ich danke dir, dass ich durch die Gnade des Glaubens gerettet worden bin, und dass das dein Geschenk ist – ich muss nichts dafür tun. Danke dafür, dass ich als deine neue Schöpfung für dich leben und anderen helfen kann.
Ich danke dir außerdem für: meinen Körper, meine Gesundheit, meine Kraft, glückliche Zeiten, traurige Zeiten und die Zeiten dazwischen.«

Tag 5: Bete durch Psalm 91,11-14 um deinen Dank an Gott auszudrücken.
»Herr, ich danke dir, dass du deinen Engeln befiehlst, mich auf allen meinen Wegen zu beschützen. Sie werden mir mit ihrer Hand Halt geben und mich beschützen. Du wirst mich befreien, weil du mich liebst.
Ich danke dir auch für: Möglichkeiten des geistlichen Wachstums; Trost, wenn ich niedergeschlagen bin; Glück, wenn ich traurig bin, und Mut wenn ich Angst habe.«

Tag 6: Bete durch Epheser 1,3-6, um deinen Dank an Gott auszudrücken.
»Herr, ich danke dir, dass du mich erwählt hast, dass ich in deine Familie aufgenommen werden kann. Danke, dass du mich mit all den guten Dingen segnest, die du für jene bewahrt hast, die Christus gehören.
Ich danke dir auch für: Essen, Kleidung, ein Platz zum Leben, die Freiheit, zu anderen über dich zu sprechen.«

Tag 7: Bete durch 2. Korinther 8,9 und 9,8, um deinen Dank an Gott auszudrücken.
»Danke dir, Herr, dass du für mich eine Schuld bezahlt hast (meine Schuld der Sünde), die ich niemals zurückzahlen kann. Danke, dass du mich nicht nur von Sünde gerettet hast, sondern dass du mir die Gnade gibst, die ich heute brauche, um für dich zu leben.
Ich danke dir außerdem dafür, dass du mich vor Selbstsucht, vor Stolz und vor der ewigen Trennung von dir bewahrst.«

Dreißig Tage Bekenntnis

Sünden, die ich bekennen muss:

Tag 1: 2. Timotheus 2,22. Hast du unreine Gedanken gegenüber dem anderen Geschlecht?

Tag 2: Philipper 2,14-15. Beschwerst du dich oder jammerst du?

Tag 3: Epheser 6,1-3.   Ehrst du deine Eltern?

Tag 4: Epheser 4,31.   Bist du jemandem gegenüber bitter?

Tag 5: 1. Korinther 6,19-20. Bist du unachtsam gegenüber deinem Körper?

Tag 6: Matthäus 6,33.   Trachtest du zuerst nach dem, was Gott will?

Tag 7: Matthäus 6,14.   Hast du jemandem gegenüber eine schlechte Einstellung?

Tag 8: 2. Timotheus 2,22. Hast du unreine Beweggründe?

Tag 9: Kolosser 3,9.   Lügst du?

Tag 10: Epheser 6,1-3.   Respektierst du deine Eltern?

Tag 11: Epheser 4,31.   Gibt es in deinem Leben Wut?

Tag 12: 1. Korinther 6,19-20. Hast du schlechte Angewohnheiten?

Tag 13: Matthäus 6,33.   Ist Gott die wichtigste Person in deinem Leben?

Tag 14: Matthäus 6,14.   Bist du nachtragend?

Tag 15: 2. Timotheus 2,22. Sind deine Gedanken zum anderen Geschlecht rein?

Tag 16: Philipper 2,14-15. Hast du eine kritische Einstellung?

Tag 17: Kolosser 3,9.   Stiehlst du?

Tag 18: Epheser 4,31.   Sprichst du hinter ihrem Rücken über andere?

Tag 19: 1. Korinther 6,19-20. Bist du faul?

Tag 20: Matthäus 6,33.   Hast du Gott alles in deinem Leben gegeben?

Tag 21: Matthaus 6,14.   Hast du mit jemandem eine falsche Beziehung?

Tag 22: Kolosser 3,9.   Betrügst du in der Schule?

Tag 23: Epheser 6,1-3.   Hast du ein Problem mit Autorität?

Tag 24: Epheser 4,31.   Bist du auf jemanden neidisch?

Tag 25: 1. Korinther 6,19-20. Isst du zu viel?

Tag 26: Matthäus 6,33.   Vertraust du Gott mit deinem Leben?

Tag 27: Matthäus 6,14.   Gibt es jemanden, den du nicht magst?

Tag 28: Philipper 2,14-15. Ehrt deine Einstellung Gott?

Tag 29: Epheser 6,1-3.   Bist du rebellisch?

Tag 30: Epheser 4,31.   Streitest du dich mit anderen?

Diese Sünden zu bekennen, wird dir durch deine ersten dreißig Tage des Bekenntnisses helfen. Während des ersten Monats wirst du mehrere Bereiche erkennen, die Gott in deinem Leben ändern möchte. Von da an folge dem Abschnitt, der dem Tag des Monats entspricht. Wende ihn auf eine Sünde an, die du bekennen musst.

Sieben Tage des Bittens

Konzentriere dein Bitten jeden Tag auf zwei Bereiche: 1. Bibelabschnitte, die beschreiben, was Gott für dich will und 2. deine persönliche Bitte an Gott, deine Bedürfnisse zu erfüllen.

Tag 1 (Lies Galater 2,20)
»Jesus, hilf mir, wie jemand zu leben, der seinen selbstsüchtigen Bedürfnissen abgestorben ist. Übernimm die Kontrolle über meinen Körper, meinen Geist und meine Gefühle. Lebe dein Leben heute in mir.«

Andere Bedürfnisse:

_____

_____

Tag 2 (Lies Galater 5,22-23)
»Jesus, bitte hilf mir durch deinen Geist, diese Qualitäten anderen Menschen zu zeigen.«

Andere Bedürfnisse:

_____

_____

Tag 3 (Lies Epheser 5,18)
»Jesus, ich unterstelle mich der Leitung deines Heiligen Geistes. Ich bitte um alles, was von deinem Geist kommt: Mut, Kraft, Weisheit, sexuelle Reinheit, Mitleid, Enthusiasmus, Ehrlichkeit, Offenheit.«

Andere Bedürfnisse:

_____

_____

Tag 4 (Lies 1. Korinther 12,4-6)
»Herr, hilf mir, meine geistliche(n) Gabe(n) zu kennen und heute zu deiner Ehre einzusetzen.«

Andere Bedürfnisse:

_____

_____

Tag 5 (Lies Epheser 6,10-18)
»Jesus, es ist schwer, in dieser Welt ein Christ zu sein. Der Druck wird manchmal groß. Ich bitte um deine Kraft und Schutz vor der Welt, dem Fleisch und dem Teufel. Ich ziehe deine Rüstung an: den Gürtel der Wahrheit, den Brustpanzer der Gerechtigkeit, die Schuhe des Evangeliums des Friedens, das Schild des Glaubens, den Helm des Heils und das Schwert des Geistes – Gottes Wort.«

Andere Bedürfnisse:

_____

_____

Tag 6 (Lies Jesaja 41,10)
»Herr, manchmal habe ich Angst. Aber ich weiß, dass ich keine Angst haben muss, weil du meine Hilfe und meine Kraft bist. Hilf mir heute, meine Angst zu überwinden, indem ich dir vertraue.«

Andere Bedürfnisse:

_____

_____

Tag 7 (Lies Apostelgeschichte 1,8)
»Jesus, ich möchte vor meinen Freunden ein Zeugnis für dich sein. Gib mir die Kraft und den Mut, heute dein Zeuge zu sein.«

Andere Bedürfnisse:

_____

_____

Gebete, die du für andere beten kannst

Betrachte diese Gebete des Apostel Paulus. Sie werden dir helfen, zu wissen, wie du für andere Menschen beten kannst. Du kannst sogar diese konkreten Gebete für sie beten:

- »Und um dieses bete ich, dass eure Liebe noch mehr und mehr überreich werde in Erkenntnis und aller Einsicht, damit ihr prüft, worauf es ankommt, damit ihr lauter und unanstößig seid auf den Tag Christi, erfüllt mit der Frucht der Gerechtigkeit, die durch Jesus Christus gewirkt wird, zur Herrlichkeit und zum Lobpreis Gottes« (Philipper 1,9-11).

- »Er gebe euch nach dem Reichtum seiner Herrlichkeit, mit Kraft gestärkt zu werden durch seinen Geist an dem inneren Menschen; dass der Christus durch den Glauben in euren Herzen wohne und ihr in Liebe gewurzelt und gegründet seid, damit ihr imstande seid, mit allen Heiligen völlig zu erfassen, was die Breite und Länge und Höhe und Tiefe ist, und zu erkennen die Erkenntnis übersteigende Liebe des Christus, damit ihr erfüllt werdet zur ganzen Fülle Gottes« (Epheser 3,16-19).

- »Wir danken Gott allezeit für euch alle, indem wir euch erwähnen in unseren Gebeten und unablässig vor unserem Gott und Vater an euer Werk des Glaubens gedenken und die Bemühung der Liebe und das Ausharren in der Hoffnung auf unsern Herrn Jesus Christus« (1. Thessalonicher 1,2-3).

Gebetsanliegen

Wenn du anfängst, für dich selbst zu beten, benutze ein Formular wie das folgende, um 1. die Dinge festzuhalten, für die du betest, und 2. dir dabei zu helfen, dir Gottes Antworten auf die Gebete zu merken.

BEDÜRFNISSE FÜR MEIN LEBEN

Datum des Gebets	Bitte	Antwort	Datum der Antwort

Gebetserhörungen

Wenn du für andere Menschen betest, verwende ein Formular wie das folgende, um 1. die Dinge festzuhalten, die du für jeden bittest, und 2. dir dabei zu helfen, Gottes Antworten auf die Gebete zu notieren. Schreib den Namen der Person oben drüber (Mama, Papa, Schwester, Bruder, Freund, etc.). Versuch nicht, jeden Tag für jeden zu beten – ein paar Leute reichen am Tag.

Name: _____

Datum des Gebets	Bitte	Antwort	Datum der Antwort

Bibel-Arbeitsblatt

Datum _____

Abschnitt _____

Titel _____

Schlüsselvers _____

Zusammenfassung _____

_____

_____

_____

_____

_____

_____

Persönliche Anwendung _____

_____

_____

_____

_____

_____

_____

_____

Gebetsplan

Datum _____

Anbetung: Nenne einen Grund, warum du den Herrn heute loben willst.

_____

_____

Dank: Schreibe auf, für was du heute am dankbarsten bist.

_____

_____

Bekenntnis: Schreib jede Sünde auf, die du bekennen musst.

_____

_____

Bitte: Schreib deine wichtigsten Anliegen von heute auf.

_____

_____

Fürbitte: Schreib die Namen der Menschen auf, für die du heute beten wirst, und ein Wort, das dein Gebet für jeden ausdrückt.

Name _____   Gebet _____

_____   _____

_____   _____

_____   _____

_____   _____

_____   _____

TEIL 2
EINE VISION FÜR DAS LEBEN UND DEN DIENST

EINHEIT 1
Ein halber Tag des Gebets (Gruppenprojekt)

Ein halber Tag des Gebets wird eine überwältigende Erfahrung für euch sein. Ihr werdet Gott treffen. Ihr werdet mit ihm sprechen. Und er wird mit euch sprechen. Ihr werdet eure Beziehung zu Gott vertiefen. Es wird euch die Gelegenheit geben, darüber nachzudenken, was ihr gelernt habt und wie ihr es anwenden wollt. Die folgenden Anleitungen werden euch in die richtige Richtung bringen. Verwendet sie so, wie es euren Bedürfnissen entspricht.

Schritt 1: Orientierung (20 Minuten)

Trefft euch als Gruppe und sprecht über den Zeitplan, verteil Materialien (S. 90) und beantworte Fragen. Beendet das Treffen im Gebet mit der Gruppe.

Schritt 2: Individuelles Gebet (3 Stunden und 10 Minuten)

- Finde einen Platz für dich, wo du Zeit mit Gott allein verbringen kannst.
- Organisiere deine Zeit so, dass du drei große Themen behandeln kannst:
  1. *Diene dem Herrn.* Erkenne seine Anwesenheit. Bekenne deine Sünden. Bete Jesus an.
  2. *Bete für andere.* Formuliere konkrete Fürbitten für die Bedürfnisse von anderen Menschen.
  3. *Bete für dich selbst.* Frage Gott nach deinen eigenen Bedürfnissen. Sprich offen und ehrlich mit ihm.

- Variiere deine Handlungen während dieser Zeit. Bete eine Zeit lang laut und dann wieder stumm. Lies die Bibel. Plane und organisiere, schreibe auf, was Gott dich erkennen lässt. Tu, was immer dir während dieser besonderen Zeit allein mit Gott wichtig wird.

- Führe ein Tagebuch über deine Gebete. Später kannst du dich darauf beziehen, wenn du deine Gebete fortsetzt. Du kannst überprüfen, wie Gott sie beantwortet hat.

Schritt 3: Reaktion (30 Minuten)

Versammelt euch wieder als Gruppe. Bitte jeden Einzelnen, dem Rest der Gruppe ein oder zwei besondere Höhepunkte dieser Gebetszeit zu erzählen.

BENÖTIGTES MATERIAL		
Unentbehrlich:	*Hilfreich:*	*Andere Möglichkeiten:*
Bibel

Stille-Zeit-mit-Gott-Tagebuch

Dieses Buch (um darüber nach-zudenken, was du gelernt hast)

Stift

Uhr oder Wecker | Bibelvers-Lernkarten

Andachtsbuch

Namensliste der Mitglieder deiner Jugendgruppe | Kalender für das kommende Jahr

Liste der persön-lichen Ziele / Pläne / Entscheidungen, die zu treffen sind

CD mit geistlichen Liedern, Player mit Kopfhörern |

Notizen:

_____

_____

_____

_____

_____

_____

EINHEIT 2
Entwicklung einer Strategie, die sich auf Jesus konzentriert

Der beliebte Anthony, Mitglied der Fußballmannschaft, hatte eine feste Freundin. Aber er traf ein paar falsche Entscheidungen, ging auf wilde Partys und probierte verschiedene Drogen aus. Dann waren er und seine Freundin unvorsichtig und sie wurde schwanger. Er kommt zu dir und möchte, dass du ihm hilfst. Während er dir seine Geschichte erzählt, bekommst du Panik: »Wie kann ich anfangen, diesem jungen Mann zu dienen? Was kann ich ihm bieten?«

Du brauchst Gottes übernatürliche Hilfe! Wenn er sein Leben wieder auf die richtige Spur bringen und von den Verletzungen, die er sich selbst und anderen zugefügt hat, geheilt werden will; wenn er die falschen Entscheidungen wieder gutmachen will, die er getroffen hat, dann braucht er Gott. Das Wichtigste für ihn ist jetzt eine Beziehung zu dem liebenden und vergebenden Heiland aufzubauen und zu vertiefen. Wenn er den Punkt erreichen soll, wo er umkehren und gute, solide Entscheidungen treffen kann, dann wird er deine Hilfe brauchen. Du kannst ihm helfen, indem du darauf vertraust, dass Gott ihm hilft. Du wirst eine Strategie brauchen, ihn zu Christus zu führen, ihn zur Reife zu bringen, damit er dann losgeht und selbst anderen hilft.

Das wichtigste Thema, mit dem er sich jetzt auseinandersetzen muss, ist, eine Beziehung zu dem liebenden und vergebenden Heiland aufzubauen und zu vertiefen.

Anthony hat jemanden getroffen, der wusste, wie er ihm dienen konnte. Jack begann, eine Beziehung zu ihm aufzubauen. Er lud ihn in seine Gemeinde ein. Er wurde Teil einer kleinen Gruppe von Jugendlichen, die von Jesus lernten und erfuhren, was es heißt, ihm nachzufolgen. In diesem Umfeld begann Anthony zu wachsen. Heute, nachdem er die Bibelschule und Seelsorgekurse beendet hat, arbeitet er mit Jugendlichen, die so sind wie er, als er noch zur Schule ging. Wie durch ein Wunder hat ein junger Mann Jesus Christus getroffen, wurde in ihm eine reife Persönlichkeit und führt jetzt andere zu Christus.

Wenn der gleiche, mit Problemen beladene Jugendliche bei dir aufgetaucht wäre und dich um Hilfe gebeten hätte, wärest du darauf vorbereitet gewesen, ihm zu helfen? Wenn du dir nicht sicher bist, was du getan hättest, um ihm zu helfen, oder wenn du mehr darüber wissen willst, was du tun kannst, dann sind diese nächsten paar Wochen etwas für dich! Du wirst entdecken, wie du eine Strategie entwickeln kannst, die sich auf Jesus konzentriert, um das Leben von Jugendlichen zu beeinflussen. Im Folgenden findest du einen Überblick über die fünf wichtigsten Prinzipien für eine christuszentrierte Jugendarbeit.

Strategie für eine christuszentrierte Jugendarbeit

Diese christuszentrierte Strategie schafft eine Atmosphäre des kraftvollen Gebets und baut dann auf die fünf wichtigsten Prinzipien innerhalb dieser Umgebung auf. Es sind Prinzipien, die Jesus während seines Dienstes anwandte.

Die Beziehung zu Jesus vertiefen

Wie entwickelst du deine Beziehung zu Christus, dass andere ihn in dir erkennen? Führe eine enge und leidenschaftliche Beziehung mit Jesus, indem du ihm gehorsam bist und seinen Charakter denjenigen, die dich umgeben, widerspiegelst (Markus 1,7-8).

Leiter heranbilden

Wie bildest du wertvolle Leiter für einen beständigen Dienst heran? Indem du Erwachsene zurüstest, die das Herz und die Fähigkeiten haben, Jugendliche zu erreichen und zu Jüngern zu machen (Markus 1,16-20).

Jugendliche zu Jüngern machen

Wie macht man Jugendliche zu Jüngern, die eine geistliche Leidenschaft haben und geistlichen Einfluss auf ihre Freunde ausüben können? Fordere Jugendliche heraus und bringe sie in ihrer Beziehung zu Jesus durch Kleingruppen mit Jüngerschaftsbeziehungen zur Reife.

Jesus in den Alltag bringen

Wie kannst du deine Jugendmitarbeiter und die Jugendlichen dazu motivieren, Jesus mit in ihren Alltag zu nehmen und ihn anderen bekannt zu machen? Geh dahin, wo die Jugendlichen sind, indem du Zeit in ihrer Umgebung verbringst und sie mit den nötigen Fähigkeiten ausstattest, ihre Freunde zu erreichen (Markus 1,40-42).

Andere für Jesus gewinnen

Wie kannst du Gelegenheiten für Jugendliche schaffen, ihre Freunde für Jesus zu gewinnen? Organisiere Aktionen, die sie ansprechen, zu denen sie ihre Freunde bringen können, damit sie das Evangelium hören und den Leib Christi, die Gemeinde, in Aktion sehen (Markus 4,1-2).

Lasst uns diese Hauptprinzipien, die aus dem Leben und dem Dienst Jesu entspringen, etwas näher betrachten.

Die Beziehung zu Jesus vertiefen (Jesus als Herr) – Jesus erfüllte die Herzen seiner Jünger, und eines Tages werden alle vor ihm auf die Knie gehen (Philipper 2,9-11). Gott ruft uns, damit wir uns seiner Herrschaft unterwerfen und er in unserem Leben Herr sein kann. Das ist unabdingbar für das Leben jedes Jugendleiters. Wir können die Jugendlichen nur so weit bringen, wie wir selber gekommen sind. Wenn wir uns der Herrschaft Christi unterwerfen, werden wir in unserer Beziehung zu ihm weiter wachsen. Unsere persönliche Beziehung zu Christus wird zu den Jugendlichen lauter über ihre Beziehung zu Jesus Christus sprechen als alles andere, was wir tun und sagen.

Leiter heranbilden (Leiterkurs) – Jesus hat seine Jünger um sich versammelt. Er lehrte sie, ihm zu folgen und andere zu leiten (Matthäus 4,19). Ein Team von erwachsenen Jugendleitern auszubilden, die das gleiche Ziel erreichen wollen, ist absolut notwendig. Mögliche Jugendleiter brauchen eine kontinuierliche Anleitung und ständige Ermutigung, um persönlich zu wachsen, und damit sie Jugendlichen dabei helfen können, Christus kennenzulernen und in ihm zu wachsen. Der Leiterkurs sorgt für diese Team-Atmosphäre und die Ausbildung der Jugendleiter.

Jugendliche zu Jüngern machen (Jüngerschaftsgruppen) – Jesus hatte eine große Gruppe von Jüngern – mehr als zwölf! Diese Zahl wuchs von zwölf auf zweiundsiebzig, auf 120, auf 500, auf 5.000 und weiter (Lukas 10,1-3). Während viele Jugendgruppen heutzutage wenig Interesse an geistlichen Dingen haben, sind die Gruppen, die Wert auf Jüngerschaft legen, sowohl in ihrer geistlichen Tiefe als auch in der Zahl der Jugendlichen gewachsen. Jüngerschaft ist der Schlüssel zu qualitativem und quantitativem Wachstum. Der jugendliche Jünger lernt, seine Beziehung zu Jesus Christus zu entwickeln, indem er Zeit mit einer Jüngerschaftsgruppe verbringt und durch eine Beziehung mit einem erwachsenen Leiter beeinflusst wird. Diese Jugendlichen lernen, wie sie geistlichen Einfluss ausüben und werden anfangen, ihre Freunde zu Christus zu führen.

Jesus in den Alltag bringen (Persönliches Evangelium) – Jesus hat jeden Tag das Leben der Menschen berührt, weil er bei ihnen war (Markus 1,12.17). Als Jugendleiter müssen wir uns und unsere Jugendlichen über die Mauern der Gemeinde hinaus bewegen und dahin gehen, wo die Jugendlichen ihre Zeit verbringen. Wenn Jugendleiter anfangen, dorthin zu gehen, wo Jugendliche sind, und dort Zeit zu verbringen, Beziehungen aufbauen und ihr Leben berühren, wird sich das Leben der Jugendlichen verändern. Dann werden unsere Jugendlichen anfangen, es zu riskieren, mit ihren Freunden über Jesus Christus zu sprechen. Wir wollen die Lebenswelt der Jugendlichen verstehen und sie dazu ausrüsten, geistlichen Einfluss auszuüben.

Andere für Jesus gewinnen (Evangelisationsprojekte) – Jesus zog eine Menschenmenge an (Markus 4,1-2a). Um bei Jugendlichen einen Eindruck zu hinterlassen, müssen wir ebenfalls eine Menschenmenge anziehen. Wenn die genannten Prinzipien funktionieren, werden viele Jugendliche von unserem Dienst angezogen werden. Wir können es zu einem Hauptanliegen machen, dass die Jugendlichen ihre Freunde mitbringen. Dann wird ihnen die Wahrheit des Evangeliums gezeigt werden und sie bekommen die Möglichkeit, eine persönliche Beziehung zu Jesus aufzubauen.

In den kommenden Schritten werden wir die fünf Hauptprinzipien einer christuszentrierten Jugendarbeit ganz genau studieren. Bitte Gott, dir zu helfen, eine persönliche Strategie zu entwickeln, die in einen Dienst für die Jugendlichen mündet, der ihr Leben verändert.

 **Action Point**

1. Lies die ersten vier Kapitel des Markus-Evangeliums und untersuche Jesu Strategie für den Dienst. Suche vier Verse aus, die jeweils eins dieser fünf Hauptprinzipien unterstützen.

Die Beziehung zu Jesus vertiefen (Jesus als Herr) _____

Leiter heranbilden (Leiterkurs) _____

Jugendliche zu Jüngern machen (Jüngerschaftsgruppen) _____

Jesus in den Alltag bringen (Persönliche Evangelisation) _____

Andere für Jesus gewinnen (Evangelisationsprojekte) _____

2. Werte aus, wie sich dein persönliches Leben mit diesen fünf Hauptprinzipien deckt. Schreibe in jede Spalte, wie du im Moment mit dieser Strategie verfährst und was du in Zukunft tun möchtest.

	Jetzt	In Zukunft
Die Beziehung zu Jesus vertiefen (Jesus als Herr)		
Leiter heranbilden (Leiterkurs)		
Jugendliche zu Jüngern machen (Jüngerschaftsgruppen)		
Jesus in den Alltag bringen (Persönliche Evangelisation)		
Andere für Jesus gewinnen (Evangelisationsprojekte)		

3. Jetzt bewerte, wie deine Gemeinde die fünf Hauptprinzipien widerspiegelt.

	Jetzt	In Zukunft
Die Beziehung zu Jesus vertiefen (Jesus als Herr)		
Leiter heranbilden (Leiterkurs)		
Jugendliche zu Jüngern machen (Jüngerschaftsgruppen)		
Jesus in den Alltag bringen (Persönliche Evangelisation)		
Andere für Jesus gewinnen (Evangelisationsprojekte)		

4. Stell dir die folgenden Bilder vor und schreib einen Namen neben jede Beschreibung.

Ein Cheerleader aus der 9. Klasse _____

Ein Jugendlicher in Nöten _____

Ein Athlet _____

Ein schüchterner Mensch _____

Jetzt stell dir jeden Menschen vor, den du aufgelistet hast, wie er in fünf Jahren sein könnte. Schreib eine kurze Einschätzung der Zukunft jedes Einzelnen.

Name	Einschätzung

5. Was kannst du und deine Gemeinde tun, um jeder der aufgelisteten Personen zu helfen, so zu werden wie Anthony am Anfang dieser Einheit – einer, der Jesus kennenlernt, reift und ein fruchtbringender Nachfolger Jesu wird? Schreibe auf, was deiner Meinung nach dafür passieren muss und warum.

Was ich tun muss:

_____

_____

_____

_____

_____

_____

_____

Was meine Gemeinde tun muss:

_____

_____

_____

_____

_____

_____

6. Lerne Markus 1,17 auswendig und fahre mit der täglichen Stillen Zeit fort. Du solltest in den nächsten Tagen mit dem Markus-Evangelium fertig werden. Wähle ein anderes Buch aus dem NT und studiere es auf die gleiche Weise.

EINHEIT 3
Jesus zum Herrn meines Lebens machen (Teil 1)

Denk zurück an den ersten Tag deines ersten Jobs. Wie hast du dich gefühlt? Warst du allen Anforderungen auf Anhieb gewachsen? Hat dich jemand ausgebildet? Wie lange hat es gedauert, bis du »in der Materie« warst?

Zu lernen, wie man Jesus nachfolgt, braucht auch Zeit. Wir müssen von jemandem ausgebildet werden, der weiß, was zu tun ist. Jesus ist unser »Lehrer« für das Leben als Christ. Wenn er der Herr über unser Leben wird, wird es unser Herzenswunsch sein, ihm zu gehorchen und ihm mehr zu gefallen als irgendjemand sonst.

Aber bevor wir Jesus zum Herrn unseres Lebens machen können, müssen wir ihn ehren. Ist er unserer Ehrerbietung würdig? Warum hat er es verdient, der Herr über unser Leben zu sein? Weil er sich durch seine Taten legitimiert hat!

Legitimation 1 – Er hat uns erschaffen. Jesus ist das lebendige Wort Gottes. Lies Johannes 1,1-5 und ersetze »das Wort« jedes Mal mit »Jesus Christus«. Vergleiche diesen Abschnitt aus Johannes mit Kolosser 1,15-16. Jesus Christus hat, zusammen mit dem Vater und dem Heiligen Geist, die Welt und uns erschaffen.

Weil er uns erschaffen hat, weiß Jesus am besten, »wie wir funktionieren«. Lies Psalm 139,13-16. Jesus Christus weiß alles über uns. Sein unübertroffenes Wissen über uns berechtigt ihn dazu, Herr über uns zu sein.

Legitimation 2 – Er identifiziert sich mit uns. Stell dir eine Geschichte vor, in der ein junger, furchtloser Prinz das Land von einem bösen Herrscher befreit. Jesus war dieser junge, furchtlose Prinz. Er wurde zum Menschen, *»der sich selbst für unsere Sünden hingegeben hat, damit er uns herausreiße aus der gegenwärtigen bösen Welt nach dem Willen unseres Gottes und Vaters«* (Galater 1,4).

Da Jesus dreiunddreißig Jahre als Mensch gelebt hat, kennt er die Probleme und Versuchungen, denen wir uns jeden Tag ausgesetzt sehen. *»Denn wir haben nicht einen Hohenpriester, der nicht Mitleid haben könnte mit unseren Schwachheiten, sondern der in allem in gleicher Weise wie wir versucht worden ist, doch ohne Sünde«* (Hebräer 4,15). Jesus hat es verdient, unser Herr zu sein, weil er den gleichen Problemen gegenüberstand wie wir, aber er sündigte nicht.

Legitimation 3 – Er hat uns erlöst. Jesus Christus kam in unsere Welt, lebte ein vollkommenes Leben und starb für unsere Sünden. Durch seinen Tod hat er Satans Herrschaft auf dieser Erde für immer zerstört. Erlösen bedeutet »retten« oder »Lösegeld geben«. Eine andere Definition für erlösen ist »Besitz zurückkaufen, indem man eine bestimmte Summe zahlt«. Jesus hat legal von Satan den Besitz unseres Lebens erlangt. Er hat das Recht, unser Herr zu sein, weil er uns mit dem Preis seines Blutes erkauft hat: »*... ihr (gehört) euch nicht selbst (...). Denn ihr seid um einen Preis erkauft worden*« (1. Korinther 6,19-20).

Jesus hat also die Berechtigung, Herr über unser Leben zu sein. Was bedeutet das für uns? Es kommt darauf an, wie wir »Herr« definieren. Es gibt im Neuen Testament drei griechische Wörter, die Jesus als unseren Herrn beschreiben. Wir wollen jedes Wort und seine deutsche Entsprechung betrachten.

Despotes (Herrscher) – dieser Herr ist »jemand mit unbegrenzter Macht«. Weil Jesu Macht grenzenlos ist, kann er jede Situation beherrschen.

Basileus (Monarch) – Diese Art von Herrscher ist jemand mit »der ganzen Macht und Autorität«. Das Wort eines Monarchen ist Gesetz. Jesus ist anderen Monarchen überlegen, weil sein Wort nicht nur das Gesetz ist, sondern es ist auch wahr und richtig. Seine Autorität ist die ultimative Autorität.

Kyrios (Herr) – Ein Mensch, der »Herr« ist, ist der Besitzer. Kyrios bedeutet Autorität, aber es trägt auch die Bedeutung von Weisheit und Liebe. Wenn Jesus der Herr über unser Leben ist, ist er der weise und liebende Eigentümer.

Der Apostel Paulus beschreibt Jesu Herrschaft durch das, was Gott als Ergebnis von Jesu Tod, Begräbnis und Auferstehung getan hat: »*Darum hat Gott ihn auch hoch erhoben und ihm den Namen verliehen, der über jeden Namen ist, damit in dem Namen Jesu jedes Knie sich beuge, der Himmlischen und Irdischen und Unterirdischen, und jede Zunge bekenne, dass Jesus Christus Herr ist, zur Ehre Gottes, des Vaters*« (Philipper 2,9-11).

Jesus hat es verdient, unser Herr zu sein. Er hat die Berechtigung. Ihm ist von Gott die Autorität verliehen worden, über unser Leben zu herrschen. Er möchte der weise und liebende Herr unseres Lebens sein. Die Frage, die wir beantworten müssen, ist einfach: Ehre ich Jesus genug, um mich in meinem Leben seiner Herrschaft zu unterwerfen? Unsere Antwort auf diese Frage ist absolut entscheidend für unsere persönliche Beziehung zu Jesus und entscheidet auch für unsere Fähigkeit, andere geistlich zu leiten. Wenn Jesus nicht der Herr über unser Leben ist, wie können wir dann andere in eine tiefere Beziehung mit ihm führen? Wir sollten ernsthaft darüber nachdenken, bevor wir weitergehen.

 **Action Point**

1. Lies noch einmal die drei verschiedenen Definitionen für das Wort »Herr«. Dann schreib deine eigene Definition des Wortes »Herr« auf.

_____

_____

_____

_____

_____

2. Du kannst jetzt zwei Dinge tun, um das Verlangen zu stärken, dass Jesus Herr über dein Leben wird. Erstens, empfinde den Mangel in deinem Leben. Der Psalmist schrieb: »_Gott, mein Gott bist du; nach dir suche ich. Es dürstet nach dir meine Seele, nach dir schmachtet mein Fleisch in einem dürren und erschöpften Land ohne Wasser_« (Psalm 63,1). Wie kann dieses Verlangen in dir wachsen? Wenn du »es leid bist, es leid zu sein«, dein Leben selbst zu führen, dann wirst du es willig Gott überlassen, es auf seine Art zu führen. Bist du an diesem Punkt? Eine zweite Möglichkeit, dein Verlangen zu stärken ist, dich auf Jesus zu konzentrieren. Je mehr du siehst, wer er wirklich ist, desto mehr Verlangen wirst du haben, ihm zu gefallen und ihn anzubeten. Bewerte jetzt dein Verlangen nach Jesus. Sei ehrlich.

_____

_____

_____

_____

_____

3. Nachdem du Jesu Herrschaft verlangst, musst du dich dafür entscheiden, ihn Herr sein zu lassen. Der Apostel Paulus rief, als er von Jesus auf dem Weg nach Damaskus blind gemacht wurde: *»Wer bist du, Herr? Er aber sagte: Ich bin Jesus, den du verfolgst. Doch steh auf und geh in die Stadt, und es wird dir gesagt werden, was du tun sollst«* (Apostelgeschichte 9,5-6). Was hat Paulus getan? Er ging nach Damaskus. Seine Entscheidung zu gehorchen zeigt, dass er verstanden hatte, was es bedeutet, Jesus als Herrn über sein Leben zu haben. Welche Schritte des Gehorsams musst du unternehmen, die zu Jesu Herrschaft über dein Leben führen werden?

Geh diesen Schritt jetzt im Glauben. Jesus wird deinen Wunsch nach seiner Herrschaft immer größer werden lassen, wenn du ihm weiterhin gehorchst. Er wird deinen Gehorsam ehren. Fülle die unten stehende Aussage aus.

Jesus soll der Herr meines Lebens sein. Deshalb habe ich heute

(Datum) _____ die folgenden Schritte

unternommen:

Unterschrift _____

4. Um dich zu einem Leben unter Jesu Herrschaft zu ermutigen, lerne Philipper 2,9-11 auswendig.

 **EINHEIT 4**

Jesus zum Herrn meines Lebens machen (Teil 2)

Jedes Mal zu Neujahr nehmen die Menschen sich vor, schlechte Angewohnheiten aufzugeben und gute Gewohnheiten anzufangen. Aber Mitte Januar sind diese guten Vorsätze meistens vergessen. Jesus zum Herrn über unser Leben zu machen, bedeutet so viel mehr, als sich vorzunehmen, besser zu werden.

Jesus ruft uns dazu auf, uns auf unserem Weg mit ihm von der Masse zu unterscheiden. Aber das kommt von seiner Macht, die in uns als Ergebnis unseres Gehorsams wirkt. Was wird uns dieser Gehorsam kosten? Lasst uns das ehrlich betrachten.

Den Preis bezahlen

Jesus erklärte seinen Jüngern, was es sie kosten würde, ihm nachzufolgen: *»Dann sprach Jesus zu seinen Jüngern: Wenn jemand mir nachkommen will, verleugne er sich selbst und nehme sein Kreuz auf sich und folge mir nach! Denn wer sein Leben retten will, wird es verlieren; wer aber sein Leben verliert um meinetwillen, wird es finden«* (Matthäus 16,24-25). Jesus hat sehr starke Worte gefunden, um zu beschreiben, was Nachfolge heißt. Er verlangt von uns, dass wir unser Leben für ihn verlieren. Wie können wir das tun?

Unser Leben zu verlieren bedeutet, uns selbst zu vergessen. Mehrere Übersetzungen dieses Abschnitts verwenden den Ausdruck *»verleugne dich selbst«.* Das heißt, wir müssen unsere Ichbezogenheit und unseren persönlichen Ehrgeiz mit dem Verlangen austauschen, Jesus Christus zu gefallen. Die Welt sagt: »Achte darauf, dass du die Nummer Eins bist.« Aber Jesus sagt: »Vergiss die Nummer Eins«, weil er die Verantwortung für unser Leben übernommen hat. Wir müssen uns keine Sorgen über unser Leben machen (oder auch nur daran denken)! Er weiß: Wenn wir mit unseren eigenen Interessen beschäftigt sind, werden wir nur von diesen eigenen Interessen motiviert.

Unser Leben zu verlieren heißt, unser Kreuz zu tragen. Der Apostel Paulus malt ein deutliches Bild von einem Menschen, der sein Kreuz trägt. Wir haben schon die Verse aus Philipper 2,9-11 gelernt, die erklären, wie Gott Jesus erhöht. Aber in den Versen davor, Philipper 2,5-8, beschreibt Paulus, was Jesus getan hat, bevor er erhöht wurde. Er machte sich selbst zu nichts. Er wurde zum Diener. Er erniedrigte sich selbst. Er wurde gehorsam bis zum Tod. Jesus nahm sein Kreuz als gehorsamer Diener seines Vaters auf. Wir tragen unser Kreuz auf die gleiche Weise. Wir werden zum Diener, erniedrigen uns, sogar im Angesicht des Todes.

Unser Leben verlieren heißt, Jesus nachzufolgen. Jesus nachzufolgen bedeutet, dass wir ihn Schritt für Schritt auf seinem Weg begleiten. Um das zu tun, müssen wir mit Jesu Zielen für unser Leben einverstanden sein und uns diesen Zielen täglich unterwerfen. Je mehr wir sehen, wie faszinierend er ist, umso mehr Verlangen haben wir, uns ihm zu unterwerfen.

Den Gewinn empfangen

Uns selbst zu vergessen, unser Kreuz zu tragen und Jesus nachzufolgen wird der »Eintrittspreis« sein, wenn wir Jesus zum Herrn über unser Leben machen wollen. Aber wir werden viel Gewinn davon haben, dass wir Jesus zum Herrn über unser Leben machen.

Wir werden die besten Entscheidungen treffen. Wenn Jesus Herr über unser Leben ist, leben wir im Zentrum von Gottes Willen. Als Resultat daraus wird Gott uns leiten, wenn wir Entscheidungen treffen (Sprüche 3,5-6).

Wir werden zufrieden sein. Stell dir vor, wie sich dein Mund anfühlt, wenn du richtig durstig bist. Jesus ist unser geistlicher »Durstlöscher« (Johannes 4,10-14). Jesus ist ein »Fluss des Lebens«, der aus uns herausfließt und jedes Bedürfnis, das wir haben, befriedigt.

Unser Charakter wird sich verändern. »Wir wissen aber, dass denen, die Gott lieben, alle Dinge zum Guten mitwirken, denen, die nach seinem Vorsatz berufen sind. Denn die er vorher erkannt hat, die hat er auch vorherbestimmt, dem Bilde seines Sohnes gleichförmig zu sein, damit er der Erstgeborene sei unter vielen Brüdern« (Römer 8,28-29). »Nach seinem Vorsatz berufen« sein, ist nur eine andere Möglichkeit zu sagen: »Er ist Herr über mein Leben.« »Dem Bilde seines Sohnes gleichförmig zu sein«, bedeutet, dass Jesus in uns arbeitet, um seinen Charakter durch unser Leben hindurchscheinen zu lassen.

Unsere Zukunft wird hoffnungsvoll sein. Viele Dinge können das Leben schwer machen: einen geliebten Menschen verlieren, wegen seiner Überzeugungen verachtet werden, keine Arbeit haben, etc. Egal, wie schlecht es im Moment aussieht, wir haben eine herrliche Zukunft! Wenn wir in schweren Zeiten treu sind, wird eine Zeit kommen, wenn er seine Verheißungen erfüllen wird, und wir werden für immer mit Jesus regieren (2. Timotheus 2,11-12).

Wir werden Sieger sein. Jesus macht uns zu Siegern im Leben und zu Siegern über den Tod. »Gott aber sei Dank, der uns den Sieg gibt durch unseren Herrn Jesus Christus!« (1. Korinther 15,57). Wenn Jesus unser Herr ist, dann teilen wir diesen ultimativen Sieg!

Richte dein Augenmerk auf Matthäus 16,24-25. Wer sein Leben verliert, der wird es finden. Jim Elliot, ein Missionar, der 1956 von den Auca-Indianern getötet wurde, schrieb in sein Tagebuch: »Der ist kein Tor, der hingibt, was er nicht behalten kann, auf dass er gewinne, was er nicht verlieren kann.« *(Im Schatten des Allmächtigen, Elizabeth Elliot).*

Stell dir vor: Wir geben Jesus das weiße Blatt unseres Lebens und er gibt uns dafür einen Blankoscheck. Wir lassen ihn auf unser weißes Blatt schreiben, was immer er für unser Leben wünscht. Im Gegenzug dafür können wir seinen Blankoscheck nehmen und Verheißung über Verheißung »einlösen«, die er uns gegeben hat. Lies Römer 8,32, Epheser 1,3, und 2. Petrus 1,3, um einige seiner Verheißungen zu entdecken.

Neujahrsvorsätze halten nicht lange, aber wenn wir unser Leben für Christus hingeben, dann bleibt das. Es ist die einzige Möglichkeit, ihm zu gefallen und der einzige Weg, all unsere Verheißungen in ihm auszuschöpfen.

 **Action Point**

1. Studiere Römer 12,1-2. Suche nach praktischen Möglichkeiten, Jesus zu deinem persönlichen Herrn zu machen. Schreib sie hier auf.

_____

_____

_____

2. Römer 12,1-2 hat auch die Antwort darauf, wie du aufhören kannst, »Nummer Eins« sein zu wollen. Wenn Paulus sagt, wir sollen unsere »Leiber darstellen«, meint er, dass wir unser Denken, unsere Gefühle und unser Wollen, sowie unseren Körper Jesus zur Verfügung stellen sollen. Der Ausdruck »*lebendiges Opfer*« bedeutet, dass wir den Bereichen unseres Lebens sterben sollen, in denen wir immer noch an erster Stelle stehen und nicht Gott. Verbringe mindestens 30 Minuten damit, darüber nachzudenken, wie du immer noch »die Nummer Eins« sein willst. Bedenke die folgenden Bereiche:

Deine Gedanken (2. Timotheus 2,22; Matthäus 5,27-28)
Liest du Bücher und Magazine, siehst du Kinofilme an oder surfst du auf Seiten im Internet, die unreine Gedanken anregen? Erlaubst du deinen Gedanken, sich lustvollen Vorstellungen über das andere Geschlecht hinzugeben?

_____

_____

_____

Deine Beziehungen (Matthäus 5,23-24; 6,12-14)
Mach eine Liste von Menschen, mit denen du eine belastete Beziehung hast. Trägst du jemandem etwas nach? Hast du eine gute Beziehung zu deinem Ehepartner, zu deinen Eltern, Kindern und anderen Familienmitgliedern?

_____

_____

_____

_____

Deine Einstellungen (Epheser 4,31-32; Philipper 2,14-15)
Gibt es jemanden, gegenüber dem du eine schlechte Einstellung hast? Beklagst du dich? Meckerst, kritisierst, lügst, stiehlst oder betrügst du?

_____

_____

_____

Deine Wünsche (Matthäus 6,33; Kolosser 3,9-10)
Legst du zu viel Wert auf materiellen Besitz? (Kleidung, Autos, Geld verdienen)

_____

_____

_____

Deinen Körper (1. Korinther 6,19-20)
Bist du deinem Körper gegenüber achtlos? Hast du Gewohnheiten, die deinen Körper schädigen oder schwächen?

_____

_____

_____

3. Lies und studiere Philipper 2,3-11. Du hast Christi Gesinnung. Was muss passieren, damit sich deine Gedanken, Beziehungen, Einstellungen und Wünsche in seine Gedanken, Beziehungen, Einstellungen, Wünsche verwandeln? Schreib für jeden Bereich etwas auf, wovon du glaubst, dass du es nach Gottes Willen tun sollst. Was musst du als Erstes tun? Schreib das unmittelbare Ergebnis dieser Tat auf.

Tat	Dringlichkeit	Ergebnis

4. Lerne Matthäus 16,24 auswendig und fahre mit der täglichen Stillen Zeit und dem Lesen eines biblischen Buches fort.

Bedenke: Wenn wir uns selbst sterben, wird Gott uns im Gegenzug sein Leben geben.

EINHEIT 5
Leiter werden (Teil 1)

Fragst du dich manchmal, wenn du mit jungen Leuten arbeitest: »Warum mache ich das eigentlich?« Kreuz die unten stehenden Aktivitäten an, die dich manchmal bei deiner Arbeit mit Jugendlichen frustrieren.

❏ Nach den Treffen Kekse und Getränke servieren.

❏ Jugendliche bei Gemeindefreizeiten von den Büschen fernhalten.

❏ Zu Jugendtreffen fahren, wobei die Musik im Auto so laut ist, dass die Fenster jede Minute weggeblasen werden könnten.

❏ Bei Freizeiten kochen, ohne dass jemand auch nur »Danke« sagt.

❏ Schüler in der Sonntagsschule unterrichten, die nicht einmal da sein wollen.

❏ Samstagabends eine gelangweilte Jugendgruppe leiten.

❏ Lieder anleiten, wenn niemand mitsingt.

Hast du jemals gedacht: »Es muss mehr an der Jugendarbeit dran sein als das, was ich erlebe«? Wenn ja, dann bist du genau da, wo du sein musst. Leiter sein ist mehr als kochen, Getränke servieren und einen Kleinbus fahren. Jede dieser Aktivitäten ist wichtig, aber keine kann Ersatz dafür sein, dass du ein geistlicher Leiter für Jugendliche in deiner Gemeinde werden sollst.

Das Wörterbuch definiert *Leitung* als »die Fähigkeit, den Weg zu zeigen oder die Handlung anzuführen, indem man vorangeht oder nebenher geht.« Wenn wir diese Definition betrachten, wird ein Aspekt von Leitung deutlich. Wir können nicht jemand anderem den Weg zeigen, wenn wir nicht selbst dagewesen sind (oder selbst dorthin gehen). Mit anderen Worten, *die Qualität unseres Lebens wird die Quantität unseres Einflusses bestimmen.* Wenn wir den Jugendlichen dienen, müssen wir Folgendes beachten: »Wenn ich auf die Tiefe meines geistlichen Lebens achte, dann wird Gott auf die Breite meines Dienstes achtgeben.« Einfach gesagt, Leiter sein ist ein Lebensstil. Gott kann uns benutzen, um andere zu beeinflussen, aber unser Einfluss wird im Verhältnis zu dem Lebensstil stehen, den wir führen.

Jesus hatte einen bestimmten Lebensstil als Leiter. Bezogen auf unsere Jugendarbeit gibt es vier Phasen: (1) Ich tue es. (2) Ich tue es, und meine Jugendlichen sind bei mir. (3) Meine Jugendlichen tun es, und ich bin bei ihnen. (4) Meine Jugendlichen tun es, und ich bin im Hintergrund und ermutige sie. Wir wollen die ersten beiden Phasen in dieser Einheit untersuchen und die anderen beiden in der nächsten.

Ich tue es

Jesus sagte: »*... ich* (tue) *allezeit das ihm Wohlgefällige*« (Johannes 8,29). Jesus tat alles vollkommen, worum Gott ihn bat. Damit wir andere effektiv leiten können, brauchen wir die gleiche Einstellung zu Gott.

»Herr, ich möchte das tun, was dir gefällt.« Unser Lebensstil muss so sein, dass andere ihn anziehend finden. Wenn wir nicht mit Gott wandeln oder den Wunsch haben, Gott zu gefallen, indem wir jeden Tag Zeit mit ihm verbringen, Bibelverse auswendig lernen, unseren Glauben anderen bezeugen oder anderen Liebe zeigen, dann können wir diese Dinge nicht von den Leuten erwarten, die wir leiten. Wenn wir Gott, dem Vater, gefallen, werden andere uns folgen wollen: »*Folgt meinem Beispiel*« (1. Korinther 11,1). Wir können das gleiche Vertrauen haben, wenn wir dem gehorchen, worum Gott uns bittet.

Ich tue es und meine Jugendlichen sind bei mir

Nimm dir etwas Zeit, um Johannes 13,1-10 zu lesen. Diese Verse zeigen Jesus als einen Mann, der bereit war, seinen Jüngern zu dienen. Er tat dies mit großer Offenheit. In alltäglichen Situationen zeigte er seinen Jüngern seine Verwundbarkeit – zum Beispiel indem er ihre Füße wusch. Andere können am meisten von uns lernen, wenn wir ihnen so dienen, dass unsere Offenheit für sie deutlich wird.

Wie wichtig es ist, »offen« und transparent für andere zu sein, wurde mir klar, als ich einen High-School-Jugendlichen namens Kent zum Jünger machte. Ich hatte Kent darum gebeten, mir dabei zu helfen, ein paar Sofas bei mir zu Hause zu verschieben. Als wir die erste Couch von der Wand wegzogen, entdeckten wir allen möglichen Müll, der dahinter gefallen war (mit der Hilfe meiner Kinder) – ein Putzlappen, ein paar verschimmelte Rosinen, verschiedene Spielsachen und anderes Zeug. Ich sah hinüber zu Kent und wusste genau, was er dachte: »*Müll. Lauter Müll.*«

Dann gingen wir hinunter, um ein Schlafsofa dahin zu stellen, wo diese Couch gewesen war. Nachdem wir es an seinen Platz gestellt hatten, klappten wir es auf und ein Brocken der Füllung, etwa so groß wie ein Kissen, fiel auf den Boden. Kent stand da, mit einem peinlich berührten, verlegenen Grinsen auf dem Gesicht. Ich wusste, dass er dachte: »*Was für eine billige Couch.*«

Es gab noch eine weitere Couch, die wir verschieben mussten, aber hier stießen wir auf logistische Probleme. Diese Couch war 2,03 x 0,88 Meter und der Türrahmen, durch den wir sie schieben mussten, war nur circa 2,00 x 0,73 Meter. Wir schoben, wir zogen, wir schwitzten, wir klemmten uns die Finger ein. Wir wurden auch frustriert und verärgert. Als er ein mehrere Zentimeter großes Loch in die Wand schlug, wurde ich sauer. Später habe ich ihn um Verzeihung gebeten. Kent hatte gesehen, wie ich gekämpft habe. Er hatte gesehen, wie ich »aus der Haut gefahren« bin. Er fing an, mich als Menschen zu sehen, der nicht nur Stärken und Talente hat, sondern auch Fehler und Schwächen.

Wenn wir leiten, indem wir jemanden mitnehmen, ist es eine natürliche Neigung, alles zu verbergen, was darauf hinweisen könnte, dass wir nicht alles unter Kontrolle haben. Aber wir kennen die Wahrheit über uns selbst. Wir müssen das nicht verstecken. Beim Anleiten von anderen gehört es dazu, dass wir verwundbar sind wie sie. Wenn wir den Eindruck vermitteln, dass wir »alles im Griff« haben, führt das nur dazu, dass der Jugendliche denkt: »Ich könnte nie so sein.« Wenn wir aber offen und ehrlich sind, wird diese Person sagen: »Er ist nicht vollkommen. Hey, damit kann ich mich identifizieren! Vielleicht kann ich Christus doch nachfolgen.«

Wenn die Menschen uns in den alltäglichen Situationen des Lebens sehen, mit allen Fehlern und Schwächen, dann verstehen wir, was Paulus meinte, als er sagte: »*Sehr gerne will ich mich nun vielmehr meiner Schwachheiten rühmen, damit die Kraft Christi bei mir wohne*« (2. Korinther 12,9). Paulus wusste, dass Gottes *Kraft* in unserer *Schwachheit* vollkommen ist.

Leitung ist ein Lebensstil – unser Lebensstil, indem wir dienend leiten. Diese Art von Leitung wird einen bleibenden Eindruck im Leben der Jugendlichen hinterlassen.

 **Action Point**

1. Was hättest du vor dieser Einheit als die drei wichtigsten Pflichten eines Jugendleiters genannt? Würdest du deine Liste jetzt, als Ergebnis dieser Einheit, ändern?

_____

_____

2. Lies Johannes 13,1-10. Was für einen Leitungsstil zeigt Jesus? Warum ist dieser Stil für uns wichtig?

_____

_____

3. Fällt es dir leicht, den Jugendlichen zu sagen: »Folgt meinem Beispiel«? Warum? Warum nicht?

_____

_____

4. Welche Aktivitäten machst du im Moment allein, solltest sie aber zusammen mit einigen deiner Jugendlichen machen? Nenne mindestens drei.

1. _____

2. _____

3. _____

_____

_____

_____

5. Schätzt du dich selbst als offenen und transparenten Leiter ein? Welche Ängste hast du? Was kannst du tun, um diese Ängste auszulöschen?

_____

_____

_____

_____

_____

_____

6. Lerne 2. Korinther 12,9 auswendig und fahre mit deiner täglichen Stillen Zeit mit Gott und dem Lesen eines biblischen Buches fort.

_____

_____

_____

_____

_____

_____

EINHEIT 6
Leiter werden (Teil 2)

Denk zurück an eine Erfahrung als Leiter, bei der du dich gefühlt hast, als würde niemand dir folgen. Ganz offensichtlich soll Leiten nicht so sein. Wenn du leitest, sollten die Leute folgen. Wenn wir die beiden Prinzipien anwenden, die wir im letzten Kapitel besprochen haben, werden uns die Jugendlichen folgen, weil unser Lebensstil für sie nachahmenswert wird. Wenn wir Freundschaften mit Jugendlichen entwickeln, werden sie hören wollen, was wir zu sagen haben, weil unser Lebensstil unser Zeugnis unterstützt. Die ersten beiden Prinzipien des Leitens – »Ich tue es« und »Ich tue es, und meine Jugendlichen sind bei mir« – helfen jungen Menschen durch unser persönliches Beispiel und unseren Leitungsdienst dabei, eine wachsende Beziehung mit Jesus Christus zu haben. Die beiden folgenden Prinzipien des Leitens richten das Augenmerk auf die Jugendlichen, die selbst Vorbilder und Diener werden sollen.

Jemand hat einmal gesagt: »Du kannst einen Fisch fangen und einen Menschen damit einen Tag lang ernähren, oder du kannst einen Menschen das Fischen lehren und ihn sein Leben lang ernähren.« Jesus hat das Letztere mit seinen Jüngern getan. Er hat das ganz klar in seinen nächsten beiden Prinzipien des Leitens demonstriert: »Meine Jugendlichen tun es und ich bin bei ihnen«, und »Meine Jugendlichen tun es, und ich bin im Hintergrund und ermutige sie.«

Meine Jugendlichen tun es, und ich bin bei ihnen

Nachdem Jesu Jünger zugesehen hatten, wie er missioniert hat, wurde es Zeit für sie, selbst zu missionieren. Er schickte zunächst 72 Jünger jeweils zu zweit aus, »*wie Lämmer mitten unter Wölfe*«, damit sie ihm vorausgingen und von seiner Ankunft erzählten (Lukas 10,1-3). Sie waren »da draußen«. Aber Jesus war nie weit weg. Sie konnten selbst Erfahrungen mit den Dingen machen, die er sie gelehrt hatte. Er wollte, dass die Wahrheiten und Fähigkeiten, die er sie gelehrt hatte, in ihre Herzen fest verankert würden, indem sie diese Wahrheiten und Fähigkeiten anwandten. Sie durchliefen ein Praktikum.

Was hatte er sie gelehrt? Was war »es« in jeder dieser vier Phasen im Dienst Jesu? Wir wollen die folgenden Verse betrachten, um zu verstehen, was Jesus sie lehrte.

Jesaja 61,1-3. Der Messias wird kommen, um drei Dienste zu tun: 1) die Gute Nachricht zu verkünden; 2) die gebrochenen Herzen zu verbinden und 3) die Gefangenen zu befreien.

In Lukas 4,18-19 kommt Jesus als Messias, um die Prophezeiung aus Jesaja 61,1-3 zu erfüllen. Er kam, um 1) die Gute Nachricht zu verkünden; 2) die gebrochenen Herzen zu verbinden und 3) die Gefangenen zu befreien. Wenn wir Seite um Seite der Evangelien durchblättern, sehen wir, dass Jesus genau das getan hat. Seine Jünger sind bei ihm und sehen jeden seiner Schritte. Jeden Tag hören sie, wie die Gute Nachricht gepredigt wird; sie sehen, wie Blinde sehend werden und Lahme gehen können, wie von Dämonen Besessene befreit werden.

Betrachten wir nun Markus 6,12-13. Wer macht »es« jetzt? Nicht Jesus, sondern seine Jünger. Sie 1) predigen, dass die Menschen umkehren sollten; 2) salben Kranke mit Öl und heilen sie und 3) treiben viele Dämonen aus (nicht nur einen). Sie taten »es« – den Dienst Jesu.

Was als Nächstes kommt, ist revolutionär! In Johannes 14,12 sagt Jesus: *»Wer an mich glaubt, der wird auch die Werke tun, die ich tue, und wird größere als diese tun, weil ich zum Vater gehe.«* Wer darf Jesu Werke tun? Jeder! Auch du und ich? Worauf du dich verlassen kannst. Leider wird uns in vielen Gemeinde diese Gelegenheit genommen. Aber das Versprechen gilt für dich und mich! Wenn wir nämlich die Werke Jesu nicht tun, werden wir die Generation der Jugendlichen nie erreichen, die die Gute Botschaft nicht kennen, zerbrochene Herzen haben und Heilung brauchen, die abhängig von Alkohol, Drogen und Sex sind. Ohne die Werke Jesu haben sie keine Hoffnung! Wir müssen »es« tun!

Meine Jugendlichen tun es, und ich bin im Hintergrund und ermutige sie

In den drei Jahren, die sie bei ihm waren, erlebten Jesu Jünger die Wunder, die Jesus vollbrachte. Dann sahen sie sich selbst mit Jesu Vollmacht diese Wunder vollbringen. Aber sie waren auch konfrontiert mit der Enttäuschung des Kreuzes.

Die Jünger lernten mit Jesus ein übernatürliches Leben kennen, aber ein letzter Schritt musste unternommen werden, bevor Jesu Dienst in ihrem Leben vollkommen war. Als Jesus nach der Auferstehung in den Himmel auffuhr, versprach er seinen Jüngern, dass sein Geist kommen würde, um sie zu bevollmächtigen und zu ermutigen (Lukas 24,48-49; Apostelgeschichte 1,8). Dann gab er ihnen den Auftrag, seinen Dienst auf Erden durch den Heiligen Geist weiterzuführen (Matthäus 28,18-20). Jesus zog sich in den Hintergrund zurück. Er erfüllte sie mit Kraft und gab ihnen dann den Auftrag zum Dienst. Von da an fand der Dienst durch seine Jünger statt, die vom Geist erfüllt waren. Und durch ihren Dienst ist die Welt nicht mehr die gleiche. Auch wir sollten so geist-erfüllte Leiter sein!

Dann werden wir kein größeres Glück empfinden, als Gott dabei zuzusehen, wie er uns dazu benutzt, Jugendliche zu dem Punkt zu bringen, wo sie Jesu Werke tun. Was für ein Privileg! Was für eine Herausforderung!

 **Action Point**

1. Verfolge Petrus' Wachstum als Leiter, indem du eine Bibel und eine Konkordanz verwendest. Beginne bei den Evangelien, als Christus ihn in die Nachfolge berief, bis zu Apostelgeschichte 2, wo 3.000 Menschen sich bekehrten, nachdem er gepredigt hatte. (Schlag in deiner Konkordanz die Stellen mit »Petrus« nach.) Schreib einen eigenen Bericht.

_____

_____

_____

_____

_____

2. Beantworte nach deinem Studium von Petrus' Leben die folgenden Fragen.

Was tat Petrus, bevor er Jesus traf und ihm nachfolgte?

_____

_____

Welche Fähigkeiten als Leiter und was für eine Ausbildung erhielt Petrus von Jesus?

_____

_____

Ab wann war Petrus innerlich motiviert, ein Leiter zu sein?

_____

_____

3. Denk über die vier Prinzipen von Jesu Leitungsstil nach. Dann schreib auf, was deiner Meinung nach eine genaue Beschreibung dessen ist, wie du leiten willst. Sei konkret.

_____

_____

_____

_____

4. Denk einen Moment über die Jugendlichen aus deiner Gruppe nach. Gibt es jemanden, mit dem du ganz besonders gerne eine tiefere Freundschaft entwickeln würdest? Wer? Bete jetzt dafür, dass Gott dir eine gute Gelegenheit gibt, das zu tun. Wenn Gott dir erlaubt, diese Person zu leiten, wie würdest du das tun? (Denk daran zurück, was du in den letzten beiden Einheiten gelernt hast.)

_____

_____

_____

_____

_____

5. Lerne Johannes 14,12 auswendig und fahre mit deiner täglichen Bibellese fort.

_____

_____

_____

_____

_____

EINHEIT 7
Jugendliche zur Reife führen (Teil 1)

Wie viele Menschen waren in deiner Jugendgruppe, als du selbst noch Schüler warst? Wie viel Prozent davon leben deiner Meinung nach immer noch mit Christus?

Deine Schätzung mag richtig sein oder nicht. Aber die Statistik einer der größten evangelikalen Konfessionsgemeinschaft zeigt, dass nur sechs Prozent aller Jugendlichen in Amerika, die während der Schulzeit eine Gemeinde besuchten, weiterhin dorthin gehen, wenn sie zum Studieren gehen oder arbeiten. Solche Statistiken zeigen, dass »in der Gemeinde aufwachsen« nicht unbedingt bedeutet, dass Jugendliche »in Jesus Christus aufwachsen«. Wir haben wohl etwas verpasst!

Die Jugendarbeit ist oft »kilometerlang und zentimetertief«. Sie dreht sich um das Programm, nicht um die Menschen. Sie setzen auf Aktivitäten, Events und Unterhaltung. Es muss doch noch mehr geben! Und so ist es auch! Es geht darum, Jünger zu machen. Jünger zu machen, ist einzigartig, denn dadurch werden Leben verändert.

Die Leben von Jugendlichen werden durch den Prozess, Jünger zu machen, verändert. Als Christen werden wir »dem Bilde seines Sohnes gleichförmig« (Römer 8,29). Mit anderen Worten, wir reifen, indem wir Christus ähnlich werden. Sowohl Jesus als auch Paulus verstanden, dass dies am besten in einer Jüngerschaftsbeziehung stattfindet.

Praktische Elemente der Jüngerschaft

Paulus hat den Wert der Jüngerschaft verstanden und wusste, dass es ein entscheidender Schritt für geistliches Wachstum ist. Er gab Timotheus ein paar praktische Hinweise, wie man andere zu Jüngern macht: »Du nun, mein Kind, sei stark in der Gnade, die in Christus Jesus ist; und was du von mir in Gegenwart vieler Zeugen gehört hast, das vertraue treuen Menschen an, die tüchtig sein werden, auch andere zu lehren!« (2. Timotheus 2,1-2). Lasst uns das, was Paulus sagte, genauer betrachten und die darin enthaltenen Elemente der Jüngerschaft benennen.

Element 1: Empfangen
(»Du nun, mein Kind, sie stark in der Gnade, die in Christus Jesus ist.«)
Die beste Atmosphäre zu schaffen, ist für jede Situation wesentlich. Zu Hause, in der Schule, in der Gemeinde oder wo auch immer. Die richtige Umgebung zu schaffen, ist ganz besonders wichtig, wenn man Jünger macht. Die Umgebung, die wir schaffen wollen, ist eine Umgebung der Gnade.

Warum lassen so viele Jugendliche, die in einer Gemeinde aufgewachsen sind und ihren Führerschein oder den Schulabschluss gemacht haben, ihren »Glauben« zurück? Dies geschieht, weil manche Gemeinden den Jugendlichen eingeredet haben: Nachfolge bedeutet, Regeln einzuhalten, religiös zu sein und zu einer Gemeinde zu gehören und nicht eine dynamische, vertraute Beziehung mit Jesus zu haben.

Wir haben die »Gnade« vergessen. Was ist das? »Gnade ist Gottes übernatürliche Fähigkeit in uns durch das Kreuz und die Auferstehung.« Gnade ist Gottes Geist, der in uns lebt und uns befähigt, ein Leben als Christ zu führen.

Die Gemeinde hat den jungen Menschen gesagt, was sie wissen, denken, tun, glauben und wie sie sich verhalten müssen. Die Betonung liegt auf der *äußeren Motivation*. Aber Gnade konzentriert sich auf die *innere Motivation*. Wie können wir den Heiligen Geist in unseren Jugendlichen ansprechen? Statt ihnen zu sagen, was sie tun müssen, können wir die Frage stellen: »Was glaubt ihr, möchte Gott euch sagen?« Diese einfache Frage hilft den Jugendlichen, ihre eigenen Entscheidungen zu treffen. Sie werden innere Überzeugungen entwickeln, die ihre eigenen sind. Gesetzlichkeit und Religiosität werden Jugendlichen nie erlauben, dieses Risiko einzugehen. Nur ein Umfeld der Gnade ermutigt sie, den Heiligen Geist in ihnen Überzeugungen aufbauen zu lassen, die aus ihrem Herzen kommen!

Element 2: Beziehungen
(*»was du von mir in Gegenwart vieler Zeugen gehört hast«*)
Lee gehörte zu meiner ersten Jüngerschaftsgruppe. Ich fing an, unsere Erfahrungen in der Gruppe neu zu bewerten, als ich hörte, dass er angefangen hatte, jüdischen Barmizwa-Unterricht zu nehmen, nachdem er meine Jüngerschaftsklasse beendet hatte. Sein Verhalten zeigte mir, dass der Sinn unserer Jüngerschaftsgruppe nicht zu ihm durchgedrungen war. Ich wusste, dass unser Material gut war, aber wir hatten es im Klassenraumstil durchgenommen. Wir hatten uns keine Zeit gelassen, Beziehungen aufzubauen.

Ich traf mich mit Lee, um herauszufinden, was schiefgelaufen war. Wir fingen an, uns regelmäßig zu treffen, und während der nächsten Monate arbeiteten wir uns durch einige der Probleme, die Lee in seiner Beziehung zu Gott hatte. Dann stießen wir auf den Kern des Problems: Er hatte Jesus Christus nie wirklich in sein Leben aufgenommen. Im Zusammenhang mit unserer Beziehung übergab er sein Leben Jesus Christus. Während der nächsten Jahre brauchte es noch mehr Zeit, Lee dabei zu helfen, zu einem fruchtbringenden Jünger heranzuwachsen. Heute ist Lee der Herausgeber der größten christlichen Zeitschrift Amerikas.

Durch diese Erfahrung lernte ich, dass man Jünger in einer Atmosphäre der Liebe und Akzeptanz heranbildet. Diese Atmosphäre kann sich nur durch eine nahe persönliche Beziehung entwickeln.

Element 3: Weitergeben
(»... *vertraue ... an*«)
Wenn wir auf die Bank gehen, um etwas aus unserem Bankschließfach zu holen, können wir das nicht allein tun. Zusätzlich zu unserem Schlüssel brauchen wir noch den Schlüssel des Bankangestellten, um das Fach zu öffnen. Das Wort »anvertrauen« drückt die Idee aus, dass man zwei Schlüssel nimmt und zusammen das Sicherheitsfach öffnet.

Wenn Paulus zu Timotheus sagt, er solle »anvertrauen«, meint er damit, dass man eine vertrauensvolle Beziehung aufbaut, in der der Reichtum Christi aus dem Fach herausgenommen wird und einem anderen Menschen übergeben wird. Bevor Timotheus Christus durch so eine Beziehung weitergeben konnte, musste er schon den Charakter Christi in seinem Leben angenommen haben – in seinen Einstellungen, Gedanken, Taten und Gewohnheiten.

Gläubige sind dazu aufgerufen, Spiegel zu sein, die »*verwandelt* (werden) *in dasselbe Bild von Herrlichkeit zu Herrlichkeit*« (2. Korinther 3,18). Die Aussage ist banal, aber wahr: »Christentum fängt man sich ein, man lernt es nicht.« Wenn wir als Leiter Christus an andere weitergeben sollen, muss unser Leben Christus für sie widerspiegeln.

Wenn Menschen uns in dem Prozess, Jünger zu machen, nachahmen,

- *lehren* wir sie, so dass sie Wissen erlangen;
- *bilden wir sie aus*, so dass sie Fähigkeiten erlernen;
- *bauen wir sie auf*, so dass ihr Charakter stärker wird;
- *senden wir sie aus*, so dass sie Christi Mission ausführen.

Element 4: Realität
(»in Gegenwart vieler Zeugen«)
Dieser Ausdruck bedeutet »mitten in Situationen des wahren Lebens«. Es hat sich wieder und wieder bestätigt, dass die Leute am besten auf Leiter ansprechen, die wahrhaftig sind. Ich persönlich stelle manchmal fest, dass ich es mir mit den Leuten durch meine Offenheit verderbe. Aber ich habe herausgefunden, dass es darauf ankommt, wie ich darauf reagiere, und nicht auf die Tatsache, dass ich es mir verderbe. Wahrhaftig zu sein, bringt die Leute näher zusammen.

Sei davon ermutigt, was Paulus darüber sagt, authentisch zu sein: »*Und ich war bei euch in Schwachheit und mit Furcht und in vielem Zittern; und meine Rede und meine Predigt bestand nicht in überredenden Worten der Weisheit, sondern in Erweisung des Geistes und der Kraft, damit euer Glaube nicht auf Menschenweisheit, sondern auf Gottes Kraft beruhe*« (1. Korinther 2,3-5).

Die Jugendlichen werden daran, wie wir mit täglichen Situationen umgehen, sehen, dass Christus in uns lebt - sowohl durch unsere Stärken als auch durch unsere Schwächen.

Element 5: Gewinnen
(»... treue Menschen«)
Wen machst du zu Jüngern? Ich habe mal mit einem jungen Mann gearbeitet, der Schülersprecher war, ein großer Fußballstar, der mit einer Cheerleaderin ausging. Von außen betrachtet war er ein guter Kandidat für jemanden, den man bekehren konnte. Er hatte den Wunsch geäußert mitzuarbeiten, aber ich schob es immer wieder auf, weil ich fühlte, dass er tief drinnen keinen Hunger nach Gott hatte. Nach dem Abschluss verlor er das Prestige, das der Fußball und die Aufgabe als Schülersprecher ihm gegeben hatte. Seine Freundin ließ ihn sitzen. Er war erniedrigt und begann, an erster Stelle nach Gott zu verlangen. Das war der Moment, wo er bereit war für die Jüngerschaft.

Wenn es darum geht, Jünger zu sein, ist es wichtiger, wie ein Jugendlicher von innen ist, als von außen. Potenzielle Jünger müssen T-V-L sein:
- Treu – sich danach sehnen, wonach Gott sich sehnt
- Verfügbar – sich Zeit nehmen zu wachsen
- Lernwillig – begierig zu lernen

Paulus bildete solche Jugendlichen in der Gemeinde von Thessalonich aus:
»Wir danken Gott allezeit für euch alle, indem wir euch erwähnen in unseren Gebeten und unablässig vor unserem Gott und Vater an euer Werk des Glaubens gedenken und die Bemühung der Liebe und das Ausharren in der Hoffnung auf unsern Herrn Jesus Christus« (1. Thessalonicher 1,2-3).

Element 6: Wachstum
(»...die tüchtig sein werden, auch andere zu lehren!«)
Paulus hatte eine Vision für die Jüngerschaft, die nicht nur Timotheus einschloss und die Männer, die er persönlich zu Jüngern machte, sondern auch die zukünftigen Generationen, die folgen würden. In 2. Timotheus 2,2 beschreibt Paulus vier Ebenen der Jüngerschaft:
• Ebene 1 – Paulus
• Ebene 2 – Timotheus
• Ebene 3 – treue Menschen
• Ebene 4 – andere

Wir brauchen die gleiche Vision für Wachstum, wenn wir Jünger machen wollen.

Ich traf Bill, als er im College war, und begann, ihn zum Jünger zu machen. Während dieser Zeit freundete Bill sich mit einem jungen Mann namens John an. Durch ihre Freundschaft wurde John Christ und war Jüngerschaftspartner von Bill, als sie beide mit einem Austauschprogramm in der Sowjetunion waren, bevor der Kommunismus zusammenbrach.

Eines Sonntags waren beide in einer Baptistenkirche in Moskau, und nach dem Gottesdienst sprach sie ein junger Russe an. Er hatte gehört, dass sie Amerikaner waren, und weil er Englisch sprach, wollte er sich mit ihnen unterhalten. Als sie sich unterhielten, entdeckten sie, dass der junge Russe zu der Gemeinde gekommen war, weil er den Sinn und Zweck des Lebens suchte.

Bill und John nahmen ihn mit auf ihr Zimmer. John verbrachte den Rest des Tages damit, dem jungen Mann von Christus zu erzählen, aber er war noch nicht bereit, sich dafür zu entscheiden, Christus anzunehmen. Aber später schrieb er John einen Brief und erzählte ihm, dass er Christ geworden war. Durch ein Wunder erhielt er ein Ausreisevisum und kam in die USA, um eine Bibelschule zu besuchen und eine Ausbildung in Kommunikationstechnik zu machen. Er begann ein Radioprogramm, in dem 10 bis 15 Millionen Russen jeden Tag das Evangelium verkündet wurde.

Jüngerschaft mündet häufig in geistliche Vermehrung, die weit über unsere Erwartungen und Vorstellungen hinausgeht. Geistliche Vermehrung geschieht wenn:

Ein im Glauben reifender Gläubiger

Seinen Glauben an andere im Glauben reifende Gläubige weitergibt

So dass sie fähig sind, ihren Glauben weiterzugeben

An andere Gläubige, die im Glauben reifen.

Dieses Wachstum ist Zeichen einer gesunden Jüngerschaft.

Die Kosten an Zeit, Energie und Hingabe sind hoch, wenn man Jugendlichen dabei helfen will, in Christus zu reifen. Der Prozess, Jünger zu machen, ist viel intensiver als ein Jugendprogramm, aber das Ergebnis ist ein verändertes Leben. Nur wenige sind bereit, den Preis dafür zu bezahlen, Jünger zu machen; aber diejenigen, die diesen Preis bezahlen, werden dabei helfen, die Welt zu verändern. Wirst du einer von ihnen sein?

 **Action Point**

1. Während wir anfangen, über Jüngerschaft im Sinne von einer »Lebensveränderung« nachzudenken und nicht nur als »Wissenserwerb«, nimm dir ein paar Minuten Zeit, um über die ersten beiden Kapitel von 1. Thessalonicher nachzudenken. Beschreibe die Prinzipien, die Paulus veranlasst haben, ein »Lebensveränderer« zu werden.

_____

_____

_____

2. Was sind die Probleme und die Chancen, denen du dich stellen musst, wenn du eine enge Beziehung mit Jugendlichen aufbauen willst?

_____

_____

3. Erinnere dich daran, als du vor Kurzem vor den Jugendlichen deiner Gemeinde »aus der Haut gefahren« bist. Was ist passiert? Wie hast du dich gefühlt?

_____

_____

4. Jetzt lies 2. Korinther 12,9. Muss du dich immer so fühlen, als wärest du ein »Super«-Christ? Wie kann Gott die Zeiten der Schwachheit nutzen, um in deinem Leben Charakter zu formen, und in den Leben der Jugendlichen, mit denen du arbeitest?

_____

_____

5. Was sind die »Reichtümer Christi« in deinem Bankschließfach, die du gerne deinen Jüngern weitergeben möchtest?

_____

_____

6. Nenne ein paar T-V-L Jugendliche (treu, verfügbar, lernwillig) aus deiner Jugendgruppe. Welche würdest du gerne zu Jüngern machen?

_____

7. Willst du wirklich jemand sein, der Jünger macht? Warum oder Warum nicht?

_____

8. Lerne 2. Timotheus 2,2 auswendig. Fahre mit deiner täglichen Stillen Zeit mit Gott fort und lies weiter in einem biblischen Buch.

EINHEIT 8
Jugendliche zur Reife führen (Teil 2)

Denk an die Menschen, die dich beeinflusst haben, als du aufgewachsen bist. Dann greife die Person heraus, die am meisten Einfluss auf dich hatte. Warum, glaubst du, hat er oder sie so einen Eindruck auf dich gemacht?

Als Leiter können wir heute bedeutenden Einfluss auf Jugendliche ausüben. Jesus sagt uns, wie wir einen tiefen und bleibenden Eindruck in dem Leben von anderen hinterlassen können. Nimm dir ein paar Minuten Zeit, um Matthäus 28,18-20 zu lesen. Unterstreiche »macht zu Jüngern«, denn das sind die Schlüsselwörter in diesem Abschnitt.

Das letzte Kapitel beschrieb sechs Elemente, die der Schwerpunkt unseres Dienstes sind, wenn wir andere zu Jüngern machen. Diese Einheit betrachtet den Prozess, den die Jugendlichen durchlaufen, wenn wir sie zur Reife in Christus führen.

Die Vollmacht, Jünger zu machen

Die Voraussetzung, um Jünger zu machen, ist Vollmacht. Jesus sagt: *»Mir ist alle Macht gegeben im Himmel und auf Erden«* (Matthäus 28,18). Da er diese Vollmacht hat, hat Jesus das absolute Recht, sie anzuwenden. Jünger zu machen, zeichnet sich dadurch aus, dass Leben verändert wird, denn Gottes übernatürliche Kraft arbeitet im Leben der Menschen. Bevor wir wirklich andere zu Jüngern machen können, müssen wir die Vollmacht haben, die auf Christi übernatürlicher Macht gegründet ist.

Jesus war nicht der Einzige, der Gottes Vollmacht hatte. Er sagte zu seinen Jüngern: *»Ich habe euch die Macht gegeben«* (Lukas 10,19). Die Vollmacht eines Richters kommt daher, dass ihm eine höhere Autorität diese Vollmacht gegeben hat. Das gleiche Prinzip gilt für Gläubige. Wir haben die Vollmacht von Christus erhalten, weil er in uns wohnt.

Weil wir die Vollmacht Christi haben, stehen uns auch alle Mittel des Himmels und der Erde zur Verfügung. Wie kommt es dann, dass manche Christen nicht mehr Vollmacht in ihrem Leben haben? Das Problem kommt von einem Mangel an geistlicher Reife. Gott möchte nicht, dass wir Vollmacht haben, mit der wir nicht umgehen können. Stell dir das so vor wie die Beziehung eines Vaters zu seinem Teenager-Sohn – was zum Beispiel Autofahren angeht. Der Sohn möchte mehr Selbständigkeit haben, aber manchmal hat er nicht die Reife, um angemessen mit den Freiheiten umzugehen. Also gewährt ihm der Vater nur nach und nach Privilegien. Ähnlich ist Jesu Vollmacht im direkten Verhältnis zu unserem Level an Reife auf uns verteilt.

Wenn Gläubige reifen, fließt mehr und mehr von Jesu Vollmacht durch sie auf andere.

Der Prozess, des Jüngermachens

Als Jugendleiter haben wir von Jesus die Vollmacht, »hinzugehen und zu Jüngern zu machen«. Wir können, indem wir Jünger machen, auf das Leben von anderen einen Einfluss ausüben, so dass sie zur Reife wachsen. In dieser Einheit werden wir vier Stufen ansehen, die zu erklimmen jeder Jugendleiter seinen Jugendlichen helfen muss. Jede Stufe baut auf der (den) vorhergehenden auf.

Stufe 1: Evangelisiere –
Jesus sagte: »*Geht und macht zu Jüngern.*«
In seiner Aufforderung steckt die Tatsache, dass ein Jugendlicher, bevor er als Jünger wachsen kann, selbst erst ein Jünger werden muss. Wenn wir also Menschen zu Jüngern machen wollen, müssen wir zuerst wissen, wie wir anderen dabei helfen können, Christus kennenzulernen. Als Leiter können wir dem Beispiel der ersten Gemeinde folgen. Michael Green, ein bekannter Autor und Evangelist aus Oxford, sagt, dass die erste Gemeinde »das Evangelium weiterschwatzte«. Jesus war das Thema der Unterhaltung, weil die Gläubigen der ersten Gemeinde überzeugt waren, dass alle Jesus kennenlernen mussten.

Jesus ist das Vorbild für Evangelisation. Er »*zog umher durch alle Städte und Dörfer und lehrte in ihren Synagogen und predigte das Evangelium des Reiches und heilte jede Krankheit und jedes Gebrechen. Als er aber die Volksmengen sah, wurde er innerlich bewegt über sie, weil sie erschöpft und verschmachtet waren wie Schafe, die keinen Hirten haben. Dann spricht er zu seinen Jüngern: Die Ernte zwar ist groß, die Arbeiter aber sind wenige. Bittet nun den Herrn der Ernte, dass er Arbeiter aussende in seine Ernte*« (Matthäus 9,35-38).

Unseren Glauben anderen weiterzusagen, muss ein Teil unseres täglichen Lebensstils sein. Wenn es so ist, sind wir auf dem besten Weg, jemand zu sein, der Jünger macht. Wenn nicht, dann sollten wir Gott bitten, uns den Wunsch zu geben, ihn anderen bekanntzumachen. Bitte jemanden, dir zu zeigen, wie man Christus vor anderen bezeugt.

Stufe 2: Festigen –
Jesus sagte »*Macht zu Jüngern ... tauft ...*«
Der Grund, warum Jesus »zu Jüngern machen« mit »taufen« in Verbindung brachte, ist der, dass der Gläubige sich in der Taufe mit Jesus identifiziert. Es war sein Wunsch, dass die Menschen sich sofort mit ihm identifizieren. Jesus wusste, dass ein Jünger »Flagge zeigen« muss, was seine Beziehung mit ihm angeht, damit er sich in seinem Glauben ganz festlegt. Taufe ist das äußere Zeichen der inneren Realität für einen Jünger.

Nach Taufe kommt Wachstum. Kleine Kinder nehmen die Gewohnheiten und Einstellungen ihrer Eltern an, die für ihre Familie typisch sind. Auf die gleiche Weise brauchen Gottes Kinder Nahrung, damit sie die Einstellungen und Gewohnheiten Christi widerspiegeln (siehe 1. Thessalonicher 2,7.11-12).

Dieser Wachstumsprozess wurde in Apostelgeschichte 2 wunderbar ausgeführt, als neue Gläubige sich durch die Taufe mit Christus identifizierten. Sie waren durch die Hingabe an die Lehre der Apostel von einer Atmosphäre der Gemeinschaft umgeben, indem sie das Brot brachen (aßen) und beteten, wenn sie täglich zusammenkamen. Jünger, die in diesen Grundprinzipien des Glaubens gegründet sind, werden viel besser wachsen.

Stufe 3: Ausrüsten –
Jesus sagte: »*... macht ... zu Jüngern ... und lehrt sie*«
Jesus wollte, dass seine Nachfolger über die einfachen Grundsätze ihres Glaubens hinauskommen. Ein Teil dieser Entwicklung ist die Vorbereitung *»zur Ausrüstung der Heiligen für das Werk des Dienstes, für die Erbauung des Leibes Christi«* (Epheser 4,12). Wenn wir neue Gläubige fest in ihrem Glauben gegründet haben, ist der nächste Schritt, sie auszurüsten und ihnen dabei zu helfen, andere auszurüsten.

Die Jünger wurden in der gleichen Weise dazu ausgerüstet, anderen zu helfen, wie ein ungelernter Tischler ein ausgebildeter Tischlermeister wird – durch die Lehre. Jesu Jünger haben das Beispiel beobachtet, das er ihnen gab; sie hörten seine Lehren und dann gehorchten sie seinen Befehlen. Sie empfingen auch den Geist. Sie wurden ausgerüstet und wurden zu Ausrüstern.

Die erste Gemeinde hat die Wichtigkeit des Ausrüstens auch verstanden. Sie wählten »*sieben Männer ... von gutem Zeugnis, voll Geist und Weisheit*« (Apostelgeschichte 6,3). Diese Männer waren absolut dazu ausgerüstet, anderen zum Wachstum zu helfen. Eines der Hauptmerkmale eines gesunden Jüngers ist, dass er anderen dient. Wir zeigen einem Jugendlichen am besten, wie er anderen dienen kann, wenn er sieht, wie wir Jesus dienen (Siehe Schritte 17-18).

Stufe 4: Erweitern –
Jesus sagte: »*... macht alle Nationen zu Jüngern.*«
Dies war für Jesus das ultimative Ziel seines Dienstes auf Erden. Er wusste, dass er sein Werk ganz in den Händen seiner Jünger lassen musste. Er wusste, dass seine Jünger, um hinzugehen und alle Nationen zu Jüngern machen zu können, lernen mussten, ihren Dienstradius zu erweitern. Es ist ganz offensichtlich, dass die Jünger gut von Jesus gelernt hatten, denn in Apostelgeschichte 1-5 kamen neue Glieder zur Gemeinde hinzu. Und von diesem Punkt an vermehrte sich die Gemeinde. Sie wuchs sprunghaft an.

Wenn jemand diesen erweiterten Dienstradius bekommt, ändert sich die Beziehung zwischen dem Jünger und dem Lehrer. Ein Jugendlicher hat es so beschrieben: »Als wir anfingen, hatten wir eine ›Vater-Sohn‹-Beziehung. Der

Leiter hat motiviert, gelehrt und geleitet. Mit der Zeit begann er, mir Verantwortung für den Dienst an anderen zu geben. Während dieser Zeit wurde es mehr eine Beziehung von ›Partnern‹. Ich weiß noch, dass wir oft gesagt haben, dass die Verantwortung von dem, der zu Jüngern macht, darin besteht, den Job loszuwerden.«

Wenn wir zu einer »Partner«-Beziehung mit unseren Jugendlichen-Jüngern gelangen, haben wir unseren Dienst von einem auf viele ausgeweitet. An diesem Punkt sind wir auf dem Weg, den großen Missionsbefehl zu erfüllen.

Wenn wir anderen dabei helfen, durch den Prozess des Jüngermachens, in ihrer Reife zu wachsen, werden wir den ultimativen Dienst an Jugendlichen erleben. Wir werden mit dem Apostel Paulus sagen können: »*Denn wer ist unsere Hoffnung oder Freude oder Ruhmeskranz – nicht auch ihr? – vor unserem Herrn Jesus bei seiner Ankunft? Denn ihr seid unsere Herrlichkeit und Freude*« (1. Thessalonicher 2,19-20).

 **Action Point**

1. Geh *Stufe 1 – Evangelisieren* noch einmal durch. Schreibe neben jede der folgenden Eigenschaften aus Jesu Leben in Matthäus 9,35-38, was das deiner Meinung nach mit dir und deiner Arbeit mit den Jugendlichen zu tun hat:

Er hatte mit anderen zu tun.

_____

Er war ein persönlicher Zeuge.

_____

Er hatte Mitleid.

_____

Er rief nach Arbeitern.

_____

Er forderte uns zum Beten auf.

_____

2. Lies Apostelgeschichte 2,41-47. Wodurch fingen die Neubekehrten der ersten Gemeinde an zu wachsen? Ordne dem folgenden Schaubild die passenden Verse zu:

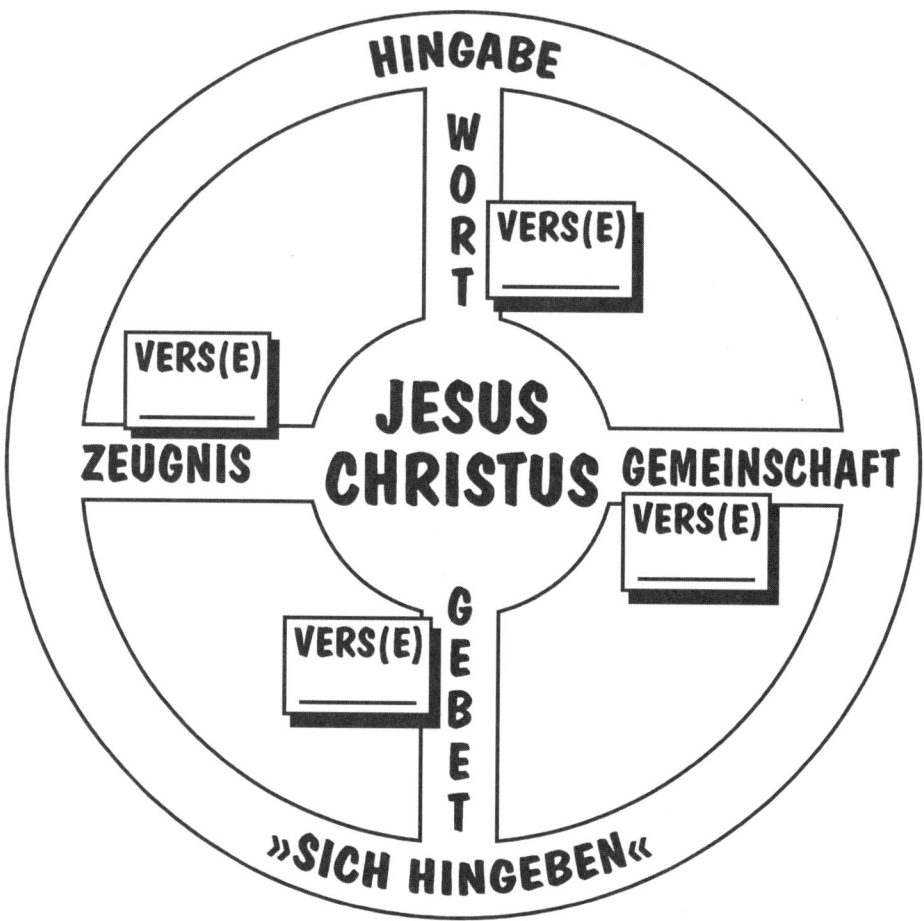

3. Lies 1. Thessalonicher 1,4-10 und sieh dir die folgende Liste an. Beschreibe, wie Paulus die Gläubigen in ihrem Glauben festigte. Nenne eine praktische Anwendung, wie du jedes dieser Prinzipien anwenden kannst, wenn du Jugendliche zu Jüngern machst.

(1) Er sagte ihnen warum (V. _____) _____

_____

• Wie Paulus sie festigte _____

_____

• Wie würdest du dieses Prinzip anwenden _____

_____

(2) Er zeigte ihnen wie (V. _____) _____

_____

• Wie Paulus sie festigte _____

_____

• Wie würdest du dieses Prinzip anwenden _____

_____

(3) Er half ihnen anzufangen (V. _____) _____

_____

• Wie Paulus sie festigte _____

_____

• Wie würdest du dieses Prinzip anwenden _____

_____

(4) Er half ihnen weiterzumachen (V. _____) _____

_____

• Wie Paulus sie festigte _____

_____

• Wie würdest du dieses Prinzip anwenden _____

_____

(5) Er lehrte sie geistiges Wachstum (V. _____) _____

_____

• Wie Paulus sie festigte _____

_____

• Wie würdest du dieses Prinzip anwenden _____

_____

4. Lies 1. Thessalonicher 2,4-12. Nenne fünf Grundvoraussetzungen dafür, wie man ein »Ausrüster« wird. Erkläre dazu jeweils, warum du denkst, dass sie dafür notwendig ist.

Voraussetzung	Wichtigkeit der Voraussetzung
(1)	
(2)	
(3)	
(4)	
(5)	

5. Welchen Effekt könnte dieser Prozess der Jüngerschaft (Evangelisieren, Festigen, Ausrüsten und Erweitern) auf deine Jugendgruppe haben?

_____

_____

_____

6. Auf welche Weise fördert deine Gemeinde bereits den Prozess der Jüngerschaft? In welchen Punkten fördert sie ihn nicht?

_____

_____

_____

7. Lerne Matthäus 28,18-20 auswendig. Verbringe weiterhin Zeit mit Gott und mit dem Lesen eines biblischen Buches.

EINHEIT 9
Die Jugendkultur verstehen (Teil 1)

Denk zurück an deine Jugend- und junge Erwachsenenzeit. Stelle in Gedanken eine Liste der Dinge auf, die damals beliebt waren. Welche Klamotten waren angesagt? Was für ein Auto fuhr man? Welche Musik wurde gehört? Was hast du an einem Freitagabend gemacht? Was für Parties gab es? Worin bestand ein »heißes Date«? Was hat sich seit deiner Schulzeit verändert? Was hat sich nicht verändert?

Mal ehrlich. Du hast dich verändert! Aber du bist nicht der einzige. Stell dich vor eine weiterführende Schule oder eine Berufsschule und du wirst feststellen, dass sich die Jugendkultur genauso verändert hat wie du. Andere Frisuren. Andere Klamotten. Andere Autos. Andere Werte.

Aber die Grundbedürfnisse der Jugendlichen bleiben gleich. Was sind einige ihrer Bedürfnisse? Wie können wir beginnen, auf sie einzugehen?

Die Bedürfnisse von Jugendlichen

Jugendliche brauchen Helden. Klingt das irgendwie ungeistlich? Oder kindisch? Das ist es nicht. Während der Jugend entwickeln Jugendliche ihr eigenes, persönliches Wertesystem und ihren Lebensstil. Sie sehen sich um und entdecken Menschen, die sie als erfolgreich, attraktiv und voller Leben erachten. Junge Leute möchten ihr Leben nach diesen »Helden« ausrichten.

Jugendliche brauchen Liebe. Auf einer tieferen Ebene brauchen sie Vorbilder für liebevolle Beziehungen. Nach einer Statistik verbringt die Durchschnittsfamilie weniger als 38 Minuten pro Woche in einem gehaltvollen Gespräch. So ein Mangel an Kommunikation suggeriert den Jugendlichen, dass sie nicht wichtig sind. Viele Jugendliche wohnen bei nur einem Elternteil und haben mit dem anderen keine volle und bereichernde Beziehung. Und viele Jugendliche aus Familien mit zwei Elternteilen erleben kaum eine liebevolle Beziehung zwischen Vater und Mutter. Das Ergebnis ist, dass viele Jugendliche keine Ahnung haben, was echte Liebe ist.

Jugendliche brauchen Hoffnung. Viele Jugendliche erkennen heutzutage die Wahrheit aus Sprüche 13,12: »*Hingezogene Hoffnung macht das Herz krank.*« Viele Schulen sind voll von jungen Menschen, die das Gefühl haben, von ihrer Familie, ihren Freunden oder dem Leben selber im Stich gelassen worden zu sein. Einige versuchen, diesem Gefühl durch Drogen, Sex oder Selbstmord zu entkommen. Nur Jesus Christus kann ihnen eine Hoffnung geben, die »*nicht zuschanden werden*« lässt (Römer 5,5).

Jugendliche brauchen einen Sinn. Sie suchen nach Antworten auf die bohrenden Fragen wie »Wer bin ich?«, »Warum bin ich hier?« und »Wo gehe ich hin?« Die Antworten sind nicht einfach. Jugendliche müssen hören, dass sie eine bessere Wahl haben, als nur »auszukommen«. Sie müssen erfahren, dass in Jesus Christus ein bleibender Sinn zu finden ist. Nur wenn sie Christus und »die Kraft seiner Auferstehung« (Philipper 3,10) kennenlernen, werden sie verstehen, dass sie für einen bestimmten Zweck geschaffen wurden.

Als Jesus ähnliche Bedürfnisse bei den Menschen seiner Zeit sah, antwortete er: »Die Ernte zwar ist groß, die Arbeiter aber sind wenige. Bittet nun den Herrn der Ernte, dass er Arbeiter aussende in seine Ernte!« (Matthäus 9,37-38). Jesu Ausführung ist nie so zutreffend gewesen wie heute, was die Kultur der Jugendlichen betrifft. Jugendliche sind offener denn je für Veränderungen. In dieser Einheit wollen wir eine aufregende Möglichkeit betrachten, wie er »Arbeiter aussenden« will, in das reife Feld der heutigen Jugendlichen.

Starke Beziehungen aufbauen

Um die Jugendkultur zu verstehen, müssen wir Erwachsene mit Jugendlichen zusammenbringen. Beziehungen aufbauen ist der Schlüssel. Innerhalb einer Beziehung können wir den Jugendlichen ein erfülltes Leben in Jesus Christus zeigen. Um starke Beziehungen aufzubauen müssen wir dahin gehen, wo sie sind.

Was sind die Eigenschaften eines Menschen, der Beziehungen zu Jugendlichen aufbaut, indem er ihnen dort begegnet, wo sie sind?

- *Der Wunsch, bei jungen Menschen zu sein* (Lukas 15,1-2; Johannes 1,14). Wenn wir Jugendliche erreichen möchten, müssen wir uns aus dem sicheren, bequemen Umfeld der Erwachsenen herausbegeben in die Welt der Schulen oder Universitäten und/oder der örtlichen Treffpunkte. Nach dem Besuch in einer örtlichen Schule sagte einmal jemand: »Der Gedanke, ihr Territorium zu betreten, war ein wenig überwältigend. Wenn man bedenkt, wie viele Jugendliche es gibt, ist das etwas beängstigend. Wenn du anfängst, dich zu fragen, ob sie dich akzeptieren oder ablehnen, wird es noch beängstigender. Aber als ich dort ankam, wurde mir klar, welchen Einfluss wir auf das Leben der Jugendlichen haben könnten. Ich war erstaunt, wie viele neue Beziehungen wir allein dadurch aufbauen konnten, dass wir die Schule besucht hatten.«

- *Der Wunsch, sich mit den jungen Leuten anzufreunden.* (1. Thessalonicher 2,8). Zeit mit den Jugendlichen zu verbringen, ist der Schlüssel zum Aufbauen von Freundschaften. Jugendliche buchstabieren Liebe so: Z-E-I-T. Wenn wir ihnen zeigen, dass sie uns als Individuen ein Anliegen sind, und versuchen herauszufinden, was ihre Interessen und Bedürfnisse sind, wird sich unsere Freundschaft mit den Jugendlichen vertiefen. Ein Jugendleiter sagte einmal: »Wenn wir die Jugendkultur verstehen, macht uns das bei den Jugendlichen, die nicht in unserer Gemeinde sind, glaubwürdig. Wenn wir uns Zeit für sie nehmen, bekommen die Jugendlichen das Gefühl, dass sie uns wichtig sind. Sie haben Recht. Sie sind wichtig.«

- *Der Wunsch zu erleben, dass junge Menschen Jesus kennenlernen* (Matthäus 4,19). Verfügbarkeit und Sensibilität für die Bedürfnisse von jungen Menschen ermöglichen es irgendwann, offen, mutig und liebevoll von Christus zu erzählen. Wie ein Leiter einmal sagte: »Nichts ist so aufregend, wie sich mit einem Jugendlichen allein hinzusetzen und ihm von Jesus zu erzählen und ihm dann dabei zu helfen, Jesus in sein Leben zu bitten.«

- *Der Wunsch, Jugendliche so zu lieben, wie sie sind* (Lukas 5,12-16). Heutzutage haben Jugendliche ein enormes Bedürfnis nach Liebe. Versuche, dich von ihren Taten nicht einschüchtern zu lassen, dich nicht über ihre Rebellion zu ärgern oder von ihrer Teilnahmslosigkeit frustrieren zu lassen. Durch ihr Verhalten schreien Jugendliche förmlich nach echten Beziehungen. In den Dienst an Jugendlichen eingebunden zu sein, wird dir die Möglichkeit geben, deine eigenen Gefühle für Jugendliche neu zu ordnen, sie wirklich zu lieben. Ein Jugendmitarbeiter fasste es so zusammen: »Jetzt, wo ich Teil der Mission unter Jugendlichen bin, empfinde ich ein großes Mitgefühl für die Jugendlichen. Was sie wirklich brauchen ist Liebe, Ermutigung und jemand, der eine Lösung für ihre Probleme hat.«

Nimm dir ein paar Minuten Zeit, über die Jugendlichen aus deiner Gruppe nachzudenken. Bete darum, dass Gott dir seine Liebe zu ihnen schenkt. Was sind einige der einzigartigen Talente und Gaben, die du hast, um mit den Jugendlichen eine Beziehung einzugehen? Bitte Gott, dir zu zeigen, wie du anfangen kannst, diese Gaben und Talente zu benutzen, um den Jugendlichen zu dienen.

 **Action Point**

1. Welche Charakteristika der Jugendkultur hast du in der letzten Zeit beobachtet?

_____

_____

_____

_____

_____

2. Lies Lukas 5,12-16. Welche Eigenschaften hatte Jesus, die ihn veranlasst haben, den Mann trotz seiner Krankheit anzufassen?

_____

_____

_____

_____

3. Was kannst du von Lukas 5,12-16 darüber lernen, einen Eindruck auf das Leben der Jugendlichen zu machen?

_____

_____

_____

_____

4. Welche Jugendlichen kannst du dadurch erreichen, dass du dorthin gehst, wo die Jugendlichen sind?

_____

_____

_____

_____

5. Empfindest du in dir den Wunsch, Beziehungen zu ungläubigen Jugendlichen aufzubauen? Warum? Warum nicht?

_____

_____

_____

_____

6. Lerne Matthäus 9,37-38 auswendig. Fahre fort mit deiner täglichen Stillen Zeit mit Gott und dem Lesen eines biblischen Buches.

 **EINHEIT 10**
Die Jugendkultur verstehen (Teil 2)

Der Apostel Johannes hat uns das perfekte Mittel gezeigt, wie man seine Furcht überwinden kann, in die Jugendkultur einzutauchen: vollkommene Liebe. *»Die vollkommene Liebe treibt die Furcht aus«* (1. Johannes 4,18). Johannes' Aussage hat zwei verschiedene Anwendungen. Erstens wird uns unsere Liebe zu Christus motivieren, alles zu tun, was nötig ist, um die Jugendlichen zu ihm zu bringen. Zweitens werden wir die Jugendlichen, wenn wir sie kennenlernen, so sehr lieben, dass wir uns bald bei ihnen wie zu Hause fühlen. Es folgen ein paar Tipps, die uns helfen, »in Stimmung« zu kommen, wenn wir anfangen, Beziehungen zu Jugendlichen in ihrem Revier aufzubauen.

- *Bete.* Weil Christus in uns lebt, können wir alles schaffen (Philipper 4,13)! Jesus ist derjenige, der uns hilft, die anfängliche Furcht davor, Kontakt mit ihnen aufzubauen, zu überwinden. Nimm sein Versprechen und seine Fürsorge in Anspruch, und bitte um Gottes Frieden darüber, neuen Jugendlichen zu begegnen (Philipper 4,6-7).

- *Denk offensiv.* Unsere erste Reaktion auf die Idee, zu den Jugendlichen zu gehen, mag sein: »Das ist nicht mein Ding!« Aber als Christen sind wir alle »Menschenfischer« (Matthäus 4,19). Ein Fischer wartet nicht darauf, dass ihm die Fische ins Boot springen. Er geht dahin, wo die Fische sind, und versucht aktiv, sie in sein Netz zu bekommen. Das ist ein Grund, warum wir dahin gehen müssen, wo die Jugendlichen sind. Furchtlose Jugendmitarbeiter werden gebraucht, die nach Jugendlichen »fischen«!

- *Lass dich auf sie ein.* Jesus hatte keine Angst vor Sündern. Er sprach mit ihnen, und er aß mit ihnen. Wenn wir uns auf die Jugendlichen einlassen, werden wir erstaunt sein, wie unsere Furcht verschwindet. Wir konzentrieren uns auf ihre Bedürfnisse statt auf unsere Angst.

- *Identifiziere dich mit den Jugendlichen.* Die größte Identifikation fand statt, als Jesus als Mensch auf die Erde kam, damit er uns Gott zeigen konnte (Johannes 1,14). Auf die gleiche Art müssen wir uns mit den Verletzungen, den Problemen, den Freuden und den Siegen identifizieren, welche die Jugendlichen erleben, damit wir ihnen Jesus zeigen können.

- *Reagiere mit Feingefühl.* Jesus hatte die phänomenale Fähigkeit, die Bedürfnisse von Einzelnen zu fühlen. Jugendliche brauchen das heilende Gefühl einer Umarmung, ein Schulterklopfen, eine Schulter, um sich daran auszuweinen, jemand, auf den sie sich verlassen können. Wir können diese Art Freund für sie sein.

- *Geh selbstbewusst.* Als Diener sah Paulus sich als Gottes Stellvertreter – ob die Leute ihn nun so sahen oder nicht (2. Korinther 5,20). Er wusste, wer er war und wo er hinging. Jugendliche verstehen vielleicht nicht immer, was wir tun, aber als Christi Botschafter werden wir wissen, dass Gott uns geschickt hat.

- *Kümmere dich um die Menschen.* Paulus verbrachte Zeit damit, sein Leben in andere Menschen zu investieren. Er liebte andere, wie eine Mutter ihr Baby liebt. Er sagte, dass er den Menschen nicht nur das Evangelium mitteilte, sondern sogar sein eigenes Leben (1. Thessalonicher 1,2.7- 8). Wenn wir mit Jugendlichen arbeiten, ist nichts wichtiger, als Beziehungen mit ihnen zu haben, in denen wir uns um sie kümmern.

Anfangen

Wenn wir erst einmal anfangen, diese Prinzipien bei Jugendlichen anzuwenden, werden wir feststellen, dass unsere Furcht schmilzt und sich in echte Liebe für Jugendliche verwandelt. Wie also können wir anfangen, in die Welt der Jugendlichen einzutauchen?

- *Schritt 1 – Hol dir Erlaubnis.*
  Wenn wir ganz vorne anfangen und in Schulen gehen wollen, müssen wir einen Termin mit dem Direktor der Schule machen, um zu erklären, wer wir sind und was wir tun möchten. Wir können damit anfangen, indem wir ihm sagen, dass uns die Jugendlichen am Herz liegen und wir ihnen helfen wollen. Biete ihm an, zu helfen, wo immer es geht. Wenn du ein Elternteil bist, ist die Tür schon offen. Falls nicht, dann öffnet dieser Ansatz die Tür. Forderungen zu stellen, kommt nicht gut an, nicht einmal für eine so ehrenhafte Sache wie eine Bibelgruppe oder einen Gebetskreis. Lass das lieber.
  Auch wenn die Schule für Leute von außerhalb geschlossen ist, funktioniert dieser Ansatz dennoch. Wenn wir nach kreativen Alternativen für Aktivitäten außerhalb der Schule suchen (Fußballtraining, örtliche Treffpunkte aufsuchen, Ballspiele, Chor, Theatergruppen etc. organisieren), ist es recht einfach, mit den Jugendlichen in Verbindung zu treten. Wir können immer einen Weg finden, den Jugendlichen dort zu begegnen, wo sie sind.

- *Schritt 2 – Wähle die beste Zeit.*
  Ordne deine Bemühungen in deinen täglichen und wöchentlichen Zeitplan ein. Ein paar Möglichkeiten:
  Vor dem Unterricht – biete den Jugendlichen eine Mitfahrgelegenheit an. Vielleicht wohnt in deinem Ort jemand, den du morgens auf dem Weg zur Arbeit an der Schule absetzen könntest.
  Während der Mittagspause – Verabrede dich mit einem Jugendlichen aus

deiner Gemeinde zu einem Imbiss. Dann kann er dich seinen Freunden vorstellen.

Abends – Besuche örtliche Jugendtreffs oder suche z.B. als Trainer im Sportverein den Kontakt zu Jugendlichen.

- *Schritt 3 – Rahm deine Beziehungen mit Gebeten ein.*
  Wir müssen immerzu beten. Konzentriere dich darauf, vor, während und nach den Treffen mit den Jugendlichen zu beten. Gebet hilft nicht nur, unsere Ängste zu besänftigen, sondern es gibt Gott auch die Gelegenheit, uns auf die Bedürfnisse von Jugendlichen vorzubereiten.

- *Schritt 4 – Triff dich weiterhin mit Jugendlichen.*
  Es besteht die Tendenz, sich nur mit den Jugendlichen zu befassen, die man kennt und mag. Geh nicht in diese Falle. Wir müssen uns disziplinieren, Zeit mit verschiedenen Gruppen zu verbringen und regelmäßig neue Leute zu treffen.

- *Schritt 5 – Bitte die Schule nicht um Zeit oder Räumlichkeiten.*
  Die Versuchung ist groß, sich um einen Raum für einen Bibelkreis oder um Zeit für eine christlichen Schülerkreis zu bitten. Widerstehe dieser Versuchung! Baue zuerst eine Beziehung zu der Schulleitung auf. Du solltest immer einen Grund haben, dich auf dem Schulgelände aufzuhalten. Geh nicht hin während der Unterrichtszeit, es sei denn, die Verwaltung gestattet es, oder bei besonderen Gelegenheiten wie öffentlichen Veranstaltungen.

Ob wir auf dem Schulgelände sind oder nicht, wir sollten die folgenden praktischen Hinweise bedenken:
- Suche nach Möglichkeiten, den Jugendlichen zu dienen.
- Wähle keine Lieblinge aus.
- Trainiere dein Namensgedächtnis.
- Sei du selbst.
- Sei humorvoll, ohne beleidigend oder sarkastisch zu sein.
- Stehe zur Verfügung.

Baue Beziehungen auf, anstatt Werbung für deine Gemeinde zu machen. Erzähl den Jugendlichen nicht auf dem Schulgelände von Christus, sondern bringe sie dazu auf neutralen Boden. Diene somit den Interessen der Schule und der Jugendlichen.

Wenn wir Freundschaften aufbauen, die auf Liebe, Anerkennung und Vertrauen basieren, werden die Jugendlichen wissen wollen, warum wir das tun! Dann müssen wir es ihnen nur noch erzählen.

 **Action Point**

1. Wie kannst du, indem du die Prinzipien aus der Heiligen Schrift anwendest, die in dieser Einheit beschrieben werden, die persönliche Angst überwinden, ungläubige Jugendliche in ihrem »Revier« zu treffen?

_____

_____

_____

2. Welche Schritte musst du unternehmen, um nächste Woche ein paar ungläubige Jugendliche zu treffen?

_____

_____

_____

3. Fang an, die folgenden Informationen über die örtliche Schule und die Jugendlichen zu sammeln.

Anzahl der Jugendlichen in der Schule: _____

Schülersprecher: _____

Direktor: _____

Sportprogramme: _____

Trainer: _____

Aktivitäten außerhalb des Unterrichts: _____

Regeln für Besucher: _____

Namen der Vertrauenslehrer: _____

AGs: _____

Umgangssprachliche Ausdrücke: _____

4. Welche Zeiten und Aktivitäten passen dir am besten, um Beziehungen aufzubauen?

_____

_____

_____

5. Schreib die Namen von drei ungläubigen Jugendlichen auf, die du kennst. Schreib ein paar Informationen über jeden neben seinen Namen.

1. _____

2. _____

3. _____

6. Führe für den Rest des Schulhalbjahres ein Protokoll über deine Treffen mit den Jugendlichen. Folgende Informationen sollte es beinhalten:

Name des Jugendlichen	Datum	Zeit	Ort	Worüber ihr gesprochen habt

7. Lerne 1. Thessalonicher 2,8 auswendig. Fahre mit deiner täglichen Stillen Zeit fort.

 **EINHEIT 11**
Jugendlichen Christus zeigen

Denk an die Jugendlichen, die du kennst. Zähl die Aktivitäten außerhalb der Schule auf, die ihnen Spaß machen. Würdest du auch »in die Gemeinde gehen« dazu zählen? Wahrscheinlich nicht! In die Gemeinde gehen, ist oft nicht interessant für Jugendliche. Es sei denn, jemand, den sie respektieren, fragt sie, ob sie mitgehen oder die Gemeinde hat den Ruf, ein Ort zu sein, »wo man hingeht.«

Jede Gemeinde kann zu einem Ort werden, »wo man hingeht.« Als Jesus zu den Massen sprach, tat er aufregende Dinge. Er hatte ihre Aufmerksamkeit und verdiente sich den Respekt der Menschen. Unsere Gemeinden können Jugendliche für Christus auf die gleiche Weise erreichen. Wenn wir unsere Gemeindestunden anziehend gestalten, werden christliche Jugendliche keine Angst davor haben, ihre verlorenen Freunde mitzubringen. Und diese verlorenen Freunde werden gerne kommen.

Möglichkeiten zur Evangelisation zu schaffen, ist eine gute Möglichkeit, um ungläubige Jugendliche mit dem Evangelium Jesu Christi zu erreichen.

Was ist ein Evangelisationsprojekt

Ein Evangelisationsprojekt ist *ein Treffen, bei dem Jesus vorgestellt wird.* Jesus hat seine Lebenssituationen dazu benutzt, sich anderen bekannt zu machen. Er war das »*Wasser des Lebens*« für die Frau am Brunnen. Er war ein »*Menschenfischer*« für Petrus und Andreas (Fischer). Er war der »*gute Hirte*« und der »*große Arzt*«. Und heutzutage muss Jesus den Jugendlichen so vorgestellt werden, dass sie ihn verstehen und etwas mit ihm anfangen können.

Zu einem Evangelisationsprojekt *gehört eine Gruppe von Jugendlichen.* Wo immer Jesus hinging, wurden Gruppen von ihm angezogen. Markus sagt uns: »*Und wieder fing er an, am See zu lehren. Und es versammelte sich eine sehr große Volksmenge zu ihm, so dass er in ein Boot stieg und auf dem See saß; und die ganze Volksmenge war am See auf dem Land*« (Markus 4,1). Ein Evangelisationsprojekt heißt, eine »Volksmenge« von Jugendlichen zu versammeln.

Ein Evangelisationsprojekt *ermutigt gläubige Jugendliche dazu, ihre ungläubigen Freunde mitzubringen.* Jesus rief einen Steuereintreiber namens Levi dazu auf, ihm nachzufolgen und sein Jünger zu werden. Etwas später hatte Levi ein fröhliches Treffen bei sich zu Hause, so dass all seine Freunde Jesus treffen konnten. »*Und Levi machte ihm ein großes Mahl in seinem Haus; und da war eine große Menge von Zöllnern und anderen, die mit ihnen zu Tisch lagen*« (Lukas 5,29). Auf die gleiche Art bietet ein Evangelisationsprojekt einen fröhlichen Treffpunkt für gläubige Jugendliche, damit sie ihre ungläubigen Freunde mitbringen können.

Warum ist ein Evangelisationsprojekt wichtig?

Ein Evangelisationsprojekt ist *ein Treffen, das speziell für Jugendliche ausge-richtet wird*. Es sollte den Bedürfnisse dieser Altersgruppe entsprechen. Wenn sich christliche Jugendliche in ihrer Umgebung wohl fühlen, werden sie ihre Freunde mit noch mehr Begeisterung einladen.

Ein Evangelisationsprojekt *konzentriert sich auf die Evangelisation*. Nimm die Zeit und das Geld, das dazu verwendet wurde, andere Aktivitäten zu machen, und investiere es in ein Evangelisationsprojekt, das auf Ungläubige zurechtgeschnitten ist. Dies wird den Fokus deines Dienstes auf die Evange-lisation richten.

Ein Evangelisationsprojekt *ermutigt christliche Jugendliche*. Es ist nicht nur eine gute Gelegenheit für Jugendliche, Spaß zu haben und über Jesus Chri-stus zu sprechen, es ist auch eine Zeit, wo sie sehen können, wie ihre Freun-de Jesus Christus kennenlernen. Ein Evangelisationsprojekt bietet großartige Möglichkeiten für Jugendliche in Jüngerschaftsgruppen, ihre Freunde zu erreichen. Jugendliche, die zu Jüngern gemacht werden, können ihre Freun-de mitbringen, ihnen Zeugnis geben, ihnen dienen, sie beraten, ihnen dabei helfen, Christus zu aufzunehmen, und sie schließlich weiterbegleiten.

Ein Evangelisationsprojekt *bringt alle Aspekte der fünf Hauptprinzipien zusammen*. Wenn erwachsene Leiter (Leiterkurs) Jugendliche erreichen wol-len (die Kultur verstehen), und wenn Jugendliche in ihrem Glauben wachsen (Jüngerschaftsgruppen), dann wird das Evangelisationsprojekt ein wirkungs-volles Werkzeug, um junge Menschen zu Christus zu führen.

Der Erfolg eines Evangelisationsprojekts ist nicht automatisch gegeben. Wie wir es angehen, entscheidet über Erfolg oder Misserfolg. Ein paar Dinge können ihn sofort dämpfen:

*   *Wenn erwachsene Leiter keine ungläubigen Jugendlichen kennen*. Ein Evangelisationsprojekt ist kein Evangelisationsprojekt, wenn es nur ein Treffen von Christen ist. Wenn unsere Leiter nicht zeigen, wie man den ungläubigen Jugendlichen von Jesus Christus erzählt, werden unsere jugendlichen Jünger diese Einstellung nachahmen und kein Verlangen danach haben, ihre Freunde zu erreichen.
*   *Wenn gläubige Jugendliche nicht zu Jüngern gemacht werden, werden sie keinen Eifer zeigen, ein Zeugnis zu sein*. Wir müssen der Tatsache ins Auge sehen, dass Jugendliche nie zu Christus kommen, wenn es keine mutigen, gläubigen Jugendlichen gibt, die ihnen von Christus erzählen. Wenn Jugendliche zu Jüngern werden, entwickeln sie nicht nur die Fähigkeit, ihren Glauben weiterzugeben, sie erlangen auch die Begeisterung und die Kraft, die ihnen der Heilige Geist gibt, um einen Eindruck bei ihren Freunden zu hinterlassen. Nur dann werden sie ihre Freunde für Jesus beeinflussen.

Wann fangen wir ein Evangelisationsprojekt an?

Jugendarbeiter gehen leicht in die Falle, dass sie Events nur planen. Auch wenn diese Events eine Menge junger Leute anziehen, wird dieser Ansatz auf lange Sicht scheitern, weil Jugendliche, die sich bei diesen Treffen bekehren, selten in den Leib Christi eingegliedert werden, indem sie weiter betreut und zu Jüngern gemacht werden. Deswegen müssen bestimmte Bausteine gelegt werden, bevor das Evangelisationsprojekt geplant werden kann. Sonst wird das Projekt scheitern.

Baustein 1 – Erwachsene Leiter müssen einbezogen werden.
Das Leitungsteam muss wissen, wann die Gruppe für das Evangelisationsprojekt bereit ist. Was braucht es, um es durchzuziehen? Sind sie bereit, das nötigte Geld und die Zeit aufzubringen? Funktionieren die anderen fünf Hauptprinzipien richtig? Diese und andere Fragen müssen beantwortet werden, bevor das Leitungsteam eine Entscheidung trifft.

Baustein 2 – Jugendliche müssen in die Jüngerschaft einbezogen werden.
Jüngerschaft schafft eine Vision dafür, was Gott durch die Jünger bewirken kann. Ihr Wachstum in den Jüngerschaftsgruppen bewirkt, dass sie erleben möchten, wie andere Jugendlichen Christus kennenlernen. Aktive Jüngerschaft bewirkt ein starkes Engagement der Jugendlichen, ein Evangelisationsprojekt auf die Beine zu stellen.

Baustein 3 – Jugendliche müssen aktiv einbezogen werden, ihren Glauben weiterzugeben.
Wenn die Jugendlichen den Wunsch entwickeln zu evangelisieren, werden sie es nicht als Last empfinden, ihre Freunde zu einem Evangelisationsprojekt mitzubringen. Eine große Frage ist: Wie können wir unsere Jugendlichen dazu ausrüsten, ihren Glauben weiterzugeben?

Baustein 4 – Leiter und Jugendliche müssen die Jugendkultur verstehen.
Wie können wir erwarten, dass ungläubige Jugendliche bei einem Evangelisationsprojekt auftauchen, wenn wir keine Beziehungen zu ihnen aufgebaut haben? Die Jugendkultur zu verstehen, ist die Brücke von der Gemeinde zu den jungen Nicht-Christen. Wenn christliche Erwachsene und Jugendliche andere Jugendliche in der Schule ansprechen, öffnen sie einen Weg, über den sie die Jugendlichen zu einem Evangelisationsevent bringen können.

Baustein 5 – Die Gemeindeleitung muss unterstützen.
Die Gemeindeältesten als Unterstützung zu haben, ist ein wichtiges Stück im Puzzle. Ein Vorschlag: Schreib die gesamte Strategie der fünf Hauptprinzipien auf, um sie dem Gemeindeältesten vorzulegen. Auf diese Weise werden sie genau wissen, wohin die Jugendarbeit geht. Gib ihnen eine Vision!

Baustein 6 – Lade den Herrn dazu ein!
Gott kann das Timing und das kleinste Detail für unser Projekt lenken, wie unsere beste Planung es nicht schafft. Du musst vom Anfang bis zum Ende beten! Lade ihn zu dem Prozess der Planung ein. Bitte ihn, bei dem Event selbst seine Kraft zu zeigen.

Was sich lohnt, gemacht zu werden, lohnt sich auch, richtig gemacht zu werden! Überschlage die Kosten, bevor du anfängst!

 **Action Point**

1. Denk zurück an deine Erfahrungen als Christ. An welches »Event« erinnerst du dich, weil es für dich von Bedeutung war? Was hat es bedeutungsvoll gemacht?

_____

_____

2. Was hat das Evangelisationsprojekt in 1. Könige 18,20-40 so aufregend gemacht?

_____

_____

3. Werte die Bedürfnisse der verlorenen Jugendlichen aus, die du kennst. Wie müsste ein Evangelisationsprojekt gestaltet sein, damit es ihnen helfen kann?

_____

_____

4. Wenn dir klar wird, dass deine Zeit und deine Prioritäten begrenzt sind, ist dann ein Evangelisationsprojekt für dich und deine Gemeinde eine durchführbare Option? Was muss passieren, damit es durchführbar wird?

   Wie musst du andere Aktivitäten oder Events neu werten oder die Prioritäten verschieben, wenn du dich dazu entscheidest, ein Evangelisationsprojekt durchzuführen?

_____

_____

5. Lerne Johannes 7,37-38 auswendig und fahre mit deiner Stillen Zeit mit Gott und dem Lesen eines biblischen Buches fort.

 **EINHEIT 12**
Alles zusammenbringen

In den letzten elf Einheiten haben wir die wichtigsten Elemente betrachtet, die eine gesunde, gut ausbalancierte christuszentrierte Jugendarbeit ausmacht: die Herrschaft Jesu, der Leiterkurs, Jüngerschaftsgruppen, persönliche Evangelisation und Evangelisationsprojekte. Jetzt ist es an der Zeit, innezuhalten und ein paar Fragen zu stellen:

- »Was ist Gottes Ziel für mich als Leiter?«
- »Was ist Gottes Ziel für unsere Jugendarbeit?«

Diese beiden Fragen hängen eng zusammen. Sie sind sogar ineinander verwoben. Das Ziel für dich als Leiter und für deinen Dienst in der Jugendarbeit kann nur ein und dasselbe sein. Epheser 4,11-16 hilft uns dabei, dieses Ziel zu definieren. Lies den Absatz und schreib ein paar Stichpunkte dazu auf, die dieses Ziel beschreiben.

Ergebnisse eines ertragreichen Dienstes

Wenn wir das Ziel unseres Dienstes so verstehen, wie es in Epheser 4,11-16 beschrieben wird, und dann darauf achten, können wir bestimmte Ergebnisse erwarten:

- Die Gruppe wird als Ganzes aufgebaut und vereint werden, sowohl im Glauben als auch in Erkenntnis (Epheser 4,12).
- Die einzelnen Mitglieder werden »zur vollen Mannesreife, zum Vollmaß des Wuchses der Fülle Christi« (Epheser 4,13) gelangen.
- Die Jugendarbeit wird die Leiter ausrüsten (Epheser 4,13).

Dann werden alle, die beteiligt sind (Jugendmitarbeiter, Freiwillige, Eltern und Jugendliche), in Christus zur Reife gelangen (Epheser 4,13).

Zeichen der Reife

»Zur Reife gelangen« beinhaltet Veränderungen. Die Leute werden »nicht mehr Unmündige sein, hin- und hergeworfen und umhergetrieben von jedem Wind der Lehre« (Epheser 4,14). Und sie werden »die Wahrheit reden in Liebe«. Diese Wahrheit und Liebe werden bewirken, dass die ganze Gruppe (»der Leib«) »in allem hinwachsen (wird) zu ihm, der das Haupt ist, Christus« (Epheser 4,15). So wird die ganze Gruppe »zusammengefügt und verbunden« (Epheser 4,16).

Was für ein Ziel! LEITER AUSRÜSTEN (Freiwillige, Eltern und Jugendliche), so dass jeder Einzelne zur Reife gelangt und auch die Gruppe als Ganzes zur Reife gelangt.

Das Ziel vor Augen

Das führt uns zu der Frage zurück, die wir am Anfang dieser Einheit gestellt haben.

»Was ist Gottes Ziel für mich als Leiter?« Die Antwort ist sehr deutlich: LEITER AUSRÜSTEN. Durch die fünf Hauptprinzipien und mit Jesus als Vorbild wirst du deinen Platz für das Erreichen dieses Ziels finden!

Verbringe jetzt etwas Zeit im Gebet. Danke Gott dafür, wie er dich jetzt schon ausgestattet hat, anderen zu helfen, »*zur Reife zu gelangen*«. Bitte ihn darum, in dir den tiefen Wunsch aufzubauen, Epheser 4,11-16 in deinem Leben und in der Jugendarbeit deiner Gemeinde erfüllt zu sehen. Bitte ihn darum, dir zu zeigen, wie du diese fünf Hauptprinzipien optimal anwenden kannst, um dieses Ziel zu erreichen.

 **Action Point**

1. Wie gut bist du dazu ausgerüstet, andere auszurüsten, damit sie zur Reife gelangen? Welche spezifischen Schritte kannst du unternehmen, um dich besser vorzubereiten?

2. Wenn du vor dem Hintergrund von Epheser 4,11-16 und den fünf Hauptprinzipien über die Jugendarbeit deiner Gemeinde nachdenkst, wie würdest du sie bewerten? Wenn du fertig bist, vergleiche deine Antworten mit denen, die du in Frage 2 des Action Points von Einheit 2 gegeben hast.

	Wo wir jetzt stehen	Wo wir stehen sollten
Die Herrschaft Christi		
Das Leitungsteam		
Jüngerschaftsgruppen		
Persönliche Evangelisation		
Evangelisationsprojekte		

3. Wie würdest du die Jugendlichen bewerten, die in deiner Jugendarbeit engagiert sind? Mach dir eine Liste aller Jugendlichen, die bei deiner Jugendarbeit mitmachen. Mach eine ähnliche Liste der Eltern und Freiwilligen. Mach ein C, NC oder NS hinter jeden Namen.

Christ (C)	Nichtchrist (NC)	Nicht sicher (NS)

Wie würdest du die christlichen Jugendlichen, Eltern und Freiwilligen in deiner Jugendarbeit einordnen?

Neubekehrter	Wird zum Jünger gemacht	Macht andere zu Jüngern

(Dies wird dir einen Anhaltspunkt für deinen Start geben, damit du sie dahin bringen kannst, wo sie sein sollen.)

4. Fülle den unten stehenden persönlichen Handlungsplan aus.

Handlungsplan	Herr-schaft Christi	Leitungs-team	Jünger-schafts-gruppen	Pers. Evangeli-sation	Evangeli-sations-projekt
Welche Ziele müssen erreicht werden?					
Welche Schritte musst du unternehmen, um deine Ziele zu erreichen?					
Was ist dein erster Schritt? Wann wirst du ihn machen?					
Welchen Hindernissen wirst du begegnen?					
Wie wirst du die Hinder-nisse überwinden? Wie kannst du deinen Fortschritt überprüfen?					

5. Lerne Epheser 4,11-13 auswendig. Fahre mit deiner täglichen Zeit mit Gott und dem Lesen eines biblischen Buches fort.

Wichtige Erinnerung: Achte darauf, dass du alle Aufgaben aus *Eine Vision für das Leben und den Dienst* (Teil 2) erfüllt hast (tägliche Stille Zeit mit Gott, Verse auswendig lernen, wöchentliche Aufgaben und Projekte), bevor du weitergehst zu *Wichtige Werkzeuge für Jugendleiter* (Teil 3).

Gesprächsführer

Da verschiedene Leute die Gruppentreffen leiten werden, kannst du ihnen als Leiter helfen, indem du sie auf den entsprechenden Gesprächsführer für die jeweilige Woche hinweist. Die Fragen und Vorschläge werden ihnen helfen, ins Herz der Kurseinheiten vorzudringen. Dieser Führer erschöpft bei Weitem nicht das Material oder die Möglichkeiten der Diskussion. Du kannst deine eigenen Fragen, Ideen und Anwendungen hinzufügen, solange das Thema und das Material der einzelnen Einheiten im Zentrum bleiben.

EINHEIT 1 (GRUPPENPROJEKT)

1. Kontaktiere jeden Einzelnen vor diesem besonderen Treffen, um sicherzugehen, dass er/sie kommen wird.

2. Sammle individuelle Gebetsanliegen und kopiere sie (mit der Erlaubnis der Einzelnen), um sie am halben Tag des Gebets zu verteilen. Ermutige jeden, für diese Anliegen während ihrer Zeit des »Gebets für andere« zu beten.

3. Schreibe eine Reihe von Fragen zur Auswertung, um sie zu verwenden, wenn sich die Gruppe nach dem halben Tag des Gebets wieder versammelt. (»War dies eine wertvolle Erfahrung?«, »Wenn ja, was hält uns davon ab, öfter intensive Gebetszeiten zu haben?«, »Wie kann ich dies regelmäßig tun?«)

4. Sammle Material, das für die Gruppenmitglieder während des halben Tages des Gebets sinnvoll ist (in Einheit 1 gibt es eine Liste von Vorschlägen). Sammle außerdem Listen mit den Namen der Jugendlichen aus deiner Gemeinde, anderen Jugendleitern und Lehrern der örtlichen Schulen, damit die Gruppe für sie beten kann.

EINHEIT 2

1. Jeder soll drei Punkte aufschreiben und dann der Gruppe erzählen, wie Gott in seinem Leben durch die Studien und/oder die Gruppentreffen gewirkt hat.

2. Teilt euch in vier Gruppen. Teile jeder Gruppe eines der ersten vier Kapitel aus Markus zu. Bitte sie, nach den Prinzipien zu suchen, die Jesus in seinem Dienst anwandte. Kommt wieder zusammen und berichtet.

3. Erkläre der Gruppe die fünf Grundprinzipien eines Dienstes, der sich auf Jesus konzentriert. Fasse dich kurz. Lass sie wissen, dass die Gruppe während der nächsten zwölf Wochen lernen wird, wie sie diese Prinzipien in persönlichen Beziehungen mit Jugendlichen anwenden kann.

4. Bitte die Gruppe, einen der Jugendlichen aus Action Point Nr. 3 auszuwählen.

5. Diskutiert darüber: *Ist unsere jetzige Jugendarbeit dazu in der Lage, so einen Jugendlichen hervorzubringen? Warum? Warum nicht?*

6. Diskutiert darüber, wie die Prinzipien eines christuszentrierten Dienstes diesen Jugendlichen dahin bringen kann, dass er ein geistlicher Leiter der Jugendgruppe wird. (Denk daran, wie viel ihr in den letzten dreizehn Wochen im Leiterkurs gewachsen seid).

7. Welche fundamentalen Veränderungen muss eure Jugendarbeit erleben, damit die fünf Prinzipien eines christuszentrierten Dienstes angewandt werden?

EINHEIT 3

1. Diskutiert darüber: *In welcher Sache bist du richtig gut? Wie bist du so gut darin geworden?* (Üben, dabei bleiben, Motivation, etc.)

2. Frag die Gruppe: *Wie wird man in der Nachfolge Jesu »gut«?*

3. Teilt euch in drei Gruppen. Jede Gruppe übernimmt einen der folgenden Abschnitte: Kolosser 1,15-16; Hebräer 4,15; 1. Korinther 6,19-20. Kommt wieder zusammen und bitte jede Gruppe, zu berichten, was sie über Jesu Fähigkeit gelernt haben, unser Leben in die Hand zu nehmen.

4. Lass jeden für sich Apostelgeschichte 22,1-16 lesen. Sag: *Wenn du über die Herrschaft Jesu Christi in deinem Leben nachdenkst, was würde Jesus deiner Meinung nach antworten, wenn du ihn fragen würdest: »Was soll ich tun, Herr?«* Kommt wieder zusammen und sprecht über die Antworten.

5. Lest als Gruppe Philipper 2,9-11 und sprecht darüber. Diskutiert: *Ehrst du Jesus und betest du ihn an?*

6. Frag nach der Diskussion: *Wie könnt ihr die Knie beugen und mit dem Mund bekennen, dass er der Herr ist?* Schreibt das größte Hindernis auf, das zwischen dir und Jesu Herrschaft über dein Leben steht.

7. Steh auf und geh zu jedem Einzelnen aus der Gruppe. Bitte jeden, dieses Hindernis zu formulieren und es Gott zu bekennen. Du betest laut für jeden von ihnen und bittest Gott, ihn zu befreien. Bitte den Heilige Geist, ihn zu heilen und diesen Bereich in seinem Leben zu erfüllen.

EINHEIT 4

1. Jeder soll einen lustigen oder gewagten Neujahrsvorsatz von früher erzählen, den er gefasst aber nicht gehalten hat.

2. Erkläre: *Neujahrsvorsätze funktionieren selten. Das liegt daran, dass das »neue Blatt«, das wir auflegen wollen, genauso verdreckt ist, wie das alte. In der Nachfolge Jesu geht es nicht darum »es besser zu machen«, sondern »loszulassen«.*

3. Lest Römer 12,1-2. Sprecht in der Gruppe darüber, welche praktischen Schritte Paulus anbietet, damit Jesus der Herr über unser Leben wird und es auch bleibt.

4. Lest Matthäus 16,24-26. Diskutiert über die folgenden Fragen:

   Was bedeutet es, sich selbst zu verleugnen?

   Was heißt es, sein Kreuz auf sich zu nehmen?

   Was bedeutet es, Jesus nachzufolgen?

   Was meinte Jesus, als er sagte: »Denn wer sein Leben retten will, wird es verlieren; wer aber sein Leben verliert um meinetwillen, wird es finden«?

   Warum ist es wichtiger, Jesus als Herrn zu haben, als die ganze Welt zu gewinnen?

5. Ermutige jeden, weiterhin einen ganz bestimmten Gebetswunsch bezüglich der Herrschaft Christi über sein Leben zu äußern. Es kann der gleiche sein wie in der vorigen Woche. Betet Woche für Woche bezüglich dieser Themen füreinander. Du kannst sie auch ihre Anliegen auf Karten schreiben lassen und die Karten dann austauschen. Betet für die Anliegen, die entweder in der Gruppe oder in kleinere Gruppen verteilt werden.

EINHEIT 5

1. Gib jedem ein Blatt Papier und ein paar Stifte. Lass jeden ein Bild des durchschnittlichen Jugendmitarbeiters zeichnen und seine Zeichnung dann für die anderen deuten.

2. Lies Johannes 8,29. Diskutiert darüber, wie die Menschen ihr Selbstvertrauen als Leiter aufbauen können, indem sie Jesu Beispiel folgen.

3. Lies Johannes 13,1-10. Frage: *Wie hat Jesus seine »dienende Leiterschaft« deutlich gemacht? Wie können wir das Gleiche tun?*

4. Bitte jeden, sich einen Jugendlichen aus eurer Gemeinde auszuwählen und diese Woche Freundschaft mit ihm zu schließen. Trefft euch diese Woche mit diesem Jugendlichen. Bitte Gott, dir bei diesem Treffen zu zeigen, wie du für diesen Jugendlichen ein »dienender Leiter« sein kannst, so wie Jesus es für seine Jünger war.

5. Lass jeden erklären, warum er sich ausgerechnet mit dieser Person treffen will.

EINHEIT 6

1. Lass jeden ein konkretes Beispiel erzählen, wo er sich als Leiter unzureichend gefühlt hat.

2. Sag ihnen: *Petrus hatte viele persönliche Schwächen und Schwächen als Leiter, aber er wurde einer der größten Leiter der Welt. Lasst uns die Entwicklung des Petrus von seiner Verleugnung Jesu bis dahin nachvollziehen, wo er ein mächtiger Leiter war, in Apostelgeschichte 2.* (Verwende eine Tafel, um Petrus' Veränderung aufzuzeichnen.)

3. Stell die Frage: *Was meinst du, ab wann Petrus innerlich motiviert war?* Diskutiert darüber: *Bist du innerlich motiviert? Wann ist das passiert? Wie ist das passiert?*

4. Geh noch einmal die vier Phasen von Jesu Leitungsprinzipien durch, die in dieser und der vorigen Einheit besprochen werden. Diskutiert über jedes Prinzip, indem ihr fragt: *Wie kann ich dieses Prinzip anwenden?*

5. Lass jeden von seinem Treffen mit dem Jugendlichen in dieser Woche erzählen.

6. Lass sie beschreiben, wie sie für diesen Jugendlichen zum »dienenden Leiter« werden können. Ermutige sie, diese Beziehung fortzuführen. Frag sie: *Wie, glaubst du, kannst du diesen Jugendlichen durch alle vier Phasen auf dem Weg zur Leiterschaft bringen?*

EINHEIT 7

1. Lest 2. Timotheus 2,1-2 laut als Gruppe. Geht den Abschnitt zusammen durch und nennt die sechs Prinzipien der Jüngerschaft. Schreib diese Prinzipien auf eine Tafel oder ein großes Blatt. (Liste die Prinzipien in einer Spalte auf.) Dann diskutiert über das Hauptanliegen jedes Prinzips. Schreib dieses zentrale Anliegen neben jedes Prinzip.

2. Besprecht diese Fragen zu jedem Prinzip:

»Empfangen« – *Besteht in deiner Gemeinde ein Umfeld der Gnade? In deiner Jugendgruppe? Wie sieht das aus? Was musst du tun, um es zu schaffen?*

»Beziehungen« – *Was fällt dir am leichtesten, wenn es darum geht, enge Beziehungen aufzubauen? Was ist am schwersten? Warum sind enge Beziehungen zu Jugendlichen so wichtig für deine Bemühungen, Jugendliche zu Jüngern zu machen?*

»Weitergeben« – *Wie kannst du eine vertrauensvolle Beziehung zu den Jugendlichen entwickeln? Welche Hindernisse könnten sich dir entgegenstellen?*

»Realität« – *Erinnerst du dich an eine Gelegenheit, wo du es dir mit den Jugendlichen »verdorben« hast? Was ist passiert? Wie hast du dich gefühlt? Wie kannst du das in eine positive Erfahrung umwandeln? Bist du bereit, offen und verletzbar für die Jugendlichen zu werden?*

»Gewinnen« – *Warum ist es wichtig, T-V-L-Jugendliche (treu, verfügbar, lernwillig) zu gewinnen? Welche Jugendlichen kennst du?*

»Wachstum« – *Wenn du an die sechs Prinzipien der Jüngerschaft aus 2. Timotheus 2,1-2 denkst, stell dir vor, wie Gott dich benutzen kann, damit du Jugendliche so zu Jüngern machst, dass es Einfluss auf die zukünftigen Generationen hinterlässt.*

3. Frag jeden von ihnen: *Warum ist es deiner Ansicht nach so wichtig, Jünger zu machen?*

EINHEIT 8

1. Lest zusammen Matthäus 28,18-20. Schreib auf ein großes Papier oder auf eine Tafel die vier Aspekte der Jüngerschaft auf.

2. Sprecht über den Schritt »Evangelisieren«, indem ihr Matthäus 9,35-38 lest. Frage: *Was empfand Jesus gegenüber denen, die »erschöpft und verschmachtet waren wie Schafe, die keinen Hirten haben«? Wie kannst du für Jugendliche empfinden, so wie Jesus für diese Menge empfand?*

3. Besprecht die Stufe »Festigen«, indem ihr das Kreisschaubild betrachtet. Frage: *Warum ist jedes dieser Elemente wichtig? Wie können wir genau diese Schritte dazu verwenden, Jugendliche in ihrem Glauben an Jesus Christus zu festigen?*

4. Besprecht die Stufe »Ausrüsten«, indem ihr euch in zwei Gruppen aufteilt. Die eine Gruppe beschäftigt sich mit 1. Thessalonicher 1,4-10. Betrachtet den Glauben der Thessalonicher. Die zweite Gruppe liest 1. Thessalonicher 2,4-12. Sieh, wie Paulus sie in ihrem Glauben ausrüstete.

5. Sprecht über die Stufe »Erweitern«, indem du fragst: *Was glaubst du, welchen Eindruck dieser Stufenprozess der Jüngerschaft auf deine Jugendgruppe haben wird?*

EINHEIT 9

1. Teilt euch in zwei Gruppen mit älteren Leitern in der einen und jüngeren Leitern in der anderen Gruppe. Jede Gruppe soll sich einen kleinen Sketch darüber ausdenken, wie das Leben war, als sie in der Schule oder Uni waren. Gib ihnen fünf bis zehn Minuten Vorbereitungszeit. Ermutige sie, mit den vorhandenen Requisiten kreativ zu sein. Jeder Sketch sollte mindestens zwei Minuten lang sein.

2. Die gleichen zwei Gruppen müssen eine Definition aufschreiben, was »die Kultur verstehen« bedeutet. Kommt wieder zusammen und bitte jede Gruppe, ihre Definition zu sagen.

3. Bestimme eine Person, die auf alle Fragen des Action Points dieser Einheit antwortet und darüber diskutiert.

4. Bitte jeden, zur nächsten Sitzung eine Abschluss- oder Schülerzeitung der Schulen mitzubringen, die eure Jugendlichen besuchen.

5. Beende das Treffen, indem ihr für jeden Jugendlichen und seine Schule betet.

EINHEIT 10

1. Bitte jeden, fünf Adjektive aufzuzählen, die die heutige Jugendkultur beschreiben.

2. Besprecht: *Wovor hast du am meisten Angst, was das Kennenlernen von Teenagern betrifft?*

3. Bitte jeden, den Punkt aus der Einheit »Die Jugendkultur verstehen« auszuwählen, der ihm am schwierigsten erscheint. Was hält er für das Leichteste?

4. Sammelt so viele Informationen wie möglich über die Schulen in deiner Umgebung. Benutzt dazu das gesammelte Material (Abschluss-, Schülerzeitung). Teilt euch in kleinere Gruppen auf. Jede Gruppe kann eine Schule vorstellen.

5. Frage: *Welchen ersten Schritt musst du unternehmen, um ungläubige Jugendliche kennenzulernen?* Jeder soll den Schritt beschreiben, den er diese Woche unternehmen wird.

6. Lass jeden einen ungläubigen Jugendlichen nennen, den er kennenlernen kann. Entscheidet euch für eine Aktivität, um am Leben dieses Jugendlichen teilzunehmen.

EINHEIT 11

1. Besprecht: *Was machen Jugendliche in der heutigen Zeit am liebsten?*

2. Besprecht: *Können wir die positiven Aspekte dieser Aktivitäten benutzen und sie zu einem Christus-orientierten Evangelisationsprojekt ausbauen, das dazu dient, den Jugendlichen das Evangelium zu erzählen?*

3. Frage: *Was müssen wir verändern, um den postmodernen, weltlichen Jugendlichen das Evangelium von Jesus Christus wirklich weiterzugeben?*

4. Besprecht: *Ist die Leitung unserer Gemeinde und unserer Jugendarbeit bereit, das zu tun?*

5. Frage: *Welche Veränderungen müssen wir in unserer jetzigen Struktur vornehmen, um Jesus Christus ansprechender weiterzugeben? Welche Schritte müssen wir als Jugendleiter unternehmen, damit diese Veränderungen passieren können?*

6. Geht noch einmal die Bausteine durch, die nötig sind, um ein Evangelisationsprojekt zu planen. Bewerte, in welcher Hinsicht deine Gemeinde auf fernstehende Jugendliche anziehend wirkt.

EINHEIT 12

1. Lies Epheser 4,11-16 laut für die Gruppe vor. Besprecht: *Sind wir bereit, das zu tun, was Paulus in diesen Versen beschreibt? Wenn nicht, was müssen wir tun, um uns vorzubereiten?*

2. Lass jeden seinen »persönlichen Aktionsplan« für eine christuszentrierte Jugendarbeit vorstellen. Fordere sie an den Stellen heraus, wo sie nicht praktisch oder konkret sind. Hilf ihnen, sich für die ersten beiden Aktionen zu entscheiden, um anzufangen.

3. Schätze die Jugendlichen in deiner Gruppe ein, indem du die Antworten der Gruppe zu der 3. Frage aus dem Action Point auswertest.

4. Besprecht als Gruppe die Auswertung der verschiedenen Bereiche einer christuszentrierten Jugendarbeit und fragt euch: *Wo stehen wir jetzt? Wo müssen wir hin?*

5. Bitte die ganze Gruppe, ihre Vision für die Jugendarbeit der Gemeinde zu beschreiben.

6. Gib dies als Gebetsanliegen an die Gruppe weiter. Bitte sie, diese Woche jeden Tag dafür zu beten.

Notizen

TEIL 3
WICHTIGE WERKZEUGE FÜR JUGENDLEITER

EINHEIT 1
Entdecke Gottes Ziel für dich!

Hinweis: In den vorigen Einheiten haben wir herausgefunden, was nötig ist, um ein geistlicher Leiter zu werden. Wir haben uns zu einem Lebensstil verpflichtet, der unsere Beziehung zum Herrn fördern wird. Außerdem haben wir eine Strategie für die Jugendarbeit entwickelt, die uns dabei helfen soll, einen guten Einfluss auf das Leben von Jugendlichen, Eltern und anderen zu haben.

In diesen nächsten zwölf Einheiten verschiebt sich der Fokus darauf, die Werkzeuge zu finden und die Fähigkeiten zu entwickeln, die nötig sind um Jugendliche zu leiten. Lasst uns während dieser Einheiten einander herausfordern, alles miteinander in Einklang zu bringen – den Lebensstil, die Strategie und die Fähigkeiten. Während wir das tun, werden wir erkennen, dass wir in Gottes Händen zu »kraftvollen Werkzeugen« werden, die Jugendliche anleiten.

Ich habe Tim (Name geändert) in der Schule kennengelernt. Er war ein Prototyp des »Großen, Dunkelhaarigen und Schönen«, er strahlte Intelligenz und Charisma aus – ein geborener Leiter. Als wenn das nicht reichen würde, ging er auch noch mit der Schönheitskönigin aus. Die Leute sahen sie zusammen und sagten: »Er ist so klug und sie ist so schön; der Herr wird sie wirklich gebrauchen.«

Zehn Jahre später war Tims Leben ein totaler Reinfall geworden. Er hatte sogar die Schönheitskönigin geheiratet. Er hatte ein geistliches Amt übernommen. Aber irgendwo auf diesem Weg hatte sich die Beziehung zu seiner

Frau verschlechtert und er fing eine Affäre mit einer anderen Frau an. Danach begannen die Ereignisse in seinem Leben wie Dominosteine zusammenzufallen. Seine Ehe zerbrach, er verließ seine Pastorenstelle und zog fort.

Die Leute wundern sich oft, wie solche Dinge passieren können. Die Antwort liegt tief unter der Oberfläche. Tims Probleme wuchsen aus seinem ganzen Leben heraus, das sich um seine eigenen Bedürfnisse drehte.

Ein anderer Freund machte eine ähnliche Krise durch. Craig (Name ebenfalls geändert) hatte als junger Mensch eine Polio-Infektion. Er war danach von der Hüfte abwärts gelähmt und war seither voll Unsicherheit und Angst. Er fragte sich, was andere über seine körperliche Behinderung denken würden, deswegen versuchte er, in jedem anderen Bereich seines Lebens herausragend zu sein. Er trainierte seinen Oberkörper, bis der in Bestform war. Er wurde ein »Superchrist«. Aber als Folge dieser Entschlossenheit, etwas so Besonderes zu sein, entwickelte Craig eine gnadenlose und kritische Einstellung gegenüber anderen, die diesem christlichen Lebensstandard nicht gerecht wurden.

Dann kam Craig an einen Punkt, wo er Gott in sein Herz ließ und ihm gestatte, ihn von innen her umzugestalten. Danach wollte er Kontakte zu Jugendlichen aufbauen, aber der Gedanke, zu einer Schule oder einem Jugendtreff zu gehen, machte ihm Angst. Was würden die Jugendlichen über einen Krüppel wie ihn denken?

An diesem Punkt des inneren Konflikts wandte sich Craig an Gott und fing an, ihn ernsthaft zu fragen: »Herr, was ist dein Ziel für mein Leben?« Und als Gott anfing, ihm seinen besonderen Plan für sein Leben zu zeigen, begann sich Craigs Leben zu ändern. Er entwickelte ein Gefühl für die Dringlichkeit, Jugendliche mit dem Evangelium zu erreichen, so dass er seine Angst davor überwand, was sie von ihm denken würden. Und Gott begann, seine harsche Kritik an anderen in Liebe und Mitleid zu verwandeln. Die Tiefe von Craigs Beziehung zu Gott wurde den Menschen um ihn herum sehr deutlich. Sein Dienst wurde durch seine effektive Evangelisation an Jugendlichen deutlich – er war in der Tat so effektiv, dass in einem Monat mehr als 150 Jugendliche aus der High School zum Glauben kamen.

Tim und Craig: zwei Menschen, die so von ihren eigenen Bedürfnissen bestimmt waren, dass sie Gottes Plan für ihr Leben nicht sehen konnten (oder sehen wollten). Für den einen war das Ergebnis eine persönliche Tragödie. Der andere suchte Gottes Plan für sein Leben, und das Ergebnis war ein Dienst, der durch Erfüllung und Frucht gekennzeichnet war.

Gottes Plan suchen

Jesus sprach sehr deutlich über dieses Thema, als er sagte: »*Seid nicht besorgt für euer Leben, was ihr essen und was ihr trinken sollt, noch für euren Leib, was ihr anziehen sollt! Ist nicht das Leben mehr als die Speise und der Leib mehr als die Kleidung? Seht hin auf die Vögel des Himmels, dass sie weder säen noch ernten, noch in Scheunen sammeln, und euer himmlischer Vater ernährt sie doch. Seid ihr nicht viel wertvoller als sie? ... So seid nun nicht besorgt, indem ihr sagt: Was sollen wir essen? Oder: Was sollen wir trinken? Oder: Was sollen wir anziehen? Denn nach diesen allen trachten die Nationen; denn euer himmlischer Vater weiß, dass ihr dies alles benötigt. Trachtet aber zuerst nach dem Reich Gottes und nach seiner Gerechtigkeit! Und dies alles wird euch hinzugefügt werden«* (Matthäus 6,25-26.31-33).

Gott hat für jeden von uns einen besonderen und einzigartigen Plan im Sinn, aber wir können ihn verfehlen, wenn wir von unseren eigenen Interessen aufgesaugt werden. Wir können alles Potenzial der Welt haben. Wir können große Erfolge mit Geld, Macht, Beliebtheit, Familie etc. erzielen. Aber persönlicher Erfolg ist nicht das Gleiche, wie in Gottes Augen erfolgreich zu sein.

Es ist dumm von uns, wenn wir Gottes Plan für unser Leben missachten. Es ist, als würde man einen teuren Stift kaufen, entdecken, dass er nicht schreibt, und sagen: »Hey, das ist okay. Er muss ja nicht unbedingt schreiben. Ich habe ihn sowieso nur wegen des Aussehens gekauft.«

Ob er uns 10 Cent oder 50 Euro kostet, ein Stift, der nicht schreibt, ist sinnlos, weil es der Zweck eines Stiftes ist, zu schreiben.

Erst, wenn wir Gottes Plan für uns erkannt haben, können wir anfangen zu überlegen, wie wir ihn in die Tat umsetzen können. Wie bei Craig kann unser Leben von Erfüllung und Frucht gekennzeichnet sein, wenn wir Gottes Absicht für uns erkannt haben und uns dem hingeben.

Gottes Plan erkennen

Im 1. Buch Mose lesen wir, wie Gott mit einer erstaunlichen Vielfalt erschafft – Tiere, Meere, Bäume, die Sonne, etc. Aber nur den Menschen hat Gott nach seinem Bild erschaffen. Der Mensch hat einen besonderen Zweck. Der Prophet Jesaja hat diesen Zweck des Menschen so ausgedrückt:

»Der Geist des Herrn, Herrn, ist auf mir; denn der Herr hat mich gesalbt. Er hat mich gesandt, den Elenden frohe Botschaft zu bringen, zu verbinden, die gebrochenen Herzens sind, Freilassung auszurufen den Gefangenen und Öffnung des Kerkers den Gebundenen, auszurufen das Gnadenjahr des Herrn und den Tag der Rache für unseren Gott, zu trösten alle Trauernden, den Trauernden Zions Frieden, ihnen Kopfschmuck statt Asche zu geben, Freudenöl statt Trauer, ein Ruhmesgewand statt eines verzagten Geistes, damit sie Terebinthen der Gerechtigkeit genannt werden, eine Pflanzung des Herrn, dass er sich durch sie verherrlicht« (Jesaja 61,1-3).

Gott hat uns erlöst, damit wir ihn »verherrlichen«. Jesus hat Gottes Zweck für den Menschen bestätigt, als er sagte: *»Ich in ihnen und du in mir – dass sie in eins vollendet seien, damit die Welt erkenne, dass du mich gesandt und sie geliebt hast, wie du mich geliebt hast«* (Johannes 17,23).

Paulus hat Gottes Zweck für den Menschen noch weiter erhellt, als er sagte: *»Wir alle aber schauen mit aufgedecktem Angesicht die Herrlichkeit des Herrn an und werden so verwandelt in dasselbe Bild«* (2. Korinther 3,18).

In der Offenbarung beschreibt Johannes, wie wir Gott in der Ewigkeit verherrlichen werden:

»Und ich sah: und ich hörte eine Stimme vieler Engel rings um den Thron her und um die lebendigen Wesen und um die Ältesten; und ihre Zahl war Zehntausende mal Zehntausende und Tausende mal Tausende, die mit lauter Stimme sprachen: Würdig ist das Lamm, das geschlachtet worden ist, zu empfangen die Macht und Reichtum und Weisheit und Stärke und Ehre und Herrlichkeit und Lobpreis. Und jedes Geschöpf, das im Himmel und auf der Erde und unter der Erde und auf dem Meer ist, und alles, was in ihnen ist, hörte ich sagen: Dem, der auf dem Thron sitzt, und dem Lamm den Lobpreis und die Ehre und die Herrlichkeit und die Macht von Ewigkeit zu Ewigkeit« (Offenbarung 5,11-13).

An Gottes Plan mitarbeiten

Unser Zweck als Christen ist es, Gott zu verherrlichen – sein Bild in dieser Welt widerzuspiegeln. Darum hat er uns geschaffen; darum hat er uns erlöst. Aber wie fangen wir das an, *»die Herrlichkeit des Herrn widerzuspiegeln«*? Paulus sagt weiter, dass wir *»so verwandelt (werden) in dasselbe Bild von Herrlichkeit zu Herrlichkeit, wie es vom Herrn, dem Geist, geschieht«* (2. Korinther 3,18). Und an anderer Stelle: *»Denn die er vorher erkannt hat, die hat er auch vorherbestimmt, dem Bilde seines Sohnes gleichförmig zu sein, damit er der Erstgeborene sei unter vielen Brüdern«* (Römer 8,29).

Paulus fasste das Ziel in sehr praktische Worte, als er sagte: *»Ob ihr nun esst oder trinkt oder sonst etwas tut, tut alles zur Ehre Gottes«* (1. Korinther 10,31). Wir haben jeden Tag die Möglichkeit, zu wachsen, damit wir immer mehr wie Jesus werden. Und während der Heilige Geist in uns wirkt, werden wir seine Herrlichkeit durch unser Leben widerspiegeln!

Während der nächsten Einheit werden wir uns auf unsere Lebensaufgabe konzentrieren und sehen, wie sie unsere Beziehung zu Gott und unsere Beziehungen zu anderen beeinflusst.

 **Action Point**

1. Schreibe Gottes Ziel für dein Leben auf. Wähle so kurze Sätze, dass sie auf ein T-Shirt passen würden.

_____

_____

_____

_____

2. Lies Epheser 1,3-14 und schreibe einige Zeilen darüber, wer du durch deine Beziehung mit Christus bist.

_____

_____

_____

_____

_____

_____

_____

_____

_____

_____

_____

3. Lies Philipper 1,6 und schreib zwei konkrete Beispiele aus deinem Leben auf, die zeigen, wie Gott bereits angefangen hat, seinen Plan zu erfüllen, indem er »ein gutes Werk in dir« angefangen hat.

_____

_____

_____

_____

_____

_____

4. In Jeremia 29,11-13 sagt dir Gott ausdrücklich, dass eine großartige Zukunft auf dich wartet. Wenn du alle Vorbehalte beiseite lässt: Was wäre dein größtes Ziel? Wie könnte Gott sich in diesem Ziel durch dich verherrlichen?

_____

_____

_____

_____

_____

_____

5. Denk während der nächsten vier Einheiten über dieses Ziel nach und darüber, wie es erreicht werden kann.

6. Lerne 1. Korinther 10,31 auswendig und fahre mit deiner täglichen Stillen Zeit fort.

 **EINHEIT 2**
Neuordnung deiner persönlichen Ziele

Circa eineinhalb Jahre, nachdem ich Christ geworden war, saß ich in meinem Zimmer im Davidson College. Da kam mir der Gedanke: »Barry, vielleicht solltest du nicht Basketball spielen.« Mein nächster Gedanke ging etwa so: »St. Clair, das ist so ziemlich der dümmste Gedanke, den du je gehabt hast.«

Ich habe seit der ersten Klasse Basketball gespielt. Seit der vierten Klasse habe ich in Vereinen gespielt. Im Winter schippte ich den Schnee vom Hof und spielte mit Handschuhen Basketball. Im Sommer vor meinem letzten Jahr in der High School trainierte ich acht Stunden am Tag, damit ich in der nächsten Spielzeit mein maximales Potenzial geben könnte.

Mein ganzes Leben drehte sich um *das* Spiel. Ich wollte nichts sehnlicher, als im College Basketball spielen und - vielleicht - ins Team aufgenommen werden. Aufhören stand außer Frage, also schob ich den Gedanken weit von mir.

Aber der Gedanke kehrte immer wieder zurück, »Vielleicht sollte ich nicht Basketball spielen.« Eines Tages las ich in der Bibel, und meine Augen blieben auf Matthäus 6,33 stehen: *»Trachtet aber zuerst nach dem Reich Gottes und nach seiner Gerechtigkeit! Und dies alles wird euch hinzugefügt werden.«*

»Trachte zuerst danach, was Gott möchte«, schien mir der Vers zu sagen. Ich musste mir eingestehen: »Barry, du bist seit eineinhalb Jahre Christ, aber das Basketball spielen hast du noch nie dem Herrn übergeben. Basketball ist dein Ziel, nicht das Ziel Gottes.«

Gott schien zu fragen: »Ist es dir ernster, meine Ziele zu verfolgen oder deine?« Basketball aufzugeben, während ich im College war, war der erste schwierige Schritt in die Richtung, Gottes Ziele zu verfolgen anstatt meiner eigenen. Und als ich begann, Gottes Ziele für mich mehr und mehr zu verstehen, zog ich die Verbindung zu einem großen Thema in der Bibel. Als Jesus gefragt wurde, was das wichtigste Gebot war, antwortete er: *»Du sollst den Herrn, deinen Gott, lieben aus deinem ganzen Herzen und mit deiner ganzen Seele und mit deiner ganzen Kraft und mit deinem ganzen Verstand und deinen Nächsten wie dich selbst«* (Lukas 10,27).

Ich erkannte, dass Gottes Ziel - sich durch mich zu verherrlichen - dadurch erfüllt werden würde, dass es mein Ziel würde, dieses große Gebot zu erfüllen. Jesus sagt uns ganz deutlich, wie das geschehen kann. Er sagt, wir sollen ihn lieben:

- Aus unserem ganzen Herzen (geistlich)
- Mit unserer ganzen Seele (sozial)
- Mit unserem ganzen Verstand (geistig)
- Mit unserer ganzen Kraft (körperlich)

Diese vier Bereiche beinhalten Gottes Ziele für jeden von uns in unserem persönlichen Leben.

Gott geistlich lieben

Gott von ganzem Herzen lieben zu lernen, benötigt Disziplin. Das liegt daran, dass sich Liebe zu Gott in Gehorsam ausdrückt. Wenn wir Gott lieben, möchten wir das tun, was er sagt. Gehorsam ist schwer, aber alles, was wertvoll ist, ist nicht leicht. Wie das Schild im Umkleideraum sagt: »No pain, no gain« (Ohne Schmerz kein Gewinn). Geistliche Disziplin besteht nicht in gesetzlichen Regeln, die man einhalten muss, sondern sie ist die Schwelle zur Freiheit. Sie öffnet die Tür zur Gegenwart Gottes. Sie bringt uns dahin, wo Gott uns verändern kann, so dass wir zu dem Menschen werden, der wir sein sollen.

Es gibt eine Geschichte über einen Bildhauer, der zu einem seiner Lehrlinge sagte: »Siehst du den Marmorklotz da hinten? Dieser Klotz ist in Wirklichkeit ein Pferd. Meine Aufgabe ist es, alles abzuhauen, das nicht wie Pferd aussieht.« Wenn wir Gott lieben und ihn mehr und mehr kennenlernen, wird unser Gehorsam ihm erlauben, all das abzuhauen, das uns davon abhält, ihm ähnlicher zu werden.

Gott sozial lieben

Als Mitglied einer Studentenverbindung in der Uni musste ich in meinem sozialen Leben einige schwierige Entscheidungen treffen. Viele Jungs aus der Verbindung tranken und gingen auf Partys. Letztlich musste ich mich entscheiden, ob die Freundschaften meiner Verbindungs-Brüder wichtig genug waren, dass ich zu Kompromissen bereit sein würde über das, was Gott von mir wollte. Ich entschied mich gegen den Kompromiss. Das Ergebnis war, dass Gott mir zeigte, dass er mein Freund sein und andere Freunde in mein Leben bringen würde, die mich unterstützen und als Christ ermutigen würden. Nachdem ich diese Entscheidung getroffen hatte, begann ich, danach zu trachten, dass Gott mir in jedem Aspekt meines sozialen Lebens zeigte, wie ich ihn lieben könnte.

Von meiner Erfahrung mit der Studentenverbindung blieb meine Entschlossenheit, anderen ein echter Freund zu sein und echte Freundschaften aufzubauen – nicht aufgrund dessen, was die Leute tun können, um mir zu helfen, sondern was ich tun könnte, um für sie da zu sein. Gott wird uns zu unserem Ziel bringen, indem wir Freundschaften entwickeln, vor allem, wenn es unser Ziel ist, ihn mit ganzer Seele zu lieben.

Gott geistig lieben

Kurz nachdem ich ins College kam, erkannte ich, dass ich nicht mehr so großartige Erfolge hatte wie in der High School. Ich hatte mir akademische Ziele gesetzt und mich entschlossen, mindestens ein Zweier-Schüler zu sein. Meine erste Prüfung war in Geschichte; das sollte mein Hauptfach werden. Ich lernte wie verrückt. Aber als die Prüfungsergebnisse kamen, stellte ich fest, dass ich 74 Punkte hatte – eine Vier. Ich hatte noch nie im Leben eine Vier gehabt!

Also entschloss ich mich, für den nächsten Test noch härter zu lernen. Ich verbrachte so viel Zeit wie möglich damit, mich darauf vorzubereiten. Diesmal bekam ich keine 74 Punkte; ich bekam 47! Meine akademischen Ziele gingen schnell den Bach runter. Es war, als würde der Boden, auf den ich mich völlig verlassen hatte, unter meinen Füßen weggezogen. Es war auch keine Hilfe, dass einer meiner Mitbewohner ein *Fulbright Stipendiat* war und ein Verbindungs-Bruder ein *Rhodes Stipendiat*.

Mein wackliger Start ins College bewirkte, dass ich mich geistig sehr minderwertig fühlte. Aber einige Zeit später verwirklichte Gott für mich die Wahrheit aus Römer 12,2: *»Und seid nicht gleichförmig dieser Welt, sondern werdet verwandelt durch die Erneuerung des Sinnes.«* Ich erkannte, dass ich, wenn ich Jesus Christus kennenlernte, das Denken Christi erhalten würde (Philipper 2,5). Und ich begann zu sehen, dass Gott meinen Verstand so geschaffen hatte, wie er ihn haben wollte, um mich nach meiner Einzigartigkeit zu gebrauchen.

Mein persönliches Ziel, *»Gott mit meinem ganzen Verstand zu lieben«*, ist zu lernen, Gottes Gedanken zu denken, die so viel höher sind als unsere Gedanken (Jesaja 55,8-9). Gott geistig zu lieben bedeutet, Gottes Wort beständig zu studieren, es anzuwenden und das, was er mich gelehrt hat, anderen weiterzugeben.

Gott physisch lieben

Weil ich immer sehr sportlich war, hatte ich nie große Probleme, fit zu bleiben. Aber nachdem ich den College-Abschluss hatte, begann ich zu verstehen, dass ich aus dem falschen Grund auf meine Fitness achtgegeben hatte – um der Beste im Sport zu sein. Gott begann, mir zu zeigen, dass sein Ziel, mich körperlich fit zu halten, ein vollkommen anderes war. Gott möchte, dass ich auf meinen Körper achtgebe, weil er sein Tempel ist (1. Korinther 6,19).

Körperliche Disziplin ist wichtig. Durch Training, gesunde Ernährung und Ruhe können wir unseren Körper in Form halten, so dass Gott den größten Nutzen aus ihm ziehen kann – zu seiner Ehre.

Unsere Ziele für jeden dieser Bereiche zu bestimmen, ist nicht etwas, das wir tun, um uns schuldig zu fühlen, wenn wir versagen. Es ist Gottes Art, den Weg mit uns zu gehen (oder sogar zu rennen), um den Zweck unseres Lebens zu erfüllen.

 **Action Point**

1. Denke über Jeremia 29,11-13 nach. Beschäftige dich auch noch mal mit deinem Ziel, das du in der letzten Einheit beschrieben hast (Frage 4 im Action Point). Was hat Gott mit ganzem Herzen, ganzer Seele, ganzem Verstand und ganzer Kraft zu lieben, mit deinem Ziel zu tun, Gott maximal zu verherrlichen. Schreib deine Gedanken dazu hier auf.

_____

_____

_____

_____

_____

_____

_____

_____

_____

2. Bist du manchmal unwillig, dir »Lebensziele« zu setzen? Sie sind »irgendwo da draußen«. Beängstigend. Aber sie können deinen Traum in Wirklichkeit verwandeln. Diese Übungen, Ziele zu setzen, werden dir helfen, den Traum in messbare, mundgerechte Häppchen zu verwandeln. Es ist wichtig, auf lange Sicht zu denken. Das bedeutet nicht, dass die Lebensziele messbar sein müssen. Wenn »lebenslang« zu weit weg klingt, dann denke zehn Jahre weiter. Lass nicht zu, dass der Prozess dich überwältigt. Wir werden die Ziele später neu schreiben und in Jahres-Ziele umwandeln, die greifbar sind. Am Ende wirst du jeden Tag dein Lebensziel erreichen.

3. Überlege dir in der folgenden Tabelle die geistlichen, sozialen, geistigen und körperlichen Bereiche deines Lebens, und schreibe für jeden Bereich mindestens ein Ziel auf. Lass dir Zeit, zu beten und nachzudenken, während du das tust. Geh sicher, dass das, was du aufschreibst, wirklich das ist, was du tun willst.

	Persönliche Ziele
1. Geistlich	
2. Sozial	
3. Geistig	
4. Körperlich	

4. Lerne Matthäus 22,36-38 auswendig. Fahre mit deinem täglichen Bibelstudium aus einem biblischen Buch fort.

 **EINHEIT 3**
Beziehungen verbessern

In der High School hatte ich eine Menge »Freunde«, aber ich war häufig selbstsüchtig und benutzte sie, um meine Ziele zu erreichen. Ich liebte sie nicht wirklich. Nachdem ich Jesus begegnet war, verstand ich seine Liebe zu mir, und durch den Heiligen Geist begann ich, sein größtes Gebot (Gott mit ganzen Herzen, ganzer Seele, ganzer Kraft und ganzem Verstand zu lieben), anzuwenden. Von dem Moment an begannen sich meine Beziehungen zu anderen zu verändern. Langsam sah ich, wie der zweite Aspekt von Jesu größtem Gebot in meinem Leben Wurzeln schlug. Ich fing an, meinen Nächsten zu lieben wie mich selbst (Matthäus 22,39). Dies wurde da am sichtbarsten, wo meine Eltern, meine Schwester und das andere Geschlecht betroffen waren.

Wenn Gott verherrlicht werden soll, ist die zweite Hälfte des größten Gebots genauso wichtig wie die erste. Jesus sagte, dass unsere Liebe zueinander die Tatsache bezeugt, dass wir ihm gehören: »*Ein neues Gebot gebe ich euch, dass ihr einander liebt, damit, wie ich euch geliebt habe, auch ihr einander liebt. Daran werden alle erkennen, dass ihr meine Jünger seid, wenn ihr Liebe untereinander habt*« (Johannes 13,34-35). Die Liebe, die er in diesen Versen beschreibt, ist die Liebe, die sich auf Gott konzentriert.

Paulus hat erklärt, wie wir Gottes Liebe zueinander anwenden können: »(dass ihr) *nichts aus Eigennutz oder eitler Ruhmsucht tut, sondern dass in der Demut einer den anderen höher achtet als sich selbst; ein jeder sehe nicht auf das Seine, sondern ein jeder auch auf das der anderen!*« (Philipper 2,3-4).

Bevor wir weitergehen, lasst uns Gott darum bitten, dass er uns die Demut schenkt, andere Menschen und ihre Interessen als genauso wichtig zu achten wie unsere eigenen. Gott ist der Einzige, der uns diese Art von Liebe zu anderen geben kann!

Den Nächsten lieben: Familie

Andere zu lieben, beginnt zu Hause. Wie können wir den Menschen außerhalb unserer Familie Gottes Liebe zeigen, wenn wir nicht gelernt haben, sie innerhalb unserer Familie zu zeigen? Aber häufig ist gerade das der schwierigste Ort von allen, Liebe zu zeigen. Wie also zeigen wir unserer Familie Gottes Liebe für sie?

Ehegatten haben das Privileg, ihre Frauen so zu lieben, wie Christus die Gemeinde liebte – aufopfernd (Epheser 5,24). Ehefrauen zeigen ihre Liebe zu ihren Männern, indem sie sie respektieren und ehren (Epheser 5,23-24). Eltern zeigen ihre Liebe zu ihren Kindern, indem sie sie in der Zucht und Weisung des Herrn aufziehen (Epheser 6,4). Söhne und Töchter zeigen ihre Liebe zu ihren Eltern, indem sie ihnen gehorchen (Epheser 6,1-3).

Alleinstehende Menschen konzentrieren ihre Liebe zur Familie auf die Eltern, Brüder oder Schwestern. Waisen (diejenigen, die keine Familie haben, oder deren Familie nicht da ist) brauchen jemanden aus der Gemeinde, der sie »adoptiert«.

Wir wollen uns darauf konzentrieren, dass wir konkret und praktisch sind, wenn wir anfangen, unsere Liebe innerhalb unserer Rolle in der Familie zu zeigen. Ich zum Beispiel, da ich ein Ehemann und Vater bin, bin laut Bibel ein »Priester« für meine Familie. Als Priester bete ich für meine Familie. Eines meiner Ziele ist es also, jeden Tag aktiv für jedes Familienmitglied zu beten. Konkrete Ziele wie dieses zu setzen, hilft mir, mich darauf zu konzentrieren, was ich genau tun muss, um meine Liebe zu zeigen.

Meinen Nächsten lieben: Freunde

Lasst uns nun unsere Beziehungen außerhalb unserer Familien betrachten. Diese »anderen« sind genauso in Jesu größtes Gebot, den Nächsten zu lieben wie uns selbst, einbezogen.

Ein großes Beispiel für echte Freundschaft finden wir in der Geschichte von David und Jonathan (1. Samuel 18,1-4). An ihrer Freundschaft können wir vier Ebenen entdecken, wie man Beziehungen vertiefen kann:

1. Anziehung – das erste Stadium des Kennenlernens (V. 1)

2. Zuneigung – gemeinsam Erfahrungen teilen, die sich auf gemeinsamen Zielen gründen (V. 1)

3. Zuverlässigkeit – eine Tiefe der Vertrautheit, die andere ermutigt, konfrontiert und noch enger mit Gott verbindet (V. 3)

4. Agape – die Bereitschaft, für den anderen zu sterben (V. 4)

Tiefe Freundschaften können sich in jedem dieser vier Bereiche entwickeln. Wenn zwei Menschen sich darauf konzentrieren, Gottes Liebe zueinander zu zeigen, wird ihre Beziehung von einem Bereich der Freundschaft zum nächsten übergehen.

Wir brauchen mindestens zwei Freunde, mit denen wir die wichtigen Themen unseres Lebens teilen können. Wenn wir über unsere jetzigen Freundschaften nachdenken, sollten wir uns diese Fragen stellen:

1. Wer sind meine Freunde? Brauche ich noch mehr Freunde? Wo kann ich sie am besten treffen?

2. Bin ich dazu bereit, von mir abzugeben, um meine Freundschaften zu vertiefen?

3. Teile ich »gemeinsame Erfahrungen, die sich auf gemeinsame Ziele gründen« mit meinen jetzigen Freunden?

4. Bin ich auch nur einem meiner Freunde so ergeben, dass ich mein Leben für ihn lassen würde?

Unterschätze nicht den Wert und die Wichtigkeit von Freundschaft. Erkenne, dass jeder Mensch, den wir treffen, eine göttliche Verabredung ist, die ein Potenzial zur Freundschaft hat. Wenn wir die Ziele verfolgen, die wir uns bezüglich unserer Freunde und Familie gesetzt haben, werden wie ein Gefühl der Erfüllung erlangen, das nur durch die Liebe, die wir durch Gott selbst erfahren, übertroffen werden kann.

 **Action Point**

1. Galater 5,13-14 wird dabei helfen zu verdeutlichen, wie die Liebe zu unserer Familie und unseren Freunden Gott aufs Höchste verherrlicht. Schreib deine Gedanken dazu auf, wie die Liebe zu deiner Familie und deinen Freunden sich in deine Lebensziele einfügt.

_____

_____

_____

_____

_____

_____

_____

_____

_____

_____

_____

_____

_____

2. Schreib deine Lebensziele auf, die deine Liebe zu deiner Familie zeigen.

Familienziele
1.
2.
3.
4.

3. Schreib deine Lebensziele für deine Freunde auf.

Freundschaftsziele
1.
2.
3.
4.

4. Lerne Johannes 15,13 auswendig und mach täglich deine Stille Zeit mit Gott.

EINHEIT 4
Gestalte deinen Dienst!

Lee ist Geschäftsmann. Seine Frau Sue ist Hausfrau und Mutter. Beide sind zufrieden mit dem, was sie tun, und haben das Gefühl, dass Gott sie in ihre jeweilige Verantwortung gestellt hat. Beide lieben Jugendliche. Lee geht am Nachmittag von der Arbeit zur High School, um beim Sport zuzusehen und die Sportler zu ermutigen. Sue leitet die Jugendarbeit für ihre Gemeinde. Zusammmen leiten sie einen Leiterkurs und arbeiten mit Jugendlichen in Jüngerschaftsgruppen.

Arbeit und Dienst scheinen wegen der zeitlichen Begrenzung oft meilenweit voneinander entfernt. Aber Lee und Sue haben sie in einer harmonischen Balance zusammengebracht. Wie haben sie das geschafft? Und, wie können wir das schaffen?

Lee und Sue sind normale Menschen. Aber sie haben sich entschieden, alles zu tun, was nötig ist, um Jesu größtes Gebot an den Jugendlichen dort zu erfüllen, wo sie sind. Jesu letztes Gebot an uns war: »*Geht nun hin und macht alle Nationen zu Jüngern und tauft sie auf den Namen des Vaters und des Sohnes und des Heiligen Geistes, und lehrt sie alles zu bewahren, was ich euch geboten habe! Und siehe, ich bin bei euch alle Tage bis zur Vollendung des Zeitalters*« (Matthäus 28,19-20). Mit dem größten Gebot als erstes Hauptziel ist der Missionsauftrag das zweite große Ziel, das Gott für unser Leben hat.

Jedes der vier Evangelien und die Apostelgeschichte bezeugen den Missionsauftrag. Er muss wirklich sehr wichtig sein! In der Apostelgeschichte beschreibt es Jesus so: »*Aber ihr werdet Kraft empfangen, wenn der Heilige Geist auf euch gekommen ist; und ihr werdet meine Zeugen sein, sowohl in Jerusalem als auch in ganz Judäa und Samaria und bis an das Ende der Erde*« (Apostelgeschichte 1,8). Für uns kommt »Jerusalem« dem Ort am nächsten, der unser Zuhause ist, wo wir am meisten Zeit verbringen. Wie die meisten Gläubigen sind die beiden Stellen, an denen wir außerhalb unseres Zuhauses die größte Zeit verbringen, die Arbeit und die Gemeinde. In diesen beiden Bereichen müssen wir den Missionsauftrag zuerst umsetzen.

Wir können Gottes Auftrag auf zwei Arten erfüllen. Erstens können wir bei unserer Arbeit und im Gemeindedienst herausragend sein. Die Bibel fordert uns dazu heraus, ausgezeichnet zu sein: »*Was ihr auch tut, arbeitet von Herzen als dem Herrn und nicht den Menschen, da ihr wisst, dass ihr vom Herrn als Vergeltung das Erbe empfangen werdet; ihr dient dem Herrn Christus*« (Kolosser 3,23-24). Zweitens können wir unsere Arbeit und unseren Gemeindedienst als Gelegenheit benutzen, andere für Jesus Christus zu beeinflussen, um den Missionsauftrag in die Tat umzusetzen. Das bedeutet, dass wir Gottes Gesandte werden, wo immer wir sind. Wie wir das tun, hat der Apostel

Paulus mit diesen Worten erklärt: »*So sind wir nun Gesandte an Christi Statt, indem Gott gleichsam durch uns ermahnt; wir bitten für Christus: Lasst euch versöhnen mit Gott!*« (2. Korinther 5,20). Lasst uns die folgenden Vorschläge in Betracht ziehen, um unsere Arbeit und den Gemeindedienst zu benutzen, um seinen Auftrag umzusetzen.

Arbeit/Berufliche Ziele

1. *Beten.* Indem wir für unsere Arbeit beten, werden wir Gottes Kraft freisetzen, dass wir unsere Arbeit ausgezeichnet erledigen, die Leute, mit denen wir arbeiten, missionieren und Ereignisse, Aktivitäten und Projekte im Büro positiv beeinflussen.

2. *Studieren.* Indem wir Zeit darauf verwenden, unsere Ziele für unsere Arbeit zu planen, werden wir für das, was wir täglich tun, einen konzentrierteren, einfühlsameren und durchdachteren Ansatz erleben.

3. *Leiten.* Wenn wir mit Menschen arbeiten, können wir sie ermutigen, so dass sie erfolgreich sein werden. Unsere Leitung bei der Arbeit ist keine kalte, herzlose Hingabe zur Pflichtversessenheit, sondern eine mitfühlende Sorge für die Menschen um uns herum.

4. *Dienen.* Ob wir mit Gläubigen oder Ungläubigen arbeiten, wir können zeigen, dass die anderen Menschen uns ein Anliegen sind. Ob wir die Initiative ergreifen, das Evangelium Ungläubigen mitzuteilen oder ob wir Gläubige herausfordern, in Christus zu wachsen, wir müssen uns selbst als Diener sehen. Dieser Dienst kann sich auf sehr einfache Weise zeigen, indem man zum Beispiel ein ermutigendes Wort sagt oder auf sehr engagierte Weise, indem man eine evangelistische Bibelgruppe beginnt.
Ein Acht-Stunden Arbeitstag wird aufregend, wenn wir unseren Beruf als Dienst ansehen.

Ziele für den Dienst

1. *Beten.* Wir müssen für die jungen Menschen, die uns anbefohlen sind, namentlich beten. Wir müssen auch für unsere Mitarbeiter der Jugendarbeit und für Jugendevents beten. Schreibe konkrete Bitten in dein Stille-Zeit-mit-Gott-Tagebuch und bete an verschiedenen Tagen der Woche für bestimmte Anliegen.

2. *Studieren.* Um uns auf unsere konkreten Aufgaben vorzubereiten, müssen wir Zeit aufwenden, um sie zu durchdenken, zu planen und Ziele zu setzen, die uns dazu fähig machen, unsere Verpflichtungen ausgezeichnet zu verwirklichen.

3. *Leiten.* Wir können uns Ziele für unsere Verpflichtungen als Leiter setzen, ob wir nun das Kochen bei einer Freizeit beaufsichtigen oder die Jüngerschaftsgruppe leiten.

4. *Dienen.* Ob wir zu einer großen Gruppe sprechen, Jugendliche in Jüngerschaftsgruppen leiten oder uns allein mit Einzelnen treffen, wir müssen uns immer fragen: »Wo stehen diese Menschen geistlich?«, »Wie kann ich diesen Leuten helfen, den nächsten Schritt zu gehen?« Wir werden unser maximales Potenzial für Christus erreichen, indem wir anderen helfen, ihr maximales Potenzial für Christus zu erreichen.

Lasst uns Gott darum bitten, dass die Realität von Jesu Sendebefehl uns einnimmt. Verbinde das mit dem größten Gebot und wir werden einen ausgeglichenen Ansatz für unsere Arbeit und den Dienst haben, der Gott verherrlicht und die Menschen um uns herum segnet.

 **Action Point**

1. Kolosser 3,23 wird verdeutlichen, wie dein Beruf und dein Gemeindedienst in deinen Traum passen, Gott maximal zu verherrlichen. Schreib aus dem, was dieser Abschnitt sagt, auf, wie die beiden zusammenpassen.

2. Konzentriere dich auf deine Lebensziele für deinen Beruf/Karriere.

Berufliche Ziele / Karriere
1.
2.
3.
4.

3. Jetzt setze den gleichen Fokus auf deine Lebensziele für den Dienst.

Ziele für den Dienst
1.
2.
3.
4.

4. Überdenke noch einmal deine Lebensziele aus den Action Points aus den Einheiten 2, 3 und 4. Trage deine Ziele auf das Blatt »Meine Lebensziele« auf der folgenden Seite ein. Dann kopiere das Blatt und tu die Kopie an einen Ort, wo du deine Ziele häufig ansehen kannst.

5. Lerne Apostelgeschichte 1,8 auswendig. Vergiss nicht, die vorigen Lernverse regelmäßig zu wiederholen und fahre mit deiner Zeit mit Gott im Gebet und im Bibelstudium fort.

Meine Lebensziele

Zweck: Gott zu verherrlichen (1. Korinther 10,31)

Ziel 1: Das größte Gebot erfüllen (Matthäus 22,36-38)

Persönliche Ziele
1. Geistlich
2. Sozial
3. Geistig
4. Körperlich

Ziele für die Familie
1.
2.
3.
4.

Ziele für Freundschaften
1.
2.
3.
4.

Ziel 2: Den Missionsauftrag erfüllen (Matthäus 28,18-20)

Ziele für den Beruf
1.
2.
3.
4.

Ziele für den Dienst
1.
2.
3.
4.

EINHEIT 5

Wie man seine Zeit weise nutzt

Wie ein frustrierter Jongleur versuchen wir, unser Privatleben, Familie, Freunde, Beruf und Gemeinde zu balancieren. Das Gleichgewicht zu halten, ist ein permanenter Kampf, aber es ist nicht unmöglich. Jesus lebte ein Leben im Gleichgewicht. Er *»nahm zu an Weisheit und Alter und Gunst bei Gott und den Menschen«* (Lukas 2,52).

Gott wünscht uns ein Leben im Gleichgewicht. Ein Leben im Gleichgewicht fängt damit an, dass wir wissen, wo Gott möchte, dass wir hingehen; wie sein Plan für uns ist, wie wir da hinkommen und wie wir seinen Plan ausführen. Sogar jetzt, wenn wir all die Ziele betrachten, die wir aufgeschrieben haben, fragen wir uns, wie wir das alles unter einen Hut bekommen wollen.

Einen ausgewogenen Lebensstil zu bekommen, ist so ähnlich, wie eine Spiegelreflexkamera scharf zu stellen. Wenn wir in die Linse schauen, ist das Bild unscharf und wir sehen zwei verschiedene und getrennte Bilder. Um das Bild scharf zu bekommen, müssen wir die Linse drehen, bis die beiden Bilder ein scharfes Bild werden. Während der letzten vier Einheiten haben wir die Linse des Lebens auf unser Ziel, Gott aufs Höchste zu verherrlichen, scharf gestellt. In dieser Einheit werden wir unseren Zweck und unser Ziel in die praktische Realität unseres Alltags bringen – wie wir unsere Zeit nutzen.

Zeit weise nutzen

Paulus sagt uns: *»Seht nun genau zu, wie ihr wandelt, nicht als Unweise, sondern als Weise! Kauft die rechte Zeit aus! Denn die Tage sind böse!«* (Epheser 5,15-16). Wenn er sagt: *»Seht nun genau zu«*, meint er, dass wir in der Art, wie wir uns verhalten, ganz gewissenhaft sein sollen. Wir können das tun, indem wir »aus jeder Gelegenheit das Beste machen«. Also müssen wir eine heilige Ware weise nutzen – unsere Zeit.

Wie wir unsere Zeit nutzen, ist weit wichtiger als unsere Verwendung von Geld. Wir können Geld sparen und es investieren, Profit machen und den wiederum investieren. Aber Zeit kann nie gespart werden. Man kann sie nur ausgeben.

Gott hat uns dazu berufen, unsere Zeit gut zu verwenden. Unsere Zeit weise zu nutzen, schafft verschiedene positive Vorteile:

(1) Wir schaffen unsere Arbeit schneller und haben Zeit für anderes.

(2) Wir haben das Gefühl, etwas geschafft zu haben, statt dass wir uns schuldig fühlen und überrascht sind, wo die Zeit hin ist.

(3) Uns bleibt die Frustration erspart über das ewige »Was muss ich als Nächstes tun?«

(4) Wir können mehr Entscheidungen nach reiflicher Überlegung treffen, anders als in einer Krisensituation.

(5) Wir geben vor, wie wir unsere Zeit nutzen, anstatt dass andere unsere Zeit für uns planen.

(6) Wir arbeiten mit einem Plan, der uns in der Spur hält.

(7) Wir erkennen besser die Möglichkeiten, die wir haben.

(8) Wir werden vor einem Burn-Out bewahrt.

Unsere Zeit weise zu nutzen, ist eine erlernbare Fähigkeit. Wir »wissen« nicht instinktiv, wie wir unsere Zeit managen sollen, aber wenn wir uns darauf konzentrieren, unsere Zeit weise zu nutzen, werden wir ein Gefühl dafür entwickeln. Wenn wir die Werkzeuge erkennen, die uns dafür zur Verfügung stehen, entdecken wir auch mehr und mehr die Freiheit, unsere Zeit zu nutzen. Die wichtigsten Werkzeuge, die uns dabei helfen, sind unsere Jahres-Ziele und unser Zeitplan.

Jahres-Ziele – In der letzten Einheit haben wir »Meine Lebensziele« ausgefüllt. Jetzt können wir diese Lebensziele nehmen und sie in Jahres-Ziele aufteilen. Wenn wir jedes Lebensziel betrachten, sollten wir uns die einfache Frage stellen: »Was möchte Gott dieses Jahr von mir?« Wenn wir jedes Ziel aufschreiben, sollten wir es nachprüfbar machen und uns eine Deadline setzen, wann es erledigt sein soll.

Zeitplan – Die meisten Menschen folgen nicht gerne einem Zeitplan, vor allem diejenigen nicht, die ihn am nötigsten haben! Aber ein Zeitplan zwingt uns dazu, unsere Zeit weiser zu nutzen. Er ist wie eine Karte, die uns unseren Weg zum Ziel weist – Gott zu verherrlichen. Diese Hinweise werden uns helfen, unsere Zeit effektiv zu nutzen.

(1) Schreib deinen *tatsächlichen* Zeitplan (nicht wie du ihn gerne hättest) eine Woche lang in 30-Minuten-Abschnitten auf (siehe auch der »Tägliche Zeitplan für eine Woche« auf Seite 182).

(2) Markiere die regelmäßigen und wiederkehrenden Verpflichtungen, die du jede Woche hast.

(3) Frage dich: »Ist jedem Ziel eine bestimmte Zeit zugeordnet?«

(4) Überprüfe den Wochenplan auf deine Ziele. Versuche das eine Woche lang. Wo es nötig ist, ändere den Plan. Dann plane jede Woche mit diesem »Idealen Wochenplan«.

(5) Führe einen Tagesplan und einen Kalender. Ein Tagesplan hilft dir, deine Ziele kurzfristig zu erreichen.

(6) Sprich mit deiner Familie über deinen Plan. Passe den Plan ihren Bedürfnissen an.

(7) Mach eine »To Do«-Liste, auf der du die fünf wichtigsten Dinge, die du an dem Tag erledigen musst, in der Reihenfolge ihrer Wichtigkeit aufschreibst.

(8) Nutze Wartezeiten weise. Du solltest immer etwas bei dir haben, das du während einer Wartezeit erledigen kannst, z. B. etwas aufschreiben, Lernverse wiederholen, ein paar Seiten in einem Buch lesen, etc.

(9) Achte auf diese Zeitverschwender:
Schlechte Organisation
Nicht richtig delegieren
Unnötigen Treffen beiwohnen
Müdigkeit
Unpünktlichkeit
Fernsehen
Unnötige Unterbrechungen
Verzögerungen
Junk Mails lesen

Denk daran:
99 Zeit ist Leben!
Wir geben Zeit aus, ob wir etwas Wertvolles tun oder nicht.
Gott möchte, dass wir Zeit damit verbringen, seine Pläne für unser Leben zu erfüllen. 66

 **Action Point**

Denk daran:
Mach drei oder vier Kopien von »Täglicher Zeitplan für eine Woche« auf Seite 182. Auf diese Weise kannst du ihn in der Woche bei dir haben. Benutze dieses Blatt sowohl für deinen Täglichen Zeitplan als auch für deinen Idealen Wochenplan.

1. Wozu fordert uns Gottes Wort in Bezug auf unser Nutzen der Zeit heraus?

Psalm 90,1-2.12

_____

Epheser 5,15-16

_____

Kolosser 4,5-6

_____

2. Betrachte deine Lebensziele aus der letzten Einheit, dann fülle das Blatt mit den Jahres-Zielen aus. Passe jedes deiner Lebensziele einem messbaren Jahres-Ziel an. Setz dir für jedes eine Deadline. (Beispiel: Wenn eines deiner Lebensziele für den Dienst ist: »Evangelisieren zur Priorität machen«, kann dein Jahres-Ziel sein »Jede Woche mindestens einem Menschen von Christus erzählen« [zwei Stunden].) Diese Jahres-Ziele aufzuschreiben, wird Zeit und Überlegung brauchen, aber wenn du es fertigstellst, wirst du sehr viel produktiver sein.

3. Führe diese Woche einen täglichen Zeitplan. Es wird dir helfen zu erkennen, wie du deine Zeit tatsächlich verbringst. Mach einen Haken neben die Aktivitäten, die zu deinem Jahres-Ziel gehören.

4. Lerne Epheser 5,15-16 auswendig. Fahre mit deiner täglichen Stillen Zeit mit Gott fort.

Meine Jahres-Ziele

Zweck: Gott verherrlichen (1. Korinther 10,31)

Ziel 1: Das größte Gebot erfüllen (Matthäus 22,36-38)

Persönliche Ziele	fällig am	voraussicht- lich fertig
1. Geistlich		
2. Sozial		
3. Geistig		
4. Körperlich		

Ziele für die Familie	fällig am	voraussicht-lich fertig
1.		
2.		
3.		
4.		

Ziele für Freundschaften	fällig am	voraussicht-lich fertig
1.		
2.		
3.		
4.		

Ziel 2: Den Missionsauftrag zu erfüllen (Matthäus 28,18-20)

Ziele für den Beruf / Karriere	fällig am	voraussicht- lich fertig
1.		
2.		
3.		
4.		

Ziele für den Dienst	fällig am	voraussicht- lich fertig
1.		
2.		
3.		
4.		

Zeit	6:00	6:30	7:00	7:30	8:00	8:30	9:00	9:30	10:00	10:30	11:00	11:30	12:00	12:30	13:00	13:30	14:00	14:30	15:00	15:30	16:00	16:30	17:00	17:30	18:00	18:30	19:00	19:30	20:00	20:30	21:00	21:30	22:00	22:30	23:00	23:30
Sonntag Aktivität																																				
1-J-Ziel																																				
Priorität																																				
Montag Aktivität																																				
1-J-Ziel																																				
Priorität																																				
Dienstag Aktivität																																				
1-J-Ziel																																				
Priorität																																				
Mittwoch Aktivität																																				
1-J-Ziel																																				
Priorität																																				
Donnerstag Aktivität																																				
1-J-Ziel																																				
Priorität																																				
Freitag Aktivität																																				
1-J-Ziel																																				
Priorität																																				
Samstag Aktivität																																				
1-J-Ziel																																				
Priorität																																				

EINHEIT 6
Im Zeitplan bleiben (Gruppenprojekt)

Der Zweck dieser Einheit ist es, auf den Action Points der letzten Einheit aufzubauen und diese zu vertiefen. Fülle deinen persönlichen Zeitplan allein aus und arbeite dann mit der Gruppe, um einen Plan für die Jugendarbeit zu entwerfen.

Deinen persönlichen Plan entwickeln

Schritt 1 – Nimm dir etwa 15 Minuten Zeit, um deine Jahres-Ziele aus dem Action Point der letzten Einheit zu wiederholen, und vergleiche sie mit dem täglichen Zeitplan, den du in der letzten Woche geführt hast. Verbringe ein paar Minuten im Gebet, und bitte Gott um Weisheit dafür, wie du deine Zeit nutzen solltest, wenn du deinen Zeitplan durcharbeitest.

Schritt 2 – Werte deinen Zeitplan aus, um sicherzugehen, dass du genug Zeit für deine Verpflichtungen in der Jugendarbeit einplanst.

Denk daran:
- Einige Dinge dauern oft länger, als wir denken.
- Plane Unterbrechungen mit ein, um deinen Zeitplan flexibel zu halten.
- Zeit weise zu nutzen, ist eine immerwährende Aufgabe, also solltest du deine Ziele und deinen Plan immerzu verbessern.
- Trage deine Ziele in deinem Zeitplaner immer bei dir.

Einen Zeitplan für die Jugendarbeit entwickeln

Schritt 1 – Um deine Ziele und Planungsfähigkeiten zu verbessern, sollten wir als Gruppe die Ziele und den Zeitplan des Gruppenleiters für die Jugendarbeit auswerten.

Schritt 2 – Dein Jugendleiter sollte Ziele für die Jugendarbeit vorgeben. Arbeite an diesen, bis sie praktikabel und greifbar sind. Sie sollten deine Vision und Strategie widerspiegeln.

Schritt 3 – Dein Jugendleiter sollte zwei vorläufige, ausgedruckte Zeitpläne für die Jugendarbeit vorbereiten – einen für das Jahr und einen für jede Woche. Wertet diesen Plan aus und überarbeitet ihn, um sicherzugehen, dass er die Ziele der Jugendarbeit widerspiegelt.

Schritt 4 – Stelle fest, wie deine Ziele in die Ziele der Jugendarbeit passen und wie sich dein Zeitplan mit dem der Jugendarbeit überschneidet. Diskutiere das, was du herausgefunden hast, mit der Gruppe.

 EINHEIT 7
Entdecke deine geistlichen Gaben!

Was ist deine geistliche Gabe? Diese Frage kann eine Vielzahl an Reaktionen auslösen. Wie ist deine Reaktion?

(1) »Darauf antworte ich nicht. Diskussionen über geistliche Gaben können zu so bizarren Themen wie Schlangenbeschwörung führen.«

(2) »Ich spiele sonntagsmorgens gerne Klavier.«

(3) »Ich habe nicht die leiseste Ahnung.«

(4) »Ich rede in Zungen. Das ist die wichtigste Gabe.«

Vielleicht ist einer der schwersten Fehler in den Gemeinden heutzutage das ungenügende Wissen oder die falsche Vorstellung über geistliche Gaben. Wenn du deine geistlichen Gaben nicht kennst, bist du nicht der Einzige. Wenn du die Rolle der geistlichen Gaben überbewertest, bist du auch nicht der einzige. Es ist unerlässlich, eine ausgewogene, biblische Ansicht über geistliche Gaben zu entwickeln, um Jugendlichen mit deiner größten geistlichen Stärke zu dienen.

Vielleicht ist es dir wegen deines Hintergrundes unangenehm, über geistliche Gaben zu diskutieren, oder du denkst, dass du alles darüber weißt, was es zu wissen gibt. Wie auch immer, geistliche Gaben sind der Muskel für den Dienst an der Gemeinde. Also versuche, deine Vorurteile und vorgefasste Meinung beiseite zu stellen, und sei bereit zu erfahren, was die Bibel über dieses mächtige Werkzeug für den Dienst sagt.

Wozu braucht man geistliche Gaben?

Geistliche Gaben sind ein Teil von Gottes Hilfsmittel, um seinen Auftrag hier auf der Erde zu erfüllen. Sie sollten nicht mit menschlichen Fähigkeiten oder Talenten verwechselt werden. Einige Menschen haben großartige Talente und Fähigkeiten, die sich auf das Individuum konzentrieren, das diese Talente besitzt. Aber alle Christen erhalten geistliche Gaben, wenn sie ihr Leben Christus übergeben (siehe Römer 12,5-8 und 1. Korinther 12,7). Geistliche Gaben sind nicht dazu da, Aufmerksamkeit auf sich selbst zu ziehen, sie werden dazu benutzt, anderen zu dienen. Sie sind ein übernatürliches Geschenk von Gott an einen Gläubigen, um Gottes Werk zu tun.

Was sind geistliche Gaben?

Paulus hilft uns in 1. Korinther 12,4-6, zwischen drei Kategorien von geistlichen Gaben zu unterscheiden: »*Es gibt aber **Verschiedenheiten von Gnadengaben**, aber es ist derselbe Geist; und es gibt Verschiedenheiten* *von Diensten, und es ist derselbe Herr; und es gibt **Verschiedenheiten von Wirkungen**, aber es ist derselbe Gott«* (Hervorhebung durch den Autor).

Paulus erwähnt drei Gruppen von Gaben, und jede dient einem anderen Zweck.

(1) In dem Ausdruck *»Verschiedenheiten von Gnadengaben«* steckt das Wort *charis* oder Gnade. Gnadengaben motivieren uns zum Dienst. Sie dienen dem grundsätzlichen inneren Antrieb, den Gott durch den Heiligen Geist in jeden Christen legt, damit er seine Gemeinde baut. Eine Liste von Gnadengaben steht in Römer 12,4-8.

(2) Der Ausdruck *»Verschiedenheiten von Diensten«* bedeutet, dass Gaben für den Dienst bestimmt sind. Wir verwenden diese Gaben, um unseren Dienst an anderen in der Gemeinde zu verstärken. Eine Liste dieser Gaben steht in Epheser 4,11 und 1. Korinther 12,27-31.

(3) Der Ausdruck *»Verschiedenheit von Wirkungen«* meint praktische Gaben der Arbeit. Dies sind übernatürliche Zeichen als Ergebnis des Wirkens des Heiligen Geistes in unserem Leben. Eine Liste der Gaben der Wirkung steht in 1. Korinther 12,7-11.

Zusammenfassend sind Gnadengaben dazu da, uns zum Dienst an anderen anzutreiben, uns zu motivieren, und sie haben eine große Freude zur Folge, wenn wir sie anwenden. Die Bibel scheint die Ansicht nahe zu legen, dass jeder Christ nur eine Gnadengabe erhält (1. Korinther 7,7; 1. Timotheus 4,14-15; 2. Timotheus 1,6; 1. Petrus 4,10). Wenn einige Menschen zwei oder mehr Gaben von Gott empfangen würden, andere hingegen nur eine, könnten erstere leicht geistlich stolz werden. Aber wenn jeder in der Hauptsache nur eine Gabe erhält, sind alle gleich gesegnet und werden im Leib Christi für den Dienst an seiner Gemeinde gleich gebraucht. Wenn keiner wichtiger ist als der andere, sind wir voneinander abhängig. Aus den Gnadengaben eines Menschen kann eine Reihe von dienstbaren Gaben für die Gemeinde entstehen. Wenn ein Mensch eine Gabe des Dienstes ausübt, können sich jede Menge Gelegenheiten für den Dienst ergeben. Wir wollen diese Gnadengaben, die uns in unserem Dienst motivieren, näher betrachten.

Was sind Gnadengaben?

Laut Römer 12,4-8 fallen mindestens sieben Gaben in die Kategorie Gnadengaben:

(1) *Weissagung* verkündet Wahrheit, deckt gottlose Beweggründe und Einstellungen auf (siehe 1. Korinther 14,6-12).

(2) *Dienen* zeigt Liebe, indem es praktische Bedürfnisse befriedigt (siehe Galater 5,13).

(3) *Lehre* verdeutlicht Wahrheiten oder bestätigt Wahrheiten, die schon vorgestellt worden sind (siehe Kolosser 3,16).

(4) *Ermahnung* belebt den Glauben von anderen (siehe Hebräer 3,13).

(5) *Mitteilen* vertraut anderen Hilfsmittel an, um den Dienst weiterzubringen (siehe 2. Korinther 9,6-8).

(6) *Vorstehen* führt die Aktivitäten von anderen zum Erreichen von gemeinsamen Zielen (siehe Hebräer 13,17).

(7) *Barmherzigkeit* identifiziert sich mit denen, die Sorgen haben und tröstet sie (siehe Lukas 6,36).

Gott möchte, dass wir die Gabe erkennen, die er uns gegeben hat und sie einsetzen! Aber woher wissen wir, welche Gabe Gott uns gegeben hat?

Wie kannst du deine geistliche Gabe entdecken?

Fünf Faktoren spielen eine wesentliche Rolle im Erkennen unserer geistlichen Gaben:

(1) *Glaube.* Wir müssen im Glauben darauf vertrauen, dass Gott uns mit Gaben versehen hat, wie es sein Wort sagt. (Siehe Johannes 15,16.) Wenn wir uns relativ sicher sind, was unsere Gabe ist, können wir sie im Glauben ausüben, indem wir die Gelegenheiten nutzen, unsere Gabe einzusetzen.

(2) *Gebet.* Lasst uns Gott bitten, unsere Gabe zu erkennen und uns ihr bewusst zu sein; vor allem, indem wir sie studieren und darüber beten (siehe Jakobus 4,2).

(3) *Verantwortung.* Mit der geistlichen Gabe kommt auch Verantwortung. Bevor wir also hingehen und unsere Gaben entdecken, müssen wir bereit sein, bestimmte Pflichten zu tragen, die mit unseren Gaben einhergehen (siehe Apostelgeschichte 6,2-8; 8,6.12-13; 21,8).

(4) *Offenheit.* Wir müssen unser Denken und unsere Herzen für das öffnen, was der Herr uns geben will. Angst durch frühere Erfahrungen und Unwissenheit, die uns dazu bringt, unsere Gaben abzulehnen, werden uns die Freude rauben, die wir durch ihre Ausübung bekommen. Wir müssen dieses Gebet Davids beten: »*Öffne meine Augen, damit ich schaue die Wunder aus deinem Gesetz*« (Psalm 119,18).

(5) *Bestätigung.* Unsere Wünsche, Erfahrungen und der Rat von anderen gehören alle in den Prozess der Entdeckung unserer Gaben. Wir können diese Quellen benutzen, um zu erfahren, was Gott uns über unsere geistlichen Gaben zeigen möchte.

Das griechische Wort für geistliche Gaben *charisma* bedeutet, dass Gott uns den Wunsch und die Macht gibt, seinen Willen zu tun. Und die griechische

Abwandlung *charis* bedeutet Glück. Wenn wir Jugendlichen dienen, werden wir ein Minimum an Müdigkeit und Frustration erleben und ein Maximum an Effektivität und Erfüllung, wenn wir unsere geistliche Gabe erkennen und ausüben.

Auch wenn diese Einheit nur eine Einführung zu diesem wichtigen Thema ist, haben wir hoffentlich genug Information gegeben, so dass wir anfangen können, unsere Gaben besser zu erkennen, auszuüben und anhand der Bibel zu studieren.

(Ein großer Teil des Konzepts für diese Einheit wurde aus einem unveröffentlichten Aufsatz von Don Crossland entnommen, mit dem Titel »*A Study of Spiritual Gifts*«.)

 **Action Point**

1. Studiere die folgenden Passagen genau, indem du die Methoden des Bibelstudiums aus Einheit 10 in »Mit Jesus Christus leben« anwendest:

   Römer 12,3-9   Epheser 4,11

   1. Korinther 12,27-31   1. Korinther 12,7-11

   Schreib die Gaben in die richtige Spalte auf Seite 188.

2. Welche Gnadengabe glaubst du zu besitzen? Warum?

   _____

   _____

   _____

   _____

3. Schreibe ein paar Möglichkeiten auf, wie du deine Gabe in deiner Jugendarbeit ausüben kannst. Sei konkret.

   _____

   _____

   _____

   _____

4. Lerne 1. Korinther 12,11 auswendig. Fahre fort, täglich in einem biblischen Buch zu lesen.

Gnadengaben (Motivation)	Gaben des Dienstes (Dienst)	Gaben der Wirkung (Manifestation)
Römer 12,6-8	Epheser 4,11 2. Korinther 12,28	1. Korinther 12,7-11

EINHEIT 8
Einen Jugendlichen zu Christus führen

Ich behaupte, dass fast jeder, der diese Einheit durcharbeitet, sagen würde, dass er an Evangelisation und an den Missionsauftrag glaubt. Aber in der Realität praktizieren viele Menschen nicht das, woran sie glauben. Viel zu wenige Menschen sprechen mit verlorenen Jugendlichen. Warum? Sieben Hindernisse tauchen immer wieder auf:

Hindernis	Ausdruck	Lösung
Schuld	»In meinem Leben laufen so viele Sachen falsch. Ich möchte nicht scheinheilig sein.«	Bekenntnis Römer 8,1; Johannes 1,9
Zweifel	»Ich bin mir nicht sicher, wie meine eigene Beziehung zu Christus ist. Wie kann ich sie anderen erklären?«	Bestätigung Johannes 5,24; 1. Johannes 5,11-13
Versagen	»Ich habe Angst zu versagen.«	Kraft des Heiligen Geistes Johannes 20,21-22
Apathie	»Ich habe Angst, mich zu sehr zu verpflichten oder zu sehr einzubinden.«	Richtige Motivation Markus 4,19
Unverschämtheit	»Ich könnte in die Privatsphäre von jemandem eindringen.«	Fürsorge 1. Thessalonicher 2,8
Unwissenheit	»Ich weiß nicht, was ich sagen soll. Was ist, wenn mich jemand etwas fragt, worauf ich nicht antworten kann?«	Jüngerschaft 1. Petrus 3,15-16
Ablehnung	»Ich habe Angst, was andere über mich sagen werden.«	Vertrauen in Christus Kolosser 1,27-29

Diese Hindernisse können überwunden werden. Aber auch wenn wir das schaffen, müssen wir das Evangelium kennen und wissen, wie wir es wirkungsvoll vorstellen können, damit wir den Jugendlichen Jesus Christus verständlich erklären können. Welche Werkzeuge brauchen wir in unserem Werkzeugkasten, um Christus an andere weiterzugeben?

Die Werkzeuge, die wir brauchen

(1) *Kommunikation* – Eine der großen Fragen des Zeugnisgebens ist: »Wie fange ich ein Gespräch mit einem Jugendlichen an?« Das Wichtigste ist, ein Freund zu sein. Konversation wird leicht fließen, wenn wir ein ehrliches Interesse am Leben des Jugendlichen haben. Für den Anfang werden uns einige grundsätzliche Gesprächsthemen helfen, wenn wir Zeit mit den Jugendlichen verbringen:

Familie
Freizeit
Interessen
Schule / Ausbildung
Wünsche / Bedürfnisse
Ziele

Eine weitere übliche Frage ist: »Wie schaffe ich die Überleitung vom Gespräch über die Interessen des Jugendlichen auf Jesus Christus?« An einem passenden Zeitpunkt im Gespräch können wir zum Beispiel sagen: »Denkst du manchmal über Jesus Christus nach?«, oder: »Kann ich dir mal erzählen, wie Jesus Christus mein Leben verändert hat?« Das sind einfache Fragen. Bitte Gott um den Mut, sie zu stellen. Lerne unbedingt die Tabelle »Wie baue ich eine Freundschaftsbrücke« am Ende der Einheit auswendig. Wenn du sie anwendest, werden deine Gespräche ganz natürlich dahin fließen, dass du die richtigen Fragen stellen und die richtigen Antworten geben kannst.

(2) *Zeugnis* – Unser Zeugnis ist unsere Geschichte. Niemand kann sie widerlegen. Lasst uns noch einmal wiederholen, was wir im Action Point von Einheit 4 geschrieben haben und diese Richtlinien anwenden. Sie werden uns helfen, unsere Geschichte wirkungsvoller zu erzählen.

* Unsere persönliche Erfahrung sollte die Aufmerksamkeit des Hörers wecken und halten.
* Fasse dich kurz und komm zum Punkt.
* Sprich von dir und deiner Beziehung zu Gott.
* Erzähle Details, sei konkret.
* Glaube an das, was du erzählst.
* Sei positiv.
* Sei vorbereitet.
* Habe dein Zeugnis klar vor Augen.

(3) *Evangelium* – Wenn du dein Zeugnis gegeben hast, kannst du fragen: »Hast du jemals darüber nachgedacht, Jesus in dein Leben zu bitten?« Wenn die Person dies bejaht, frage ihn: »Darf ich dir kurz erklären, wie das gehen kann?« Wenn er zustimmt, kannst du ihm das Evangelium in einfachen Worten erklären. Eine der wirkungsvollsten Arten, das Evangelium weiterzugeben ist es, eine kurze, geschriebene Erklärung des Evangeliums durchzugehen und die Person Fragen stellen zu lassen. Im Anhang findest du einige Grafiken, mit deren Hilfe du das Evangelium sehr anschaulich erklären kannst. Du kannst dir die Darstellung einprägen und bist dadurch gut darauf vorbereitet, anderen das Evangelium und den Weg zu Gott zu erklären.

(4) *Einladung* – Nachdem du das Evangelium erklärt hast, stell ihm die Frage: »Gibt es einen Grund, warum du Jesus Christus nicht in dein Leben aufnehmen willst?« Achte auf den Heiligen Geist und bedenke, dass in dem Menschen ein geistlicher Kampf stattfindet. Wir müssen für diesen Jugendlichen beten, während wir mit ihm sprechen. Gib diesem Menschen die Möglichkeit, Christus zu empfangen.

Vermeide es, dich darauf festzulegen, dass die Person Jesus Christus in diesem Moment empfängt. Bedenke, dass Jesus Christus empfangen mehr bedeutet, als das Evangelium zu hören und ein Gebet zu sprechen. Die Person muss bereit sein, eine bedeutende Entscheidung zu treffen. Die Vorbereitung und das Timing hängen vom Heiligen Geist ab.

(5) *Nacharbeit* – Wenn ein Jugendlicher sich entscheidet, Jesus zu folgen, ist eine unmittelbare Nacharbeit wichtig, damit der neue Gläubige in Christus wandeln kann. Wie ein neugeborenes Baby brauchen neue Gläubige Liebe, Nahrung, Schutz und Übung. Wenn möglich, vereinbare ein Treffen für später am gleichen Tag oder am nächsten, auch wenn es nur am Telefon ist.

Im Gespräch am nächsten Tag kannst du über Folgendes sprechen:

- *Das Evangelium.* Wiederholt das Evangelium und beantworte Fragen.
- *Die Entscheidung.* Geht noch einmal das Gebet durch, das der Jugendliche gebetet hat, und sei dir sicher, dass er versteht, was es bedeutet, eine Beziehung mit Jesus anzufangen.
- *Die Bestätigung.* Lest zusammen Abschnitte aus der Bibel wie Johannes 1,12; Johannes 10,27-28 und 1. Johannes 5,11-13.
- *Der Prozess des Wachstums.* Danach kannst du dem Jugendlichen das »Jesus Starter Kit« zeigen, ein Kurs, der Neubekehrten Hilfe auf den ersten Schritten der Nachfolge gibt. Du kannst diesen Kurs mit ihm durcharbeiten.
- *Die Gemeinde.* Lade ihn zu einem Treffen ein, das für ihn wichtig sein könnte.

Eine persönliche Strategie

Bevor wir unsere Jugendlichen dazu ausbilden, Zeugnis zu geben, muss es zu einer Realität in unserem Leben werden, den Glauben an andere weiterzugeben. Diese Schritte werden dir dabei helfen:

- Bilde ein Gebetsteam. Triff dich mit zwei anderen Leitern, und betet regelmäßig (am besten dreimal die Woche) für drei ungläubige Jugendliche.

- Baue Beziehungen zu ungläubigen Jugendlichen auf, indem du mindestens einmal in der Woche mit ihnen Zeit verbringst.

- Nimm einen gläubigen Jugendlichen mit, um mit ihm »vor Ort« zu üben, wenn du Zeit mit diesen ungläubigen Jugendlichen verbringst.

- Verabrede dich mit jedem Jugendlichen. Geht an einen ruhigen Ort, wo ihr reden könnt. Benutze die Werkzeuge, die in diesem Kapitel besprochen werden, um deinen Glauben an jemanden weiterzugeben.

- Gib deinem jugendlichen »Lehrling« nach und nach mehr Gelegenheit, sich darin zu üben, anderen über seinen Glauben zu erzählen. Beginne damit, dass er Zeugnis gibt und steigere langsam seine Rolle, bis er sich sicher genug fühlt, das ganze Gespräch zu führen und das Evangelium zu verkünden.

(Hinweis: Für das weitere Training bitte jemanden, der seinen Glauben regelmäßig weitergibt, dass er dir Tipps dafür gibt.)

 **Action Point**

1. Was ist dein größtes Hindernis, Zeugnis zu geben? Warum?

_____

_____

2. Entwickle dein Gebetsteam, indem du das Schaubild unten verwendest. Bete für und mit diesen Menschen. Später werden deine Jugendlichen entdecken, wie man in einem Gebetsteam betet. Die Strategie basiert auf den Anweisungen, die Jesus in Matthäus 18,18-20 gibt.

Das Prinzip geht so:

3 christliche Freunde

treffen sich **3** Mal in der Woche

und beten für **3** Freunde, die Christus brauchen

Wer sind deine gläubigen Freunde,
mit denen du beten wirst?

Wer sind die ungläubigen Freunde,
für die du beten wirst?

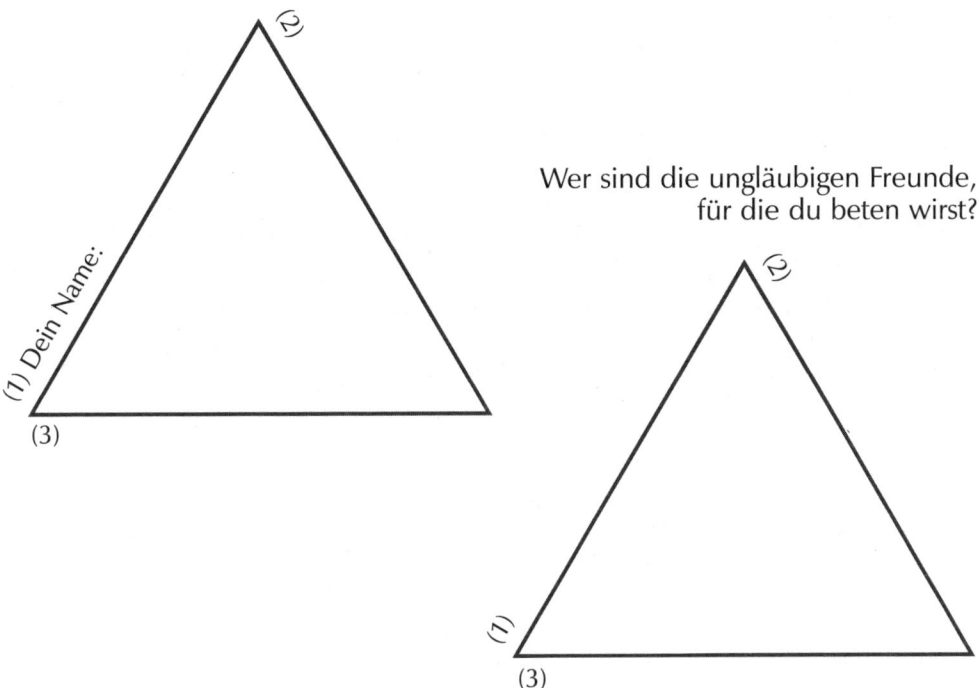

Ungläubige Freunde, die Christus brauchen				
Name	Geistlicher Zustand	Was ich tun kann	Gebets-anliegen	Reaktion
(1)				
(2)				
(3)				

3. Sprich diese Woche mit ungläubigen Freunden, indem du die Themenliste von Seite 190 benutzt. Schreibe hier die Ergebnisse dieser Gespräche auf.

_____

_____

_____

_____

4. Schreib dein Zeugnis auf, indem du diese Vorgaben verwendest (benutze dazu ein neues Blatt).

   (1) Wie ich gelebt habe, bevor ich Christus angenommen habe.

   (2) Wie ich Christus angenommen habe.

   (3) Wie sich mein Leben geändert hat, nachdem ich Christus angenommen habe.

   Wenn du dein Zeugnis schon einmal aufgeschrieben hast, sieh es dir noch einmal an und versuche das, was du früher geschrieben hast, noch mehr auf den Punkt zu bringen. Bereite es so auf, dass du es in zwei bis drei Minuten erzählen kannst.

5. Wen möchtest du gerne bitten, dir zu zeigen, wie man effektiv seinen Glauben weitergibt?

_____

_____

_____

6. Bete darum, dass Gott dir zeigt, wer dein jugendlicher Lehrling sein soll. Wer wird es sein?

_____

_____

_____

7. Lerne Lukas 19,10 auswendig. Fahre fort, täglich Stille Zeit mit Gott zu verbringen.

Die Freundschaftsbrücke

Wie du Freundschaften mit Jugendlichen aufbauen kannst

Hindernisse überwinden	Geistliches Interesse wecken	Dem Gespräch eine Wendung geben
• »Was ist deine Meinung zu ...?«	• »Erzähl mir von dir.«	• »Macht es dir etwas aus, wenn ich dir das Wichtigste erzähle, das mir je passiert ist?« (Gib dein Zeugnis.)
• »Denkst du auch, dass ...?«	• »Bist du in einer Gemeinde aufge-wachsen?«	
• »Was denkst du über ...?«	• »Denkst du manch-mal über geistliche Dinge nach?«	• »Bist du dir ganz sicher, dass du Jesus Christus nachfolgst oder bist du noch auf dem Weg dahin?« (Erzähle das Evangelium.)
• »Wie siehst du ...?«	• »Schätze auf einer Skala von 1 bis 10 dein geistliches Interesse ein.«	

Diese Brücke kann nach einem Treffen überquert sein; manchmal dauert es eine Zeit.

 ## EINHEIT 9
Einen neuen Gläubigen begleiten

Kinder zu kriegen, kann das Leben eines Menschen verändern! Es gehört so viel mehr dazu als nur die neun Monate, die nötig sind, um das Kind auf die Welt zu bringen. Dazu gehört die lebenslange Hingabe, das Baby aufzuziehen, bis es erwachsen ist – und auch die Rechnungen zu bezahlen!

Geistliche »Babys« brauchen genau die gleiche lebenslange Hingabe. Die Bibel sagt uns, dass neue Gläubige sind *»wie neugeborene Kinder, begierig nach der vernünftigen Milch«* (1. Petrus 2,2). Neue Gläubige haben bestimmte Bedürfnisse, die sie nicht selbst stillen können. Wie Babys brauchen sie »Eltern«, die ihre Bedürfnisse nach Liebe, Nahrung, Schutz und Übung stillen.

Liebe. Neu Bekehrte müssen die Sicherheit erleben, die daraus entsteht, dass sie angenommen und geliebt werden. Liebe zu zeigen, ist mehr als reden; sie braucht Handlung. Christus gab uns dafür den Schlüssel, als er sagte: *»Dies ist mein Gebot, dass ihr einander liebt, wie ich euch geliebt habe«* (Johannes 15,12). Jesu Liebe zu seinen Jüngern zeichnet sich aus durch seine Bereitschaft zu geben. Wenn wir seine Liebe neuen Gläubigen zeigen wollen, müssen wir auch bereit sein zu geben – unsere Zeit, unsere Kraft, uns selbst. Für einen neuen Gläubigen fängt diese Liebe mit der Freundschaft von jemandem wie uns an.

Nahrung. Neue Gläubige sind wie Babys total abhängig davon, dass jemand anderes sie füttert. Es ist genauso absurd zu erwarten, dass ein Neubekehrter sich selbst ernährt, wie von einem neugeborenen Baby zu erwarten, dass es in die Küche geht und sein eigenes Frühstück zubereitet. Jemand anderes muss sie ernähren und auf ihre Gesundheit achten. Das geschieht, indem sie *»durch die Worte des Glaubens und der guten Lehre«* genährt werden (1. Timotheus 4,6).

Schutz. Junge Christen, Babys und Schafe haben einiges gemeinsam. Wenn es darum geht, sich zu verteidigen, sind sie ziemlich hilflos. Neubekehrte müssen beschützt werden, denn *»euer Widersacher, der Teufel, geht umher wie ein brüllender Löwe und sucht, wen er verschlingen kann«* (1. Petrus 5,8). Junge Christen wissen nicht, wie sie mit Satans Angriffen umgehen sollen. Sie brauchen Hilfe, bis sie wissen, wie sie in der Kraft des Heiligen Geistes leben können.

Übung. So wie Eltern ihre Kinder auf die Herausforderungen des Lebens vorbereiten, müssen geistliche Eltern ihre »Kinder« *darauf vorbereiten und dazu ausbilden, »gewurzelt und auferbaut in ihm und gefestigt im Glauben«* zu sein (Kolosser 2,7). Junge Christen brauchen Belehrung über die grundsätzlichen Dinge: über die Sicherheit, dass Christus in ihnen wohnt; über die Nähe zu Gott, wie man Zeit mit Gott im Gebet und im Bibelstudium verbringt; wie sie Gottes Liebe und Vergebung erfahren können; wie sie Gemeinschaft mit anderen Gläubigen genießen; wie sie ihren Glauben weitergeben und im Gehorsam gegenüber Jesus Christus leben können. Wenn jemand einen Neubekehrten auf diese Weise ernährt, wird der Weg zur Reife in Christus viel leichter sein.

Eine unglaubliche Verantwortung

Junge Christen zu ernähren, bedarf Hingabe, Zeit und Vorbereitung. Warum also sollten wir einer so unglaublichen Verantwortung zustimmen? Hier sind vier gute Gründe, die du bedenken solltest:

1) Wir sind ein Teil ihrer geistlichen Geburt. Unsere Arbeit ist nicht vorbei, wenn wir jemanden zum Glauben geführt haben. Dieser Mensch braucht deine Hilfe, im neuen Glauben gefestigt zu werden. Ein gutes Beispiel, wie so etwas funktioniert, steht in Apostelgeschichte 14,21- 22. Nachdem Paulus zu den Menschen gepredigt hatte, nahm er sich die Zeit und übernahm die Verantwortung, die Neubekehrten zu bestärken und zu ermahnen, ihren Glauben weiterzuleben.

2) Wir haben eine Verantwortung als Glied des Leibes Christi. Wenn wir einen Neubekehrten sehen, der nicht versorgt wird, ist es unsere Verantwortung, ihm beim Wachstum zu helfen. Paulus erklärt, dass es die Verantwortung jedes Christen ist, »zur Ausrüstung der Heiligen für das Werk des Dienstes für die Erbauung des Leibes Christi, bis wir alle hingelangen... zur vollen Mannesreife (...) Denn wir sollen nicht mehr Unmündige sein (...) Lasst uns (...) in allem hinwachsen zu ihm, der das Haupt ist, Christus« (siehe Epheser 4,11-16).

3) Wir lieben Jesus. Unsere Fürsorge für diejenigen, die zu Christus gehören, beweist unsere Liebe zu ihm. In Johannes 21,15-17 befahl Jesus Petrus, ihm seine Liebe dadurch zu zeigen, dass er seine Schafe weidet (für seine Mitchristen sorgte).

4) Jesus hat es geboten. Jesus weist uns an, »alle Nationen zu Jüngern« zu machen (Matthäus 28,18-20). Beachte seine Wortwahl. Er sagte nicht, dass wir »Bekehrte« machen sollen. Wir sollen »Jünger« machen – Menschen, die konsequente Nachfolger Jesu sind.

Was für ein riesiges Privileg ist es, für Gottes Kinder zu sorgen. Wir können daran mitwirken, sein Ziel zu erreichen, indem wir »jeden Menschen vollkommen (reif) in Christus dar(...)stellen« (Kolosser 1,28).

Was zu tun ist

Einen Menschen zu Christus zu führen, ist wichtig, aber es ist nur der erste Schritt. Die größere Herausforderung ist es, ihm dabei zu helfen, zur Reife zu wachsen. Bis neue Gläubige lernen, allein zu gehen, brauchen sie unsere Hilfe.

Folge diesen Richtlinien, wenn du mit einem neuen Christen arbeitest:

(1) Triff dich mit ihm, sofort nachdem er Christus angenommen hat. Studien haben gezeigt, dass jemand, der 48 Stunden, nachdem er Christ geworden ist, kontaktiert wird, es viel einfacher hat, in seiner Beziehung mit Christus zu wachsen.

(2) Triff dich mindestens vier Mal in der Woche mit ihm, nachdem er Christ geworden ist. (Verwende für jedes Treffen das Material am Ende dieser Einheit. Eine weitere Möglichkeit: benutze die sechs Schritte aus dem *»Jesus Starter Kit«.*)

(3) Wenn er dir Fragen stellt, die du nicht beantworten kannst, dann sei ehrlich. Sage: »Ich weiß es nicht.« Versuch nicht, eine Antwort zu erfinden. Sag ihm, dass du dich bemühen wirst, die Antwort zu finden, bevor ihr euch wieder trefft.

(4) Sei nicht entmutigt, wenn die Person nicht so reagiert, wie du es erwartet hättest. Der Wachstumsprozess braucht Zeit. Wenn du diesen Menschen weiterhin liebst, ernährst, beschützt und aufziehst, wird das Wachstum stattfinden.

Jesus sagte in dem Gleichnis vom Sämann (Matthäus 13), dass einige Menschen nicht wachsen, nachdem sie das Wort gehört haben, aber viele werden in großen Schüben wachsen. Deine Aufgabe ist es, den Menschen in der Kraft des Heiligen Geistes nachzugehen und ihre Reaktion dann Gott zu überlassen. Denk daran: *»So ist weder der da pflanzt etwas, noch der da begießt, sondern Gott, der das Wachstum gibt. Der aber pflanzt und der begießt, sind eins; jeder aber wird seinen eigenen Lohn empfangen nach seiner eigenen Arbeit«* (1. Korinther 3,7-8).

Denk daran: Christen beim Wachsen zu helfen, ist eines der großen Abenteuer der Nachfolge Jesu!

 **Action Point**

1. Lies Johannes 21,15-17 gründlich und schreib auf, was deiner Ansicht nach deine Rolle beim Weiden der »Schafe« Jesu ist.

_____

_____

_____

2. Studiere die Wiederholungs-Einheiten am Ende dieser Einheit. Nachdem du alle vier Einheiten gelesen hast, schreib für jede Lektion eine Gliederung auf eine Karteikarte. Benutze sie, wenn du die Jugendlichen für die Nacharbeit triffst.

_____

_____

_____

_____

3. Denk an einen Jugendlichen, der neu oder jung im Glauben ist. Verabrede dich mit diesem Jugendlichen. Bearbeite während der nächsten vier Wochen jede Lektion der Nacharbeit mit ihm.

_____

_____

_____

4. Lerne 1. Petrus 2,2 auswendig und bleibe bei deiner täglichen Stillen Zeit und dem Lesen eines biblischen Buches.

_____

_____

_____

_____

_____

_____

_____

Das »**Jesus Starter Kit**«
(CV Dillenburg)
mit sechs Einheiten
in den Händen eines
neuen Gläubigen ist
eine Alternative, die
ihm helfen wird, im
Glauben zu wachsen.

Nacharbeit für neue Gläubige

Wie anfangen? (Einheit 1)

1. Beginne mit einem lockeren Gespräch. Benutze die Gesprächshilfen auf Seite 190.

2. Erarbeitet euch die Grafiken im Anhang des Buches über den Weg zu Gott.

3. Hilf diesem Jugendlichen dabei zu verstehen, dass Christus in seinem Leben ist. Lest zusammen und erkläre ihm: (1) 2. Korinther 5,17 (Ein neuer Christ beginnt eine Beziehung mit Jesus Christus, die so vollständig anders ist, dass das Neue Testament sie »neue Schöpfung« nennt) (2) 1. Johannes 5,11-13 (Wir können wissen, dass wir das Leben haben) und (3) Römer 8,38-39 (Nichts kann uns von Gottes Liebe trennen).

4. Frage ihn: »Was ist mit unseren Gefühlen? Was, wenn du eines Morgens aufwachst und nicht das Gefühl hast, dass Jesus in deinem Leben ist? Bedeutet das, dass er dich verlassen hat?« Erkläre ihm, dass Christen sich nicht auf Gefühle verlassen müssen.
Die folgende Zeichnung verdeutlicht die Beziehung von Tatsache (Gott und sein Wort) und Gefühl (das Ergebnis von Vertrauen). Bei Christen kontrolliert der Glaube.

Gefühle –
Vertrauen und Sicherheit sind das Ergebnis, weil meine Handlung, mich auf den Stuhl zu setzen, im Glauben an die Tatsachen geschehen ist.

Tatsache –
Der Stuhl kann das Gewicht eines Menschen tragen.

Glaube –
Der Stuhl kann mein Gewicht tragen.

5. Konzentriere dich auf ein paar praktische Arten, in Christus zu wachsen. Geh dazu in den »Jesus-Basics« Punkt 6 (S. 239) über den Weg des Menschen zu Gott durch.

6. Ermutige ihn, Fragen zu stellen. Wenn du die Antwort nicht weißt, sag ihm das und versuch, die Antwort herauszufinden, bevor ihr euch wieder trefft.

7. Bitte ihn, Markus 1-4 zu lesen und 1. Johannes 5,11-12 auswendig zu lernen, bevor ihr euch wieder trefft.

8. Wenn ihr einen weiteren Termin vereinbart habt, beende das Treffen mit einem Gebet.

Sünde bekennen (Einheit 2)

1. Frage ihn, nachdem ihr euch ein wenig unterhalten habt, wie es ihm ergangen ist, seit er Christus aufgenommen hat. Versuche herauszufinden, welche Bedürfnisse er hat.

2. Frag ihn: »Bist du überzeugt, dass deine vergangenen, jetzigen und zukünftigen Sünden dir vergeben sind?«

3. Erkläre, dass auch wenn Jesus uns nie verlässt, wir Christen leicht die Kontrolle über unser Leben nehmen und sie nicht Jesus überlassen. Das führt zur Sünde.

4. Erkläre, dass Jesus gestorben ist, um die Strafe und die Macht der Sünde wegzunehmen, aber dennoch bleibt die Anwesenheit der Sünde bestehen. Christen erleben Vergebung, wenn wir unsere Sünden Gott ehrlich bekennen.

5. Lies 1. Johannes 1,8-10 und erkläre, dass Bekennen bedeutet, mit Gott über unsere Sünden übereinzustimmen. Weise ihn darauf hin, dass Sünde sowohl eine Einstellung von Gleichgültigkeit und Rebellion gegen Gott als auch eine Tat sein kann. Wir stimmen zu, dass unsere Sünde falsch ist und dass Christus uns durch seinen Tod vergeben hat. Bekenntnis bringt uns nicht noch mehr Vergebung, aber sie gesteht Gott unsere Sünde ein und drückt unseren Dank für seine Vergebung aus. Bekenntnis hält uns in der engen Gemeinschaft mit Christus.

6. Bitte ihn, Markus 5-8 bis zum nächsten Treffen zu lesen.

7. Verabredet ein neues Treffen und betet dann zusammen.

Leitung durch den Heiligen Geistes (Einheit 3)

1. Frag ihn nach einem lockeren Gespräch: »Hast du diese Woche Gottes Vergebung erlebt?«
2. Erkläre ihm, dass Gott möchte, dass wir ein aufregendes Leben haben. Um das zu bekommen, müssen wir durch die Kraft des Heiligen Geistes leben. Lies die folgenden Verse, um diese Erklärung zu bekräftigen: Johannes 10,10; Apostelgeschichte 1,8; Galater 5,22-23 und Epheser 5,18.
3. Lest Römer 8,9-11 und erkläre ihm, dass der Heilige Geist in jedem lebt, der Christus aufgenommen hat. Aber selbst wenn der Heilige Geist in jedem Gläubigen lebt, kontrolliert er nicht jeden Gläubigen.
4. Erkläre, dass wir aufgefordert sind, uns vom Heiligen Geist kontrollieren zu lassen. Lest Johannes 20,22.
5. Lest 1. Johannes 5,14-15. Erkläre, dass wir bei der Wiedergeburt vom Heiligen Geist, der jetzt in uns lebt, versiegelt wurden. Wenn wir ihm die Kontrolle über unser Leben geben, kann er uns nach seinem Willen gebrauchen und wir werden geistliche Menschen.
6. Erkläre, dass ein Christ seine Sünden mehrmals am Tag bekennen und sich bewusst unter die Leitung des Heiligen Geistes stellen soll. Durch Bekenntnis und Leitung des Geistes kann ein Christ sein Leben am besten leben. Verdeutliche das, indem du den folgenden Vergleich verwendest. Sag etwas wie: »Für das physische Atmen benötigt man einen einfachen zwei-Phasen-Prozess. Ausatmen entfernt Unreinheiten aus der Lunge. Einatmen bringt neuen, sauberen Sauerstoff. Geistliches Atmen ist ähnlich. Wir atmen aus, indem wir unsere Sünden bekennen (1. Johannes 1,9). Dann atmen wir ein, indem wir uns neu der Leitung des Geistes unterstellen (Epheser 5,18).« Erkläre, wie wichtig es ist, dies jeden Tag zu tun. Fordere ihn heraus, das geistliche Atmen diese Woche jeden Tag anzuwenden.
7. Lernt zusammen Markus 9-12 und Epheser 5,18.
8. Vereinbart ein neues Treffen und betet zusammen.

Gott kennenlernen (Einheit 4)

1. Frag nach einem beiläufigen Gespräch: »Hat dir das geistliche Atmen diese Woche geholfen?«
2. Zeig ihm die »Radzeichnung« über Apostelgeschichte 2,42. Schlagt die folgenden Verse nach, während du ihm die einzelnen Teile davon erklärst.

Christus im Zentrum	(2. Korinther 5,17; Galater 2,20)
Gehorsam gegenüber Christus	(Johannes 14,21; Römer 12,1)
Das Wort	(Josua 1,8; 2. Timotheus 3,16)
Gebet	(Johannes 15,7; Philipper 4,6-7)
Gemeinschaft	(Matthäus 18,20; Hebräer 10,24-25)
Zeugnis	(Matthäus 4,19; Römer 1,16)

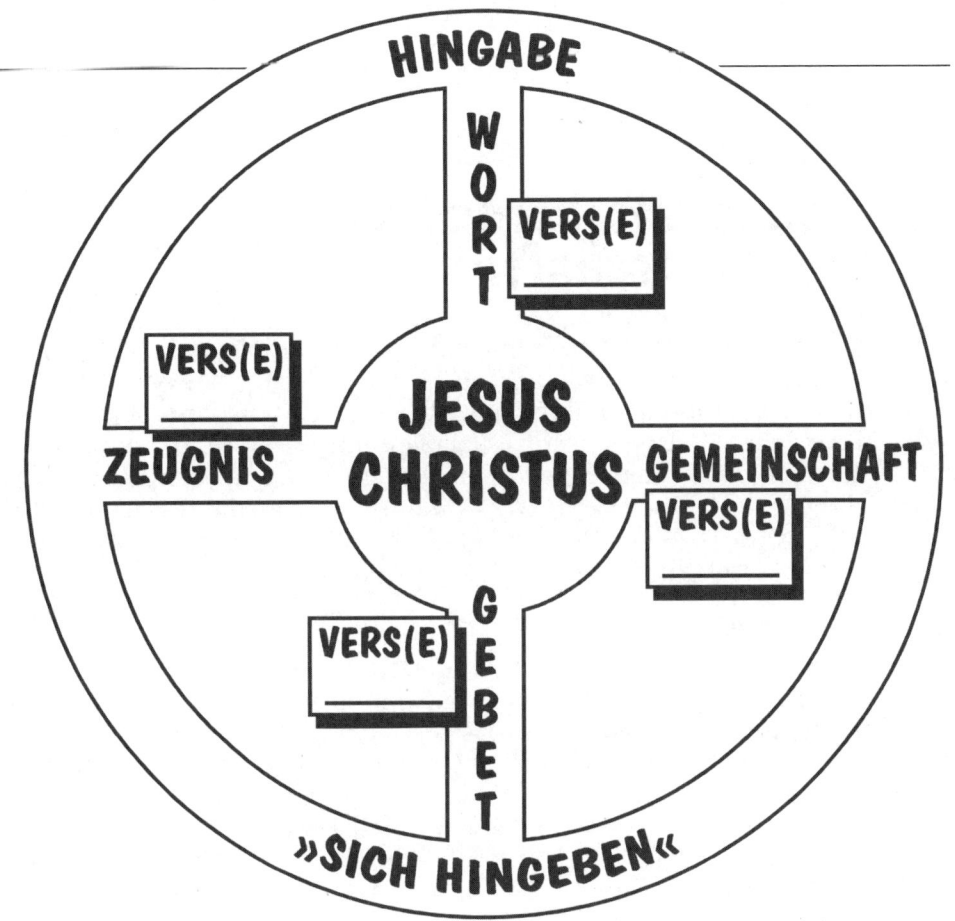

3. Sprecht darüber, eine tägliche Stille Zeit mit Gott zu beginnen. Lest Philipper 3,10, um den Zweck einer Zeit allein mit Gott zu besprechen. Lest Markus 1,35, um zu sehen, wer dafür ein Beispiel gegeben hat. Verbringt zusammen Zeit allein mit Gott, indem ihr ein Bibel-Arbeitsblatt (wie in Einheit 10) und einen Gebetsplan (wie in Einheit 12) benutzt. Konzentriert euch auf Galater 2,20. Arbeitet daran, dass die Anwendung persönlich, praktisch und greifbar wird.

4. Fordere ihn heraus, dass er an 10 Tagen hintereinander Stille Zeit mit Gott hält. Er sollte dazu jeden Tag einen Vers aus der Liste von Frage 2 benutzen.

5. Bitte ihn, Markus 16 zu lesen.

6. Sprich mit ihm über die Taufe. Falls du das noch nicht getan hast, lade ihn zu der Jugendgruppe ein.

7. Fordere ihn heraus, an einer Jüngerschaftsgruppe teilzunehmen, die z.B. *die Jüngerschaftskurse* von Barry St. Clair benutzt. Schenk ihm das entsprechende Kursbuch.

8. Betet zusammen.

EINHEIT 10
Herausforderung zur Jüngerschaft

Nach einer Jugendstunde sagt ein Jugendlicher zu dir: »Ich möchte wirklich das sein, was Gott von mir will, aber ich weiß nicht, was das ist.« Was würdest du ihm sagen? Bevor du ihm antwortest, stell dir vor, dieser Jugendliche wäre in der achten Klasse. Welche Qualitäten muss er bis zu seinem letzten Schuljahr noch entwickeln, damit er eine reifer Jugendlicher wird, der mit Jesus lebt? Denk darüber nach, wie er wäre, wenn er diese Eigenschaften entwickeln würde. Überleg dir, was du als ihr Leiter tun kannst, um ihm zu helfen, diese Person zu werden.

Der Jugendliche als Jünger

Jugendaktivitäten, Missionseinsätze, besondere Events, Lager und Freizeiten werden oft mit der Hoffnung geplant, dass die Jugendlichen, die daran teilnehmen, »geistlich wachsen«. Aber das geschieht selten. Warum nicht? Weil Wachstum ein Prozess ist, und die oben genannten Dinge sind Ereignisse. Genau wie ein junger Mann nicht größer wird, weil er einem Basketballverein beitritt, werden unsere Jugendlichen durch Ereignisse geistlich nicht in die Tiefe wachsen. Die Ereignisse verstärken den Prozess, aber die Jüngerschaft IST der Prozess!

Außerdem: Wenn wir kein klares Bild davon haben, wie ein Jugendlicher aussieht, der zum Jünger gemacht wurde, werden wir nie wissen, ob er einer wird oder nicht. Wie also sieht ein Jugendlicher als Jünger aus?

Der Apostel Paulus hilft uns mit einer Definition eines Jugendlichen, der zum Jünger wird: »*Ihn verkündigen wir, indem wir jeden Menschen ermahnen und jeden Menschen in aller Weisheit lehren, um jeden Menschen vollkommen in Christus darzustellen; worum ich mich auch bemühe und kämpfend ringe gemäß seiner Wirksamkeit, die in mir wirkt in Kraft*« (Kolosser 1,28-29).

Als Jugendleiter ist es unser größtes Privileg, Jugendliche zu lehren und zu ermahnen, »*reif in Christus*« zu werden. Wie sieht also ein reifer Jugendlicher aus?

> **Reife = Fähig sein, genug von Jesus zu empfangen, damit unsere Bedürfnisse gestillt sind und noch genug übrig ist, um die Bedürfnisse von anderen zu stillen.**

Wie anfangen

Wir sollten die folgenden Gedanken im Kopf behalten, wenn wir darüber nachdenken, Jugendlichen dabei zu helfen, diese Ebene der Reife zu erreichen.

- Erlaube den Jugendlichen, natürlich zur Reife zu gelangen. Du kannst sie ermutigen, zu wachsen, aber du kannst sie nicht zwingen.

- Baue das Fundament für den Jugendlichen, so dass er sein Leben lang zur Reife wachsen kann. Erwarte nicht, dass du bis zum Schulabschluss das fertige Produkt sehen wirst. Erwarte aber, dass du sehen wirst, wie er schnell zu der Art von Person heranwächst, die Gott haben will.

- Jugendliche wachsen in drei Arten von Umgebung zur Reife: in großen Gruppen, in Kleingruppen und in Zweierschaften. Für jede dieser Umgebungen gibt es einen Platz in der Entwicklung des Jugendlichen.

- Erkenne, dass du nicht die einzige Quelle bist, die dem Jugendlichen beim Wachsen hilft – Eltern, Lehrer, andere Gemeindeglieder, Familie und Freunde üben einen Einfluss aus. Überleg dir, wie jeder in diesem Prozess mitarbeiten kann.

Definieren und verbessern

Um deine Gedanken darüber, was einen reifen Jugendlichen ausmacht, weiterzuentwickeln, solltest du etwas Zeit damit verbringen nachzudenken: Studiere Gottes Wort, höre darauf, und bete für die Art Jugendliche, die dein Dienst hervorbringen soll. Schreib deine Gedanken in dem »Profil eines Jüngers« auf, das am Ende der Einheit steht. Wenn dein Profil sich entwickelt, nutze diese Schritte, um es zu verbessern.

- Bleib realistisch. Bedenke zeitliche Einschränkungen ebenso wie die der Reife. Du wirst deine Erwartungen an manchen Stellen hoch- und an manchen runterschrauben müssen. Glaube immer daran, dass Gott Leben verändern kann, aber lass dein Profil nie über die Grenzen der Realität hinausschießen.

- Definiere Klischees und vage Ausdrücke. Jede Eigenschaft muss von dir und denen, die mit dir arbeiten, verstanden werden.

- Mache jede Eigenschaft praktisch und greifbar. Biete den Jugendlichen einen Plan an, wie sie jede Eigenschaft in der Kraft von Gottes Geist erhalten können.

- Halte dir das »Profil eines Jüngers« vor Augen. Es wird dir helfen, die Handlungen durchzuführen und den Prozess abzuschätzen. Wenn du das Profil bei dir hast, wird dir das helfen, deine Vision für Jugendliche anderen mitzuteilen.

Einen klaren Schwerpunkt zu haben, wie ein Jugendlicher als Jünger aussieht, wird dir eine klare Vision dafür geben, was Gott sich für jeden Jugendlichen, der aus deinem Dienst hervorgeht, wünscht.

Action Point

1. Studiere 1. Thessalonicher 1 und bestimme die Eigenschaften eines Jugendlichen, der zum Jünger gemacht wird.

2. Studiere 1. Thessalonicher 2 und bestimme die Eigenschaften eines Menschen, der einen Jugendlichen zum Jünger macht.

3. Denk an einen bestimmten Jugendlichen, den du gerade zum Jünger machst oder planst, das zu tun. Schreib seinen Namen unten auf. Versuch, eine Perspektive dafür zu bekommen, diesem Jugendlichen zu helfen, ein reifer Mensch in Christus zu werden, indem du das Blatt »Profil eines Jüngers« auf der nächsten Seite ausfüllst. Verwende dieses »Profil« für jeden Jugendlichen, den du zum Jünger machst. Es wird dir dabei helfen, klar vor Augen zu behalten, was du erreichen möchtest. Du kannst das »Profil eines Jüngers« auch so umschreiben, dass es zu einem Fragebogen für Jugendliche wird. Gib es jedem Jugendlichen. Ihre Rückmeldung wird dir helfen, deine Ziele für sie praktisch und erreichbar zu machen.

4. Nachdem du das Profil ausgefüllt hast, verbessere es regelmäßig. Bedenke die folgenden Bereiche, die du übersehen haben könntest:

   • Den Wunsch, Gott durch sein Leben zu verherrlichen (1. Thessalonicher 10,31)

   • Den Wunsch, ein ausgeglichenes Privatleben zu haben (Matthäus 22,36-38)

   • Den Wunsch, seine Familie positiv zu sehen und Verantwortung für sie zu übernehmen (Epheser 6,4)

   • Den Wunsch, Jesus Christus sowohl jetzt als auch in Zukunft absolut hingegeben zu dienen (Sprüche 3,5-6)

5. Lerne Kolosser 1,28-29 auswendig und fahre mit deiner täglichen Stillen Zeit fort.

Profil eines Jüngers

Profil für _____   Datum _____

Studiere 1. Timotheus 3,2-7; 1. Petrus 5,1-7; Apostelgeschichte 6,3-5 und Titus 1,7-9. Verwende diese Abschnitte der Bibel und 1. Thessalonicher 1-2 und sprich die folgenden Bereiche an. Benutze mindestens einen Bibelvers für jede deiner Antworten.

- Was sind Gottes Lebensziele für seine Jünger?

_____

_____

- Welche persönlichen Eigenschaften wünscht sich Gott für sein Leben (geistlich, geistig, körperlich und sozial)?

_____

_____

- Welche Art von Beziehung wünscht sich Gott für ihn und seine Familie (Eltern, Brüder, Schwestern)?

_____

_____

- Welche Art von Beziehung wünscht sich Gott für ihn und seine Freunde?

_____

_____

- Welche Art von Beziehung wünscht sich Gott für ihn gegenüber dem anderen Geschlecht?

_____

_____

- Was sind Gottes Hoffnungen und Träume für diesen Jünger?

_____

_____

EINHEIT 11
Jugendliche seelsorgerlich beraten

Einer der Jugendlichen aus deiner Jugendgruppe ruft dich spät nachts an. Er ist offenbar sehr aufgebracht und erzählt dir von einem Streit mit seinem Vater. Während des Streits wurde er wütend, stürmte aus dem Haus und fuhr zu einer Kneipe, um ein Bier zu trinken. Er wurde betrunken, versuchte nach Hause zu fahren und schlitterte gegen einen Baum. Er rief seinen Vater an, damit er ihn abholte. Verängstigt und verwirrt bittet dieser Junge dich nun um Hilfe. Was würdest du in dieser Situation tun?

Wir wollen ein paar Grundprinzipien und praktische Vorschläge über das seelsorgerliche Beraten von Jugendlichen betrachten, die uns darauf vorbereiten, Jugendlichen zu helfen, die eine oder Millionen ähnlicher Krisen durchmachen. Natürlich können wir nicht alles, was man wissen muss, in einer Einheit lernen, aber wir können den Grundstein für Beratung legen.

Der Sinn der Beratung

Jesus hat uns versprochen, dass wir, wenn wir ihm nachfolgen, ein volles, erfülltes Leben bekommen (Johannes 10,10). Aber er hat nie versprochen, dass christliches Leben einfach sein würde. Jeder von uns erlebt mal Schwierigkeiten, Krisen, Schmerz und Herzweh. Manche Situationen erscheinen uns unmöglich. Für einen Teenager, der sich durch seine Jugend kämpft, scheinen solche Situationen häufiger aufzutreten.

Wonach die meisten Jugendlichen verlangen, wenn sie Hilfe suchen, ist *Glück*. (»Hol mich aus diesem Chaos heraus, damit ich glücklich sein kann.«) Aber Gottes höheres Ziel für uns ist, dass wir *heilig* werden. Der Apostel Paulus sagt uns, dass Gott möchte, dass wir *»dem Bilde seines Sohnes gleichförmig«* werden (Römer 8,29). Unser Ziel als Berater ist es, den Jugendlichen zu helfen, dass sie zu Christen heranwachsen, um heilig zu werden. Dann wird, hoffentlich, Glück folgen.

Grundsätzliche Bedürfnisse von Jugendlichen

Wenn wir versuchen zu beraten, ohne die grundsätzlichen Bedürfnisse der Jugendlichen zu kennen, ist das, als würde man ein Pflaster auf ein Bein kleben, dass amputiert werden muss.

Die grundsätzlichen Bedürfnisse von Jugendlichen sind *Sicherheit* und *Bedeutung*.

Um diese Bedürfnisse zu verstehen, sollten wir zum Anfang zurückkehren: zu Adam und Eva. Im Garten Eden hatten Adam und Eva einen persönlichen Wert. Gott hat für sie gesorgt, so dass sie Bedeutung hatten und sicher waren.

Nach dem Sündenfall verschwanden die Sicherheit und Bedeutung, die sie erlebt hatten. Sie bekamen Angst vor Gott und gaben einander die Schuld (Unsicherheit). Dann, als sie aus dem Garten hinausgeworfen wurden, verloren sie ihr Gefühl von Würde (Bedeutungslosigkeit).

Probleme entwickeln sich dann, wenn das grundsätzliche Bedürfnis nach Sicherheit und Bedeutung bedroht wird. Die Menschen versuchen, diese Bedürfnisse auf unterschiedliche Weise zu befriedigen. Betrachte die folgenden Reaktionen und die jeweiligen Folgen.

Reaktion	Folge
Menschliches Grundbedürfnis wird *durch* Christus gestillt	Bedeutung, Sicherheit
Menschliches Grundbedürfnis wird *ohne* Christus gestillt	Stolz, Vergnügen
Menschliches Grundbedürfnis wird gar nicht gestillt	Gewalt, Unmoral

Es ist also unser Wunsch, durch Beratung das Bedürfnis der Jugendlichen nach Bedeutung und Sicherheit zu stillen, indem wir ihren persönlichen Wert in Jesus Christus festlegen.

Jugendlichen helfen, Probleme zu lösen

Die Bibel beschreibt sowohl die Probleme, bei denen die Jugendlichen Hilfe brauchen als auch die Lösung zu ihren Problemen. Jeder Jugendliche, der Beratung sucht, hat letzten Endes das gleiche Problem – Selbstsucht. Paulus nennt dieses Grundproblem »den alten Menschen« (Epheser 4,22). Wenn ein Jugendlicher verloren ist, kontrolliert ihn »der alte Mensch«.
Dieses Schaubild beschreibt, wie das aussieht.

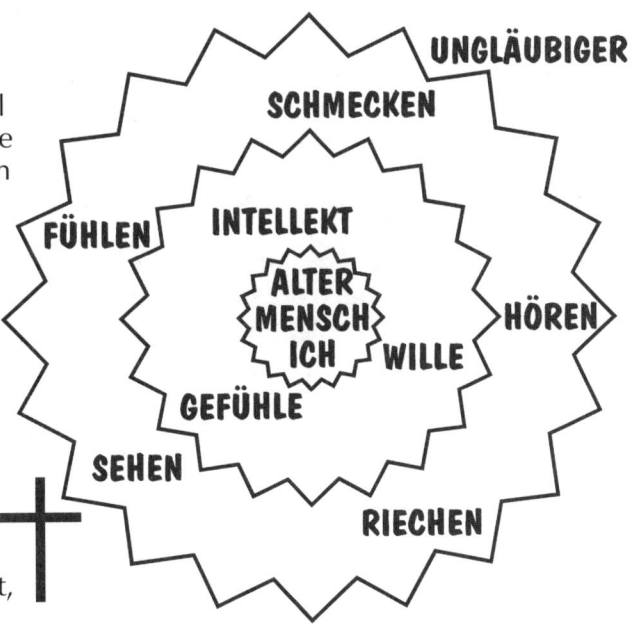

Weil der alte Mensch »korrupt« ist, kann sich ein Mensch nie ändern, bevor man sich nicht um »den alten Menschen« kümmert. Wenn wir also Jugendliche beraten, ist der erste Schritt immer, ihnen dabei zu helfen zu bestimmten, ob sie Jesus Christus kennen. Das führt sie zu einer Beziehung, die ihre Abhängigkeit von dem alten Menschen (Selbstsucht) durch ihre Abhängigkeit von Jesus Christus ersetzt (Bedeutung und Sicherheit).

Wenn der alte Mensch erst einmal aus dem Zentrum entfernt wurde und der Heilige Geist kommt und in uns wohnt (Römer 8,9), kann ein Mensch darauf hoffen, dass er sich verändern kann. Dieses Schaubild beschreibt, wie das aussieht.

Wenn also ein Jugendlicher zur seelsorgerlichen Beratung kommt, können wir ihm klarmachen, dass Jesus über sein Leben herrschen kann und es dem Jugendlichen so möglich macht, sich zu verändern. Wenn wir nicht zu der Wurzel des Problems vordringen (der alte Mensch), dringen wir nur unter die Oberfläche der Probleme unserer Jugendlichen.

Bedeutet das, dass Christen keine Probleme haben? Nein! Auch wenn der alte Mensch besiegt ist, hinterlässt er immer noch ein Erbe, das weiterhin Probleme verursacht. Wir müssen christlichen Jugendlichen helfen, mit diesen Problemen umzugehen.

VERÄNDERUNG

GLÄUBIGER

FÜHLEN   HÖREN

INTELLEKT   SEHEN

VERÄNDERUNG   HEILIGER GEIST   VERÄNDERUNG

GEFÜHLE   WILLE

SCHMECKEN   RIECHEN

VERÄNDERUNG

Die Wurzel und die Frucht

Wenn Jugendliche ihre Probleme beschreiben, sprechen sie fast immer über die »Frucht« des Problems – über das, was an der Oberfläche sichtbar ist. Wenn wir uns nur mit der Frucht befassen, werden wir ihnen nicht helfen. Wir müssen zur »Wurzel« vordringen. Zur Wurzel vorzudringen, ist der schwerste Teil der Beratung. Die Wurzel kommt immer aus dem »alten Menschen«. Immer wenn ein Jugendlicher dem alten Menschen Nahrung gibt, führt das zu negativen Folgen für sein Leben.

Der Jugendliche, der sagt: »Ich habe mich betrunken und das Auto meines Vaters zu Schrott gefahren«, konzentriert sich nur auf die Frucht. Die echte Lösung ist, unter die Oberfläche des Problems zu schauen. Vielleicht verunsichert ihn sein Vater, hört nicht zu und verbringt keine Zeit mit ihm. Bei 90 Prozent der Fälle ist Ablehnung die Wurzel der Probleme bei jungen Menschen von heute. Arbeite dich zurück vom Verhalten des Jugendlichen (der Frucht), bis du zum Kern des Problems vordringst (der Wurzel).

Alter Mensch (Epheser 4,22)

- *Problem Verhalten:* »Ich habe mich betrunken und das Auto zu Schrott gefahren.« (Falsches Verhalten)
- *Problem Gefühle:* »Was meinen Vater angeht, kann ich nichts richtig machen.« (Gefühl der Bedeutungslosigkeit)
- *Problem Gedanken:* »Mein Vater mag mich nicht. Wenn er mich mögen würde, würde er mich nicht anschreien und schlecht machen. Er würde sich die Zeit nehmen, mich kennenzulernen.« (Ablehnung)
- *Wurzel des Problems:* »Ich bin ein wertloser Nichtsnutz.« (Verlust der persönlichen Wertschätzung)

Die Probleme bei der Wurzel packen

Jetzt, da wir die Probleme identifizieren können, wollen wir zu Epheser 4, 22-24 zurückgehen, um zu sehen, wie wir die Probleme aus dem Leben der Jugendlichen bei der Wurzel packen können.

Beginnen wir damit, *»den neuen Menschen anzuziehen«* (Vers 24). Wenn wir Christus einmal angenommen haben, ist das eine Handlung, die wir jeden Tag tun, wie das Anziehen neuer Kleider.

Des Weiteren hilf den Jugendlichen zu verstehen, wie sie *»erneuert werden in dem Geist* (ihrer) *Gesinnung«* (Vers 23). Wir können praktische Wege anbieten, den Jugendlichen dabei zu helfen, ihre Gesinnung zu erneuern.

- *Erkenne sündige Gedanken.* Fordere sie heraus, ehrlich zu sein und zuzugeben, wenn sich falsche Gedanken bei ihnen einschleichen.

- *Lehne falsche Gedanken ab.* Schlag vor, dass sie einen falschen Gedanken, der ihnen kommt, schnell vor den Herrn bringen und ihn ehrlich bekennen.

Ermutige sie, ihre Sünden konkret zu bekennen. Ehrlichkeit vor Gott ist wie ein Schlag gegen die Wurzel. Hilf ihnen auch zu sehen, dass Heilung stattfindet, wenn sie ihre Sünde anderen bekennen (Jakobus 5,16). Um zu vermeiden, dass noch mehr Probleme entstehen, sollten Männer Männern bekennen und Frauen Frauen. Zeig den Jugendlichen, indem du 1. Johannes 1,9 anwendest, dass ihnen vergeben wird, wenn sie bekennen, weil Jesus ihre Sünden bereits zugedeckt hat, indem er sein Blut am Kreuz vergossen hat.

- *Ersetze falsche Gedanken durch richtige Gedanken.* Zeig ihnen in der Bibel Gottes Sicht von ihrem Problem. Wenn sie einen Vers auswendig lernen, haben sie eine Basis für einen neuen Weg, über ihr Problem nachzudenken. Wenn ein Jugendlicher zum Beispiel ein Problem hat, weil er sich von seinen Eltern abgelehnt fühlt, kannst du ihnen Johannes 15,16 zeigen und erklären, dass Gott ihn niemals ablehnen wird. Dann gehe zu Kolosser 3,20, um ihm zu zeigen, wie Gott möchte, dass er auf seinen Vater reagiert. Lass ihn einen der Verse auswendig lernen. Führe ihn an die Bibel heran. Wenn du keine Lösung aus der Bibel weißt, geh zu einem anderen Leiter und bitte ihn um Hilfe. Dann geh so schnell wie möglich zurück zu dem Jugendlichen.

- *Denk über die richtigen Gedanken nach.* Ermutige den Jugendlichen, über die Bibelverse nachzudenken, bis sie wie das Skalpell eines Chirurgen werden, der alles aus seinen Gedanken herausschneidet, was da nicht hingehört. Fordere ihn heraus, sich einem positiven Gedanken zuzuwenden, sobald ein negativer Gedanke aufkommen will. Lehre ihn, sich zu konzentrieren auf »alles, was wahr, alles, was ehrbar, alles, was gerecht, alles, was rein, alles, was liebenswert, alles, was wohllautend ist, wenn es irgendeine Tugend, und wenn es irgendein Lob gibt, das erwägt« (Philipper 4,8).

- Das Ergebnis: positive Gefühle ergeben sich daraus, dass sie ihr Denken ändern. Sie werden ein Gefühl von *Sicherheit* und *Bedeutung* bekommen. Mit einem »neuen Menschen« in Christus, einer neuen Art zu Denken und neuen Gefühlen, werden sie entdecken, dass altes Verhalten »ablegen« und neues Verhalten »anziehen« viel einfacher wird. *Gott wird es tun!*

- Zusammenfassung: Wenn wir Jugendliche beraten, fangen wir mit dem Problemverhalten an (Frucht) und arbeiten uns zurück, damit wir erkennen, was die Wurzel des Problems ist (Wurzelgedanken, die vom alten Menschen beeinflusst werden). Wenn die Wurzel durch den neuen Menschen ersetzt wurde, wird die Veränderung nach und nach positive Gedanken bringen, die zu positiven Gefühlen und schließlich zu positivem Verhalten führen.

Der neue Mensch (Epheser 4,24)

- *Wurzel Lösung: »... den neuen Menschen angezogen (Christus)«* – Epheser 4,24 (Persönlicher Wert)

- *Positive Gedanken: »... erneuert (...) in dem Geist eurer Gesinnung«* – Epheser 4,23 (den Sinn erneuern)

- *Positive Gefühle: »... der nach Gott geschaffen ist in wahrhaftiger Gerechtigkeit und Heiligkeit«* – Epheser 4,24 (Gefühl von Bedeutung und Sicherheit)

- *Positives Verhalten: »Deshalb legt ... ab ...«* – Epheser 4,25 (richtiges Verhalten)

Jugendliche zu beraten, ist nicht leicht! Es bedarf Zeit und Anstrengung. Aber wenn wir der Wurzel des Problems auf den Grund gehen und das Problem mit einer biblischen Lösung bei der Wurzel packen, werden tiefgehende Veränderungen im Leben unserer Jugendlichen stattfinden.

Action Point

1. Wem in deiner Gemeinde würdest du vertrauen, dich zu beraten? Geh zu dieser Person und bitte sie, dich zu beraten.

2. Schreib den Namen eines Jugendlichen auf, der offensichtlich Probleme hat.

3. Ruf den Jugendlichen an, den du aufgeschrieben hast, und triff dich diese Woche mit ihm/ihr. Wenn die Situation es erlaubt, sprich sein Problem vorsichtig an und arbeite dich durch die »Frucht« zur »Wurzel«. Wenn der Jugendliche offen dafür ist, arbeite dich durch die Schritte, die das Problem lösen.

4. Schreib hier das Ergebnis deines Treffens mit diesem Jugendlichen auf. Was ist die »Frucht,« die diesem Jugendlichen zu schaffen macht? Verfolge das Problem des Jugendlichen von der Frucht zurück zur Wurzel, indem du das Schaubild des Baumes verwendest. Benutze es ebenfalls, um einen Vorschlag für eine Lösung des Problems für den Jugendlichen zu machen.

5. Geh noch einmal mit deinem Gruppenleiter oder jemandem aus dem Leiterkurs durch, was du in Frage 4 geschrieben hast. Was hast du aus dem Gespräch gelernt?

_____

_____

_____

_____

_____

_____

_____

_____

_____

_____

_____

_____

_____

_____

_____

_____

6. Lerne Epheser 4,22-24 auswendig.

7. Verbringe weiterhin jeden Tag Zeit mit Gott.

 **EINHEIT 12**
Kleingruppen leiten

Du leitest eine Kleingruppe. Aber die Jugendlichen, die du leitest, passen nicht auf, sind nicht motiviert, und es ist ihnen völlig egal, ob sie da sind oder nicht. Wie kannst du diese apathische Gruppe verwandeln, dass sie daran interessiert ist, über die wichtigen Themen des Lebens zu diskutieren?

Als Jesus seinen Plan enthüllte, wie er die Welt verändern würde, verbrachte er die meiste Zeit damit, sein Leben in eine Gruppe von zwölf Männern zu investieren. Er freundete sich mit ihnen an, teilte sein Herz und sein Leben mit ihnen und forderte sie dazu heraus, ihm nachzufolgen. Er verwendete eine Vielzahl von Methoden und Situationen, um ihr geistliches Verständnis langsam zu entwickeln.

Zeit mit diesen Männern zu verbringen, war eine Priorität im Dienst Jesu. Ja, er predigte den Mengen, heilte die Kranken und trieb Dämonen aus, aber vor allem investierte er in seine Jünger. Zu dieser kleinen Gruppe von Individuen sagte Jesus: »*Geht hin in die ganze Welt und predigt das Evangelium der ganzen Schöpfung!*« (Markus 16,15) Und Gott benutzte diese Männer, die durch ein gemeinsames Ziel verbunden und von einer gemeinsamen Liebe ermutigt waren, um den Lauf der Geschichte zu verändern.

Das Neue Testament sagt uns, dass wir als Nachfolger Jesu den gleichen Dienst haben, wie Jesus ihn hatte! Er hat uns nicht nur dazu berufen, die Gute Nachricht zu verkünden, die Kranken zu heilen und Menschen von Dämonen zu befreien, sondern mehr! Wir tragen einander die Lasten (Galater 6,2); ermutigen einander (Hebräer 10,24-25); sorgen füreinander (Philipper 2,4) und ermahnen einander (1. Thessalonicher 5,15). Das offene, ehrliche Teilen, das für diese Art von Dienst nötig ist, findet selten in großen Gruppentreffen statt. Jesus wusste, dass er eine kleine Gruppe als Voraussetzung brauchte, die er zu tiefen Beziehungen ermutigt, um treue, engagierte, geistlich reife Jünger zu entwickeln.

Kleingruppen haben heutzutage nicht weniger Einfluss als zu Jesu Zeiten. Wenn lebensverändernde Kleingruppen richtig funktionieren, werden Jugendliche tief eintauchen und entscheidend in ihrer Liebe zu Jesus Christus und zueinander reifen.

Praktische Grundsätze für Kleingruppen

Diese Grundsätze werden uns dahin bringen, eine kleine, apathische Gruppe in eine lebendige zu verändern.

* *Lege das Ziel der Gruppe fest.* Jesus rief seine Jünger. Er hatte dabei zwei Ziele im Sinn: (1) Sie sollten ihm nachfolgen. (2) Sie sollten zu »Men-

schenfischern« (Markus 1,16-17) werden. Wann immer wir eine Kleingruppe ins Leben rufen oder zustimmen, die Leitung dafür zu übernehmen, müssen wir diese beiden Ziele vor Augen haben.

- *Erwarte große Dinge.* Normalerweise passieren keine großen Dinge in einer Gruppe, es sein denn, der Leiter erinnert die Gruppe die ganze Zeit an das Endziel. Das hält die Gruppe auf dem richtigen Kurs. Menschen sind wie Schafe – ohne Richtungsweisung gehen sie in die Irre. Wenn wir Gottes Ziel für die Gruppe klar vor Augen haben, können wir die Gruppe zu diesem Ziel bringen. Denk daran, dass der Heilige Geist ein echter Leiter ist. Beziehe dich auf ihn und erwarte von ihm, dass er der Gruppe Kraft und ein Ziel gibt.

- *Ermutige Gruppenmitglieder.* Als seine Jünger verwirrt und entmutigt waren, nahm Jesus sie beiseite und erklärte ihnen, was er machte. Wenn sie froh waren, freute er sich mit ihnen. Wenn sie niedergeschlagen waren, richtete er sie auf. Kleingruppen sorgen für ein ideales Klima für Ermutigung. Die Bibel lehrt: *»Zwei sind besser dran als ein einzelner, weil sie einen guten Lohn für ihre Mühe haben. Denn wenn sie fallen, so richtet der eine seinen Gefährten auf. Wehe aber dem Einzelnen, der fällt, ohne dass ein Zweiter da ist, ihn aufzurichten!*« (Prediger 4,9-10).

Vorbereitung auf das Gruppentreffen

Kleingruppen entstehen nicht von selbst. Wir müssen ihren Erfolg vorbereiten. Bedenke diese Grundelemente der Vorbereitung.

- *Bereite dich sorgfältig vor.* Bevor du eine Gruppe startest, bitte Gott, dass er dir die richtigen Leute gibt. Wenn die Gruppe einmal begonnen ist, bete weiter für alle Teilnehmer. Bete für sie mit Namen, denk dabei an ihre individuellen Bedürfnisse. Wenn du an das Gruppentreffen denkst, frag dich immer: »Wie betrifft das Jim, Sue und John? Wie kann ich ihnen das am effektivsten sagen?«

- *Bereite dich detailliert vor.* Schreibe unbedingt einen Plan für das Gruppentreffen auf. Plane jedes Treffen Minute für Minute, um keine Zeit zu verschwenden. Bedenke auch die Umgebung des Treffens und versuche, dies für deine Gruppe angenehm zu gestalten.

- *Bereite dich vor, indem du persönlich wirst.* Kümmere dich um deine Jugendlichen als Individuen, nicht nur als undefinierte »Gruppe«. Deine Wärme und dein Enthusiasmus schaffen die Stimmung von dem Moment an, wo sie eintreten. Anstatt unbeholfen und eingeschüchtert zu sein, werden deine Jugendlichen froh sein, dass sie da sind. Sie werden wissen, dass du dich um sie persönlich kümmerst.

- *Bereite dich vor, im Rahmen zu bleiben.* Das Treffen sollte mindestens eine Stunde dauern, aber nicht länger als zwei. Behalte die Zeit im Auge. Mach das meiste aus der Zeit und geh nicht über die angesetzte Zeit hinaus.

Während des Treffens

Halte dir, nachdem das Treffen begonnen hat, diese Ziele vor Augen.

- *Ermutige die Gruppenmitglieder dazu, ehrlich zu sein.* Sei ein Beispiel. Die Jugendlichen werden nur so offen sein, wie du es selbst bist. Teile deine Schwächen, dein Versagen und deine Schmerzen ebenso wie dein positives Vorbild und Anekdoten.

- *Sei dir ihrer individuellen Bedürfnisse bewusst.* Grundsätzlich unterstützen sich Gruppenmitglieder. Aber wenn jemand wirklich innere Schmerzen hat (und viel Zeit der Gruppe braucht), hilf dieser Person, dem Rest der Gruppe gegenüber einfühlsam zu sein. Schlag ihm vor, sich nach dem Gruppentreffen mit ihm weiter zu unterhalten. Auf diese Weise wird die Gruppe nicht für diese Woche aus der Bahn geworfen.

- *Gib den Gruppenmitgliedern »praktische Anleitungen«.* Jedes Treffen gibt den Jugendlichen etwas, was ihnen bei der Anwendung des Gelernten hilft. Wenn ihr zum Beispiel darüber sprecht, wie man Stille Zeit mit Gott verbringen kann, gib ihnen konkrete Beispiele, wie du deine Stille Zeit mit Gott verbringst, was du in Gebetszeiten tust oder wie du über die Schrift nachdenkst. Fordere sie heraus, eine Woche lang jeden Tag Zeit mit Gott zu verbringen. Hilf ihnen, jede Woche etwas mitzunehmen, was sie tun können, um Jesus nachzufolgen.

Der Gruppenprozess

Im Baseball geht es darum, einen Schlag zu machen und dann um die Bases zu laufen, um Punkte zu machen. Wenn wir eine Kleingruppe leiten, haben wir die gleiche Herausforderung. Wir wollen Fortschritt durch eine Reihe von Schritten, bis der Einzelne und die Gruppe »punkten«, indem sie wichtige Entscheidungen über ihre Beziehung mit Jesus Christus treffen. Das folgende Schaubild erklärt diesen Prozess.

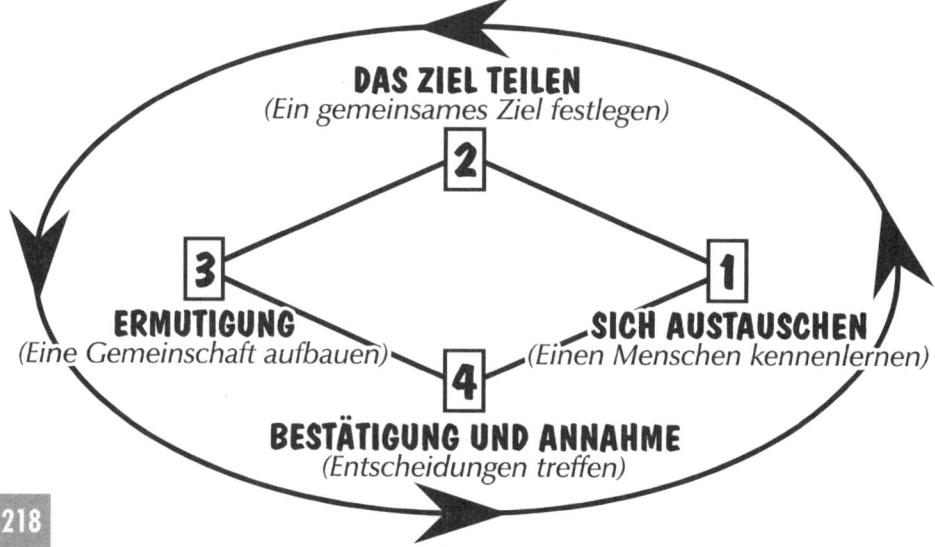

DAS ZIEL TEILEN
(Ein gemeinsames Ziel festlegen)

2

3

1

ERMUTIGUNG
(Eine Gemeinschaft aufbauen)

SICH AUSTAUSCHEN
(Einen Menschen kennenlernen)

4

BESTÄTIGUNG UND ANNAHME
(Entscheidungen treffen)

Starke persönliche Beziehungen innerhalb der Gruppe aufbauen

Abgesehen davon, dass die Gruppenmitglieder geistlich reifen, müssen sie sich miteinander anfreunden.

- *Lege Gruppenziele und -verpflichtungen fest.* Eine gute Definition von Freundschaft ist »gemeinsame Erfahrungen teilen, die auf gemeinsamen Zielen gegründet sind.« Wenn ihr anfangt, die Ziele zu sehen und die Verpflichtungen einzuhalten, werdet ihr auch sehen, wie die Freundschaften aufblühen.

- *Verbringt Zeit zusammen.* Unternehmt als Gruppe Sachen, die Spaß machen. Verbringe auch mit den einzelnen Leuten aus deiner Gruppe Zeit, indem du an ihren Schul- und sozialen Aktivitäten teilnimmst. Nimm sie zum Beispiel einmal mit, wenn du etwas erledigen musst, wenn du wegfährst oder wenn du andere Sachen machst.

- *Sei der Initiator.* Stell den Mitgliedern der Gruppe Fragen über sie selbst, über ihre Interessen, ihre Unternehmungen. Erzähle ihnen diese Dinge auch von dir. Halte dich über sie und ihre Aktivitäten auf dem Laufenden. Zeige ihnen bedingungslose Akzeptanz – sei als Erstes ein Freund, als zweites ein Gruppenleiter.

- *Setzt euch eng zusammen.* Überprüfe das Arrangement eures Treffpunktes. Je näher ihr euch seid, bis sich eure Knie berühren, um so mehr Nähe werdet ihr einander in der Gruppe erfahren.

- *Beobachte die Körpersprache.* Wenn Menschen ihre Arme verschränken, Beine überschlagen, herumhängen, sich abwenden oder die Augen verdrehen, geben sie damit ein stummes Zeichen, dass sie das Interesse verloren haben. Ebenso zeigen sie, wenn sie sich auf ihrem Stuhl nach vorn beugen und guten Augenkontakt halten, dass sie dabei sind. Achte auf die Körpersprache und richte deine Lehrmethoden danach aus.

Gefahren, die man vermeiden sollte

Versuche, in der Gruppe diese Gefahren zu vermeiden. Wenn eine davon auftaucht, sprich das Thema offen an.

- *Werdet nicht zu einer Clique.* In Kleingruppen entwickeln sich normalerweise enge Freundschaften; aber eine gesunde Gruppe wird sich um andere Kontakte bemühen. Auch wenn die Gruppe nicht offen für neue Mitglieder sein sollte, können die Jugendlichen ihre Freunde zu anderen Aktivitäten mitbringen.

- *Keine Sorge.* Nachdem der anfängliche Enthusiasmus einer neuen Gruppe nachlässt, macht sie eine Phase der Enttäuschung durch. Du kannst das ansprechen, indem du von Zeit zu Zeit eine kurze Auswertung machst. Frag die Gruppe, wie es läuft, und ermutige sowohl zu positiven als auch zu negativen Rückmeldungen. Frag sie, was man verbessern kann. Setze diese Verbesserungsvorschläge um.

- *Keine Panik.* Wenn du auf ein Problem stößt, dem du dich nicht gewachsen fühlst, sag es deiner Gruppe. »Ich muss darüber nachdenken und später darauf zurückkommen.« Dann bitte deinen Jugendleiter, Ältesten oder jemand anderen, von dem du denkst, dass er dir bei dem Problem helfen kann, um Rat.

Eine Kleingruppe zu leiten, ist eine der herausforderndsten aber lohnensten Erfahrungen, die es gibt. Die Freundschaften, die aus der Gruppe entstehen, und die Veränderungen, die du im Leben der Gruppenmitglieder sehen wirst, werden dir ein enormes Gefühl der Zufriedenheit und des Glücks geben. Der Apostel Paulus hat es so zusammengefasst: »*Denn wer ist unsere Hoffnung oder Freude oder Ruhmeskranz – nicht auch ihr? – vor unserem Herrn Jesus vor seiner Ankunft? Denn ihr seid unsere Herrlichkeit und Freude*« (1. Thessalonicher 2,19-20).

 **Action Point**

1. Wenn du eine Kleingruppe leitest, such dir fünf Vorschläge aus dieser Einheit aus, von denen du denkst, dass sie für dich am hilfreichsten sind. Schreibe sie hier auf. Wende mindestens einen dieser Vorschläge diese Woche in deiner Gruppe an. Schreib das Ergebnis hier auf. Füge jede Woche einen Vorschlag hinzu. Wenn du keine Kleingruppe leitest, bereite einen Plan vor, der dir helfen wird, deine eigene Gruppe zu beginnen und zu leiten. Dann wirst du bereit sein, wenn die Gelegenheit da ist.

2. Wiederhole das Material aus dieser Einheit und aus den vorigen und frag dich: Was mache ich als Leiter richtig? Woran muss ich noch arbeiten?

_____

_____

_____

_____

_____

_____

_____

_____

_____

3. Lerne Hebräer 10,24-25 auswendig und fahre zuverlässig damit fort, täglich Zeit mit Gott im Gebet und im Bibelstudium zu verbringen.

_____

_____

_____

_____

_____

_____

_____

_____

Gesprächsführer

EINHEIT 1

1. Frag die Gruppe, was sie denkt, was Gott über die Vision der Jugendarbeit der Gemeinde sagt. Frag sie, was sie glauben, was Gott möchte, dass sie dafür tun.

2. Lass jeden aus der Gruppe seine Antwort auf die zweite Frage des Action Points vorlesen. Wer, sagt Gott, seid ihr?

3. Frag sie: Welche Aspekte von Gottes Ziel für dich gelten für alle Christen gleichermaßen?

4. Jeder soll sein/ihr Lebensziel vorlesen. Frag sie: Inwiefern ist dein Ziel einzigartig zu anderen?

5. Frag sie: Wenn ihr davon träumt, dass Gott sich durch euch verherrlicht, wie sieht das aus?

6. Sag: Gebt ein Beispiel dafür, dass Gott bereits angefangen hat, sein Ziel in dir zu verwirklichen.

EINHEIT 2

1. Lest Jeremia 29,11-13. Bitte jeden, seine Gedanken darüber zu sagen, wie Gott »aus ganzem Herzen, mit ganzer Seele und mit ganzer Kraft« zu lieben dazu passt, dass Gott ihnen »Zukunft und Hoffnung« gibt.

2. Frag sie: Würdest du uns ein Erlebnis erzählen, wo du mit der Entscheidung konfrontiert warst, deinen eigenen Plänen zu folgen oder Gottes Plan für dein Leben? Wie hast du reagiert? Sei persönlich und konkret.

3. Frag sie: Warum, glaubt ihr, hat Jesus gesagt, das größte Gebot sei, Gott aus ganzem Herzen, mit ganzem Verstand und mit ganzer Kraft zu lieben?

4. Bitte jeden, seine geistlichen Ziele aus dem Abschnitt der persönlichen Ziele mitzuteilen. Mach das Gleiche mit jedem anderen Bereich (sozial, geistig, körperlich). Wenn die Gruppe größer ist, teilt euch in kleinere Gruppen auf, um Zeit zu sparen.

5. Erklärt euch immer zu zweit gegenseitig den ersten Schritt, und motiviert euch, diese Woche das persönliche Ziel zu erreichen.

6. Betet in Zweiergruppen für das Gesamtziel.

EINHEIT 3

1. Frage sie: Warum, glaubt ihr, hat Jesus gesagt, dass es das zweitgrößte Gebot ist, seinen Nächsten wie sich selbst zu lieben?

2. Ermutige jeden, sein Ziel für die Familie vorzustellen. Wiederhole das Ganze mit den Zielen für Freundschaften. Wenn dies zu lange dauert, teilt euch wieder in kleinere Gruppen auf.

3. Teilt euch wieder in Zweiergruppen auf, wie bei der letzten Einheit. Jeder soll den ersten Schritt erzählen, den er unternehmen wird, um seine Ziele für die Familie und Freunde zu erreichen.

4. Betet in Zweiergruppen füreinander und für das Gesamtziel.

EINHEIT 4

1. Jeder soll seine/ihre Ziele für den Beruf erzählen. Wiederhole das Ganze mit den Zielen für die Jugendarbeit.

2. Kommt in Gruppen mit den gleichen Partnern der letzten Einheiten zusammen. Erklärt wieder den ersten Schritt, um ein Ziel für den Beruf und die Jugendarbeit zu erreichen.

3. Betet füreinander für diese Ziele.

4. Weise die Gruppe darauf hin, dass die nächsten Einheiten etwas mehr Zeit als üblich in Anspruch nehmen werden. Ermutige sie, in der nächsten Woche früher anzufangen.

EINHEIT 5

1. Sprecht darüber: Welche Schwierigkeiten hast du, ein »ausgewogenes Leben« zu führen? Fasse zusammen: Es wird immer schwierig sein, ein ausgewogenes Leben zu führen. Aber ohne dass wir unsere Lebensziele bestimmen, unseren Einjahresplan und dann diese Pläne in unser tägliches Leben einarbeiten, wird ein ausgewogenes Leben immer ein flüchtiger Traum sein.

2. Zeig den Gruppenteilnehmern, wie sie an ihren Einjahreszielen arbeiten können. Verwende eine Tafel oder ein großes Blatt und skizziere die Schritte, die du gemacht hast, um das Lebensziel in ein Jahresziel umzuwandeln.

3. Gib jedem ein paar Minuten, um noch einmal die Einjahresziele durchzugehen, die er aus seinen Lebenszielen ausgewählt hat, um zu prüfen, ob er etwas davon ändern will.

4. Kommt noch einmal als Partner der letzten Einheiten zusammen. Es ist nicht genug Zeit, um alle Ziele durchzugehen. Jeder kann drei oder vier vorlesen. Frag nach jedem: Ist es das, was Gott möchte? Ist es in einem Jahr zu schaffen?

5. Betet für Motivation und Weisheit füreinander, wenn ihr diese Ziele verfolgt.

EINHEIT 6 (GRUPPENPROJEKT)

Vor dem Gruppentreffen muss der Hauptjugendleiter ...

1. ... die Langzeitziele für die Jugendarbeit aufschreiben.

2. ... aus der Liste der Langzeitziele für die Jugendarbeit die Einjahresziele für deine Jugendarbeit aufschreiben.

3. ... einen Kalender für das nächste Jahr vorbereiten. Trage auf dem Kalender ein, wie du die Einjahresziele für deine Jugendarbeit schaffen willst. (Denk daran: Wenn sie nicht auf dem Kalender stehen, werden sie vermutlich nie stattfinden.)

4. ... einen vorläufigen Wochenplan für deine Jugendarbeit skizzieren, der auf dem Kalender beruht, den du geplant hast.

5. ... Kopien des täglichen Zeitplans und Idealen Wochenplans vorbereiten, welche die Gruppenmitglieder benutzen können, um ihren Vorschlag für einen Plan für die nächste Woche aufzuschreiben.

Während des Gruppentreffens:

1. Geh das, was du während der letzten Woche vorbereitet hast (Langzeit-Ziele, Einjahresziele und der Kalender) mit der Gruppe durch.

2. Bitte jeden der Gruppe, ein bestimmtes Ziel zu nennen, das ihn motiviert. Schreib seinen Namen zu dem Ziel.

3. Bitte jeden zu beschreiben, wie sein Wochenplan für die Jugendarbeit aussieht.

4. Frage sie, was sie tun müssen, um ihre Pläne zu verwirklichen.

EINHEIT 7

1. Beschreibe, was das Beste am Projekt der letzten Woche war.

2. Teile jedem einen Abschnitt über die geistlichen Gaben zu. Bitte ihn, den Abschnitt zu lesen und eine Zusammenfassung der Gaben zu machen.

3. Nehmt euch Zeit für eine offene Diskussion über geistliche Gaben. Die meisten Leute verstehen sie nicht. Ermutige sie, Fragen zu stellen. Konzentriert euch auf die Bibel.

4. Jeder von ihnen soll die folgenden Fragen beantworten: Was, glaubst du, ist deine Gnadengabe? Glaubst du, dass du deine Gabe am besten in der Jugendarbeit einsetzen kannst? Wie kannst du deine Gabe optimal nutzen?

5. Jeder soll für seinen linken Nachbarn beten. Bete, dass die geistliche Gabe eines jeden dafür genutzt wird, Gott in der Jugendarbeit zu verherrlichen.

EINHEIT 8

(Ruf zwei Leute an und bitte sie, ein Rollenspiel vorzubereiten, in dem der eine den anderen zu Christus führt.)

1. Lass jeden erzählen, was ihn am meisten daran hindert, Zeugnis zu geben, und erklären, warum dies ein Hindernis ist.

2. Ermutige jeden, von einem Gespräch zu berichten, das sie mit einem nicht-christlichen Jugendlichen hatten.

3. Bitte die beiden Freiwilligen, ein Gespräch vorzuspielen, wo ein Christ mit einem Nicht-Christen spricht, bis zu dem Punkt, wo der Nicht-Christ Jesus aufnimmt.

4. Teilt euch in Zweiergruppen auf und geht dieses Gespräch Schritt für Schritt durch.

5. Ordne die Partner neu zu, diesmal soll jemand mit Erfahrung im Zeugnis geben mit jemandem zusammen sein, der darin keine hat. Die Partner sollen für die nächste Woche ein Treffen vereinbaren, wo sie mit jemanden von ihrem Gebetsteam sprechen.

6. Betet als Partner aus eurem Gebetsteam für die Leute, die Christus brauchen. Konzentriert euch darauf, für die Menschen zu beten, die sie diese Woche zu treffen hoffen.

EINHEIT 9

1. Besprecht: Welche Rolle sollten wir persönlich dabei spielen, neue Christen zu begleiten?

2. Macht einen Test für eine Nacharbeits-Einheit. Teilt euch in Paare auf. Einer kann die erste Einheit leiten und ein anderer die zweite. Derjenige, der nicht leitet, sollte den Leiter mit Fragen herausfordern, die ein neuer Christ fragen könnte.

3. Frag sie: Fühlt ihr euch sicher, wenn ihr dieses Material für die Nacharbeit mit einem neuen Christen benutzt? Wenn nein, warum nicht?

4. Besprecht, ob eure Jugendarbeit einen effektiven Plan dafür hat, Jugendliche zu Christus zu führen oder neue Christen zu begleiten. Wenn die Antwort nein ist, überleg dir, ob du das »*Jesus Starter Kit*« und die »Jüngerschaftskurse für junge Leute« von Barry St. Clair als Plan nimmst. Überleg dir, ob du Arbeitsproben von diesem Material für die Gruppe bereithältst.

EINHEIT 10

1. Lass die Gruppe an einen Jugendlichen denken (einen, den die meisten kennen), der während des Studiums zur Gemeinde kam und seither seinen Abschluss gemacht hat. Besprecht: Seht ihr diesen Jugendlichen als »Jünger« an? Worauf stützt ihr diese Beurteilung?

2. Die Gruppe sollte aus dem Studium von 1. Thessalonicher 1 eine Liste von Eigenschaften eines Jugendlichen aufschreiben, der Jünger geworden ist.

3. Die Gruppe sollte aus dem Studium von 1. Thessalonicher 2 eine Liste von gewünschten Eigenschaften eines Jugendlichen aufschreiben, der Jünger geworden ist.

4. Überlegt euch durch das Profil eines Jüngers eine Liste der fünf Haupteigenschaften, die eure Jugendarbeit in dem Leben der Jugendlichen herausarbeiten sollte. Warum habt ihr euch ausgerechnet für diese Eigenschaften entschieden? Sprecht in der Gruppe darüber.

5. Besprecht: Was müssen wir sowohl als Leiterkurs wie auch als Einzelner tun, um diese Eigenschaften in den Jugendlichen zu entwickeln, die jetzt ein Teil unserer Arbeit sind?

EINHEIT 11

(Vielleicht möchtest du einen christlichen Berater einladen, den du respektierst, der dir dabei hilft, diese Einheit zu leiten.)

1. Spielt eine Beratungssituation durch, mit der die Gruppenmitglieder etwas anfangen können. Sie kann echt oder gespielt sein (Beispiel: Ein Mädchen ist schwanger und kommt zu dir, um sich über Abtreibung beraten zu lassen.)

2. Frag die Gruppe, wie sie das Mädchen beraten würden. Stell ihnen dazu folgende Fragen:

Was ist bei diesem Thema die »Frucht«?

Wie identifizieren wir die »Wurzel« ihres Problems?

Was für Lösungen des Problems gibt es?

Wie kannst du ihr helfen, eine der Lösungen zu erkennen und entsprechend zu reagieren?

Wie kannst du ihr helfen, aus dem Problem herauszuwachsen?

Wie kannst du wissen, ob das Problem gelöst ist?

Braucht sie langfristig Hilfe?

3. Betet Jesaja 11,1-3 füreinander. Bitte Gott, dir den gleichen Geist zu geben, der in Jesus war, um Jugendliche zu beraten. Bete auch dafür, dass Gott dir Weisheit und Einsicht gibt, über die Frucht hinaus zu der Wurzel des Problems zu gelangen, um Jugendlichen dabei zu helfen, ihre Probleme zu lösen.

(Beachte: Wenn du dich auf die nächste Woche vorbereiten willst, dann sieh dir jetzt schon die Diskussionsfragen an. Wenn du dich dafür entscheidest, dass jeder ein Geschenk für jeden mitbringt, musst du dies diese Woche ankündigen.)

EINHEIT 12

1. Spielt einen Sketch, in dem ein Leiter versucht, die folgenden Charaktere in einer Kleingruppe zu leiten:

Nelly Nurse (Sie sagt: »Es ist schon ok«, sobald jemand versucht, von einem Problem zu erzählen.)

Andy Answers (Er kennt auf jede Frage eine Antwort.)

Silent Sam (Er sagt nie etwas.)

Danny Dominant (Er redet die ganze Zeit.)

Brech das Rollenspiel nach ein paar Minuten ab und besprecht, wie man am besten mit jedem der Charaktere umgeht.

2. Welche »Top Drei« Einsichten hast du diese Woche darüber gewonnen, was es heißt, eine Kleingruppe zu leiten?

3. Frag jeden, was der größte Vorteil für ihn war, in dieser kleinen Gruppe zu sein.

4. Wähle einen aus der Gruppe aus und bitte alle anderen, eine Sache über die Person zu sagen, die ihnen am meisten bedeutet. Dann geht zum Nächsten und macht das Gleiche, bis über jeden etwas Gutes gesagt worden ist. (Du kannst dafür ein Wollknäuel benutzten. Der Erste wirft das Knäuel dem zu, über den er sprechen wird. Der wiederum wirft es zum nächsten und sagt etwas über ihn/sie, und so weiter.)

5. Eine Alternative: Jeder soll ein kleines, symbolisches Geschenk für ein anderes Mitglied der Gruppe mitbringen. Bitte den, der das Geschenk mitgebracht hat, es dem zu geben, der ihn in der Gruppe ermutigt hat. Achtung: Nur ein Geschenk pro Gruppenmitglied.

6. Bitte Gott für jeden um Segen. Bete Epheser 3,14-19 und/oder Philipper 1,9-11 für sie. Bitte Gott, das zu benutzen, was er/sie während dieses Studiums gelernt hat, um die Effektivität ihres Dienstes zu verstärken.

7. Frag sie: Wie soll es jetzt weitergehen?

Leseplan durch das Markus-Evangelium

Tag 1	Markus 1,1-20		Tag 18	Markus 9,14-32
Tag 2	Markus 1,21-44		Tag 19	Markus 9,33-50
Tag 3	Markus 2,1-17		Tag 20	Markus 10,1-16
Tag 4	Markus 2,18-28		Tag 21	Markus 10,17-31
Tag 5	Markus 3,1-19		Tag 22	Markus 10,32-52
Tag 6	Markus 3,20-35		Tag 23	Markus 11,1-19
Tag 7	Markus 4,1-20		Tag 24	Markus 11,20-33
Tag 8	Markus 4,21-34		Tag 25	Markus 12,1-27
Tag 9	Markus 4,35-5,20		Tag 26	Markus 12,28-44
Tag 10	Markus 5,21-43		Tag 27	Markus 13,1-23
Tag 11	Markus 6,1-31		Tag 28	Markus 13,24-37
Tag 12	Markus 6,32-56		Tag 29	Markus 14,1-31
Tag 13	Markus 7,1-23		Tag 30	Markus 14,32-52
Tag 14	Markus 7,24-37		Tag 31	Markus 14,53-72
Tag 15	Markus 8,1-21		Tag 32	Markus 15,1-21
Tag 16	Markus 8,22-38		Tag 33	Markus 15,22-38
Tag 17	Markus 9,1-13		Tag 34	Markus 15,40-16,20

JESUS-BASICS

Freunde

Geld

Verabredungen

beliebt sein

Sex

Sport

Schule

Partys

Ansehen

Klamotten

Musik

Wem es darum geht, der wird Enttäuschungen erleben. Aber worin kann man denn einen Sinn fürs Leben finden?

TATSACHE NR. 1

Gott liebt uns und hat uns geschaffen, damit wir ihn kennenlernen

Gott liebt uns.

Jesus sagte: »Denn so hat Gott die Welt geliebt, dass er seinen eingeborenen Sohn gab, damit jeder, der an ihn glaubt, nicht verloren geht, sondern ewiges Leben hat« (Johannes 3,16).

Gott hat uns geschaffen.

Wir lesen in der Bibel: »Denn du [Gott] bildetest meine Nieren. Du wobst mich in meiner Mutter Leib« (Psalm 139,13).

Gott möchte, dass wir ihn kennenlernen

Gottes Wort sagt: »Dies aber ist das ewige Leben, dass sie dich, den allein wahren Gott, und den du gesandt hast, Jesus Christus, erkennen« (Johannes 17,3).

Menschen   Gott

Menschen	Gott
Sünde Tod Gericht	liebt uns hat uns geschaffen möchte, dass wir ihn kennenlernen

Wenn Tatsache Nr. 1 wahr ist - warum kennen dann so viele Menschen Gott noch nicht?

TATSACHE NR. 2

Unsere Sünde hält uns davon ab Gott kennenzulernen.

Manche Leute denken, dass Sünde sich Betrinken oder Lügen ist. Das ist richtig. Aber Sünde beinhaltet viel mehr.

Was ist Sünde?

Sünde ist unsere Entscheidung, Gott ungehorsam zu sein und unsere eigenen Wege zu gehen. *»Wir alle irrten umher wie Schafe, wir wandten uns jeder auf seinen eigenen Weg«* (Jesaja 53,6).

Wer hat gesündigt?

Jeder. In der Bibel steht: *»Alle haben gesündigt und erlangen nicht die Herrlichkeit Gottes«* (Römer 3,23).

Was passiert, wenn wir sündigen?

Sünde hat die Trennung von Gott zur Folge. Sie führt zum Tod und zum Gericht: *»Der Lohn der Sünde ist der Tod«* (Römer 6,23a), und: *»Und wie es den Menschen bestimmt ist, einmal zu sterben, danach aber das Gericht«* (Hebräer 9,27).

Solange uns die Sünde von Gott trennt, können wir ihn nicht kennenlernen.

Menschen

Gott

Sünde **Tod** **Gericht**	**Sünde**	**liebt uns** **hat uns geschaffen** **möchte, dass wir** **ihn kennenlernen**

Was also ist die Lösung gegen unsere Trennung von Gott?

TATSACHE NR. 3

 ## Wir können Gott nur durch Jesus Christus kennenlernen.

Jesus Christus ist die einzige Lösung für unser Sündenproblem.

Jesus starb für unsere Sünden.

»Gott aber erweist seine Liebe zu uns darin, dass Christus, als wir noch Sünder waren, für uns gestorben ist« (Römer 5,8).

Jesus erstand von den Toten, um uns Leben zu geben.

»... damit, wie Christus aus den Toten auferweckt worden ist durch die Herrlichkeit des Vaters, so auch wir in Neuheit des Lebens wandeln« (Römer 6,4).

*Jesus hat uns den Weg dafür freigemacht
Gott kennenzulernen.*

Leben, Tod und Auferstehung von Jesus Christus sind die Brücke von uns zu Gott.

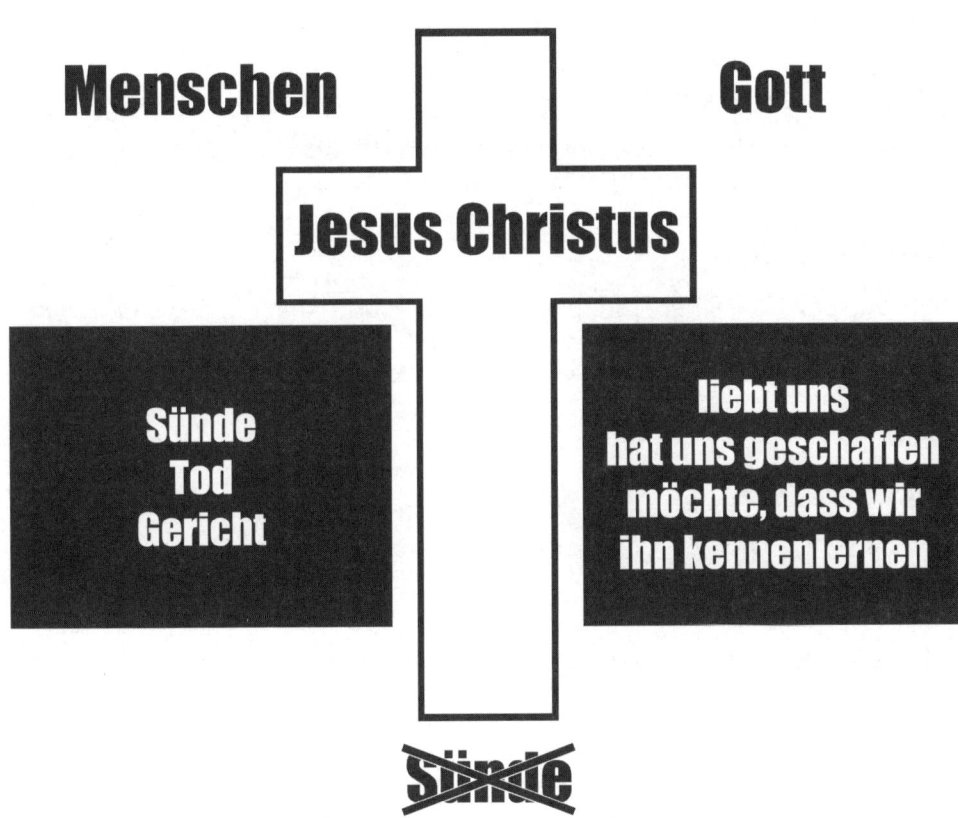

TATSACHE NR. 4

 **Um Jesus kennenzulernen, müssen wir ihn annehmen.**

Viele Menschen wissen das ein oder andere über Gott, kennen ihn aber nicht persönlich. Der einzige Weg, um Gott persönlich kennenzulernen, ist es, Jesus Christus anzunehmen.Wie können wir ihn annehmen?

Wende dich von der Sünde ab.

Jesus sagte: *»Die Zeit ist erfüllt ... Tut Buße und glaubt an das Evangelium!«* (Markus 1,15). »Buße tun« bedeutet, sich von der Sünde abzuwenden.

Glaube an Jesus.

»Glaube an den Herrn Jesus, und du wirst errettet werden« (Apostelgeschichte 16,31). »Glauben« bedeutet, sich Jesus zuzuwenden.

Antworte Jesus.

Jesus versprach: *»Siehe, ich stehe an der Tür und klopfe an; wenn jemand meine Stimme hört und die Tür öffnet, zu dem werde ich hineingehen und mit ihm essen, und er mit mir«* (Offenbarung 3,20).

Für welchen Weg entscheidest du dich?

Gibt es irgendeinen vernünftigen Grund, warum du Jesus Christus nicht jetzt annehmen kannst?

Du kannst dich von der Sünde abwenden und Jesus bitten, in dein Leben zu kommen. Du nimmst Jesus in dein Leben auf, indem du zu ihm betest.

Gebet ist einfach Reden mit Gott. Er wird dein Gebet hören. Kannst du dieses Gebet aufrichtig zu Gott sprechen?

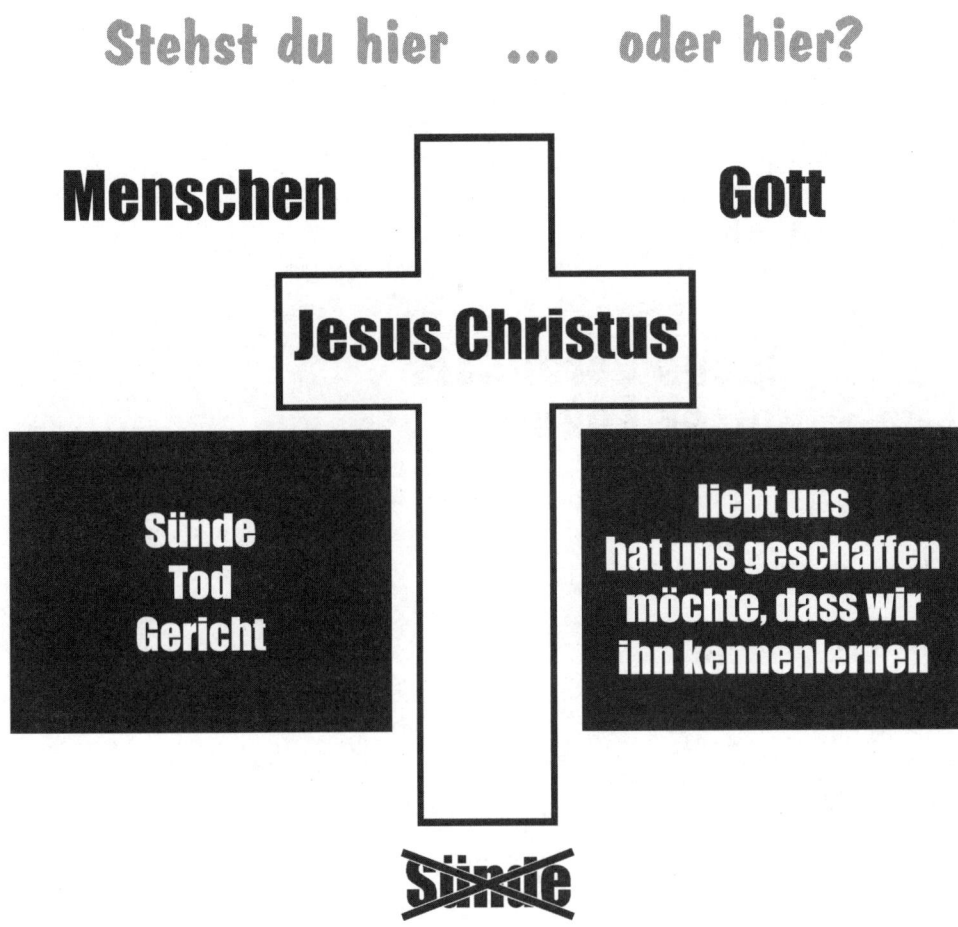

»Vater im Himmel, ich weiß, dass du mich geschaffen hast. Du liebst mich und möchtest, dass ich dich kennenlerne. Meine Sünde hat mich davon abgehalten dich kennenzulernen. Ich wende mich von meiner Sünde ab. Ich nehme Jesus Christus in mein Leben auf. Er ist zur Vergebung meiner Sünden gestorben und auferstanden von den Toten, um in mir zu leben. In Jesu Namen, Amen.«

Was passiert jetzt, nachdem du Jesus Christus angenommen hast?

TATSACHE NR. 5

 ## Jesus verändert unser Leben.

Jesus Christus in sein Leben aufzunehmen, ist erst der Anfang. Wenn er in unser Leben kommt, wird es viele Veränderungen geben - einige sofort, andere nach und nach.

Neue Identität

»Wenn jemand in Christus ist, so ist er eine neue Schöpfung; das Alte ist vergangen, siehe, Neues ist geworden« (2. Korinther 5,17).

Vergebung

»So fern der Osten ist vom Westen, hat er von uns entfernt unsere Vergehen [Sünde und Schuld]« (Psalm 103,12).

Liebe

»Wir lieben, weil er uns zuerst geliebt hat« (1. Johannes 4,19).

Freiheit

»Wenn nun der Sohn euch frei machen wird, so werdet ihr wirklich frei sein« (Johannes 8,36).

Zuversicht

»Geliebte, wenn das Herz uns nicht verurteilt, haben wir Freimütigkeit zu Gott, und was immer wir bitten, empfangen wir von ihm, weil wir seine Gebote halten und das vor ihm Wohlgefällige tun« (1. Johannes 3,21-22).